U0948950

山东省社会科学规划课题

“四位一体”生产方式对生活方式的影响

王振华 著

上海交通大學出版社

内 容 提 要

本书从对“四位一体”的建设、生产方式、生活方式的研究着手，全面论述了“四位一体”建设的生产方式对生活方式变革的影响。全书共分六章。本书有三个方面创新：一是在理论方面尝试使用新的研究方法，从一个新的理论视野来研究生活方式的变革问题，这就是社会哲学的视野和方法；二是提出了“政治方式、经济方式、文化方式和社会方式”四个全新的范畴；三是指出了生产方式与生活方式的矛盾运动规律是人类社会发展的基本规律之一，对矛盾双方的相互作用机理进行了简单阐述。本书既可作为相关专业学生的学习资料，也可作为理论工作者的参考书。

图书在版编目(CIP)数据

“四位一体”生产方式对生活方式的影响/ 王振华著.
—上海：上海交通大学出版社，2011
ISBN 978-7-313-07111-8

Ⅰ. 四...　Ⅱ. 王...　Ⅲ. 生产方式—影响—生活方式—研究—中国　Ⅳ. ①F120.2 ②D669

中国版本图书馆 CIP 数据核字(2011)第 019265 号

“四位一体”生产方式对生活方式的影响

王振华　著

上海交通大学出版社出版发行

（上海市番禺路 951 号　邮政编码 200030）

电话：64071208　出版人：韩建民

常熟市梅李印刷有限公司 印刷　全国新华书店经销

开本：787mm×960mm 1/16　印张：11.5　字数：208 千字

2011 年 4 月第 1 版　2011 年 4 月第 1 次印刷

印数：1～2 030

ISBN 978-7-313-07111-8/F　定价：28.00 元

马克思主义生产方式理论的当代形态探索

（代　序）

朝　克[1]

胡锦涛指出："落实科学发展观，是一项系统工程……要把自然科学、人文科学、社会科学等方方面面的知识、方法、手段协调和集成起来，不断认识和把握社会发展的客观规律，对科学发展观进行周密的科学解释，为科学发展观提供坚实的科学理论基础。"[2]胡锦涛这一论断为我们结合实际，从社会哲学角度研究马克思的全面生产理论和四生活论断，研究科学发展观与"四位一体"建设理论所蕴涵着的生产方式与生活方式的矛盾运动规律，以及研究科学发展观的实践途径、实践目的等一系列重大理论问题指明了探索路径。

一、马克思关于人类四生活论断和全面生产理论

1859 年马克思在人类生活理论方面提出了新论断，他在《〈政治经济学批判〉序言》中指出："物质生活的生产方式制约着整个社会生活、政治生活和精神生活的过程。"[3]马克思关于人类四生活的论断是我们对于人类社会的生活领域进行分类的理论依据。依据马克思的基本观点，可将人类生活总体上分为物质生活、社会生活、政治生活和精神生活等领域。

恩格斯对于马克思的这一观点评价说："这个原理，不仅对于经济学，而且对于一切历史科学（凡不是自然科学的科学都是历史科学），都是一个具有革命意义的发现。'物质生活的生产方式制约着整个社会生活、政治生活和精神生活的过程'，

---

〔1〕 [作者简介]朝克（1953～）男，蒙古族，内蒙古赤峰人，哲学科学博士（ScD.），博士生导师，中国石油大学（华东）马克思主义中国化研究所所长，校学术委员会委员，人文社会科学学院教授委员会主任.

〔2〕 胡锦涛.在中国科学院第十二次院士大会、中国工程院第七次院士大会上的讲话[EB/01]. http://www.xjgrsb.com/gonghui/view.2004-6-2.

〔3〕 马克思.政治经济学批判序言[M]//马克思恩格斯选集（第 2 卷）.北京：人民出版社，1995：32.

在历史上出现的一切社会关系和国家关系，一切宗教制度和法律制度，一切理论观点，只有理解了每一个与之相适应的时代的物质生活条件，并且从这些物质条件中被引申出来的时候，才能理解。”[1]恩格斯从物质生活条件的角度指明了马克思提出的人类物质生活作为基础对其他三种生活即社会生活、政治生活和精神生活的制约性所具有的“革命意义”，以及对其如何理解的问题；只有理解了每一个与之相适应的时代的物质生活条件时，才能真正引申、理解人们的社会生活、政治生活和精神生活以及形成的各种关系，各种制度和各种理论观点。

马克思关于人类四生活的论断，最初表现为“全面生产理论”。马克思早在《1844年经济学哲学手稿》中就指出：“动物的生产是片面的(einseitig)，而人的生产是全面的(universell)；动物只是在直接的肉体需要的支配下生产，而人甚至不受肉体需要的支配也进行生产，并且只有不受这种需要的支配时才进行真正的生产；动物只生产自身，而人再生产整个自然界；动物的产品直接同它的肉体相联系，而人则自由地对待自己的产品。”[2]马克思一方面从“人的生产是全面”的全新角度给人下了个定义，界定了人与动物的区别；另一方面阐明了人除了再生产自身外，还再生产整个自然界。动物的产品涉及自身的肉体，人的产品涉及整个自然界；甚至我们还可以说，人自由地对待自己的产品方面必然包括人的精神生产，人的精神生产可以在知识层面上对整个自然界进行较全面的生产和再生产。

马克思恩格斯在1845～1846年合著的《德意志意识形态》中指出：“第一个历史活动就是生产满足这些需要的资料，即生产物质生活本身。……第二个事实是，已经得到满足的第一个需要本身、满足需要的活动和已经获得的为满足需要用的工具又引起新的需要。……第三种关系就是：每日都在重新生产自己生活的人们开始生产另外一些人，即增殖。”[3]马克思和恩格斯从人类历史活动同时性的角度，首先讲了三个要素，实际上是阐述了三种生产：生产物质生活本身、生产新的需要、生产人本身。

马克思恩格斯接着讲了历史活动的第四个要素：“生活的生产(die Produktion des Leben)——无论是自己生活的生产(通过劳动)或他人生活的生产(通过生育)——立即表现为双重关系：一方面是自然关系，另一方面是社会关系。……这

[1] 马克思. 政治经济学批判序言[M]//马克思恩格斯选集(第2卷). 北京：人民出版社，1995:38.

[2] 马克思. 1844年经济学哲学手稿[M]//马克思恩格斯全集(第42卷). 北京：人民出版社，1979:96-97.

[3] 马克思恩格斯. 德意志意识形态[M]//马克思恩格斯全集(第3卷). 北京：人民出版社，2002:31-32.

种共同活动方式本身就是‘生产力’；由此可见，人们所达到的生产力的总和决定着社会状况，”[1]也就是这些“生活的生产”表现出来的自然关系和社会关系即人们所达到的生产力的总和，实质上是讲了同时性的两个生产，自然关系的生产和社会关系的生产，我们可以概括为“关系的生产”(或“共同活动方式”即“生产力”)的生产。

接着马克思恩格斯讲了意识的产生和分工的产生，实际上讲了意识的生产(在后面表述为“精神的生产”)，可以说是历史活动的第五个要素：“意识一开始就是社会的产物，而且只要人们还存在着，它就仍然是这种产物。……分工只是从物质劳动和精神劳动分离的时候起才开始成为真实的分工。”“……分工不仅使物质活动和精神活动、享受和劳动、生产和消费由各种不同的人来分担这种情况成为可能，而且成为现实。”[2]在这里我们可以看到，意识的生产作为社会的产物，它与“关系的生产”有着密切的联系，而分工使“关系的生产”不断扩大，人们不断地被分工，而且不断地生产分工并成为现实。

接着马克思恩格斯又讲了两个生产即“世界的生产”和全球的“全面生产”，可以说是历史活动的第六个和第七个要素：“每一个单独的个人的解放的程度是与历史完全转变为世界历史的程度一致的。……个人的真正的精神财富完全取决于他的现实关系的财富……仅仅因为这个缘故，各个单独的个人才能摆脱各种不同的民族局限和地域局限，而同整个世界的生产(也包括精神的生产)发生实际联系，并且可能有力量来利用全球的这种全面生产(人们所创造的一切)。”[3]马克思恩格斯一方面揭示了各个单独的个人的解放、个人的财富与整个世界的生产之间的内在联系；另一方面，阐明了全球的全面生产包括了人们所创造的一切。因而，我们可以认为生产物质生活本身、生产新的需要、生产人本身、自然关系的生产、社会关系的生产、精神的生产和世界的生产都包含在“全球的这种全面生产(人们所创造的一切)”当中。至此，我们对马克思主义的“全面生产”范畴和理论有了总体的了解。

因而，我们不能把“现实生活的生产和再生产”中“生活”仅仅理解为“物质生活”；不能把“生产”仅仅理解为是经济领域的生产；不能把产生方式仅仅理解为是经济领域的才能有的唯一方式；更不能把经济因素看做是唯一决定性的因素。恩格斯在晚年进一步强调了这一点：“……根据唯物史观，历史过程中的决定性因素

---

[1] 马克思恩格斯. 德意志意识形态[M]//马克思恩格斯全集(第3卷). 北京：人民出版社，2002:33.

[2] 马克思恩格斯. 德意志意识形态[M]//马克思恩格斯全集(第3卷). 北京：人民出版社，2002:34、35、36.

[3] 马克思恩格斯. 德意志意识形态[M]//马克思恩格斯全集(第3卷). 北京：人民出版社，2002:42.

归根到底是现实生活的生产和再生产。无论马克思或我都从来没有肯定过比这更多的东西。如果有人在这里加以歪曲，说经济因素是唯一决定性的因素，那么他就是把这个命题变成毫无内容的、抽象的、荒诞无稽的空话。经济状况是基础，但是对历史斗争的进程发生影响并且在许多情况下主要是决定着这一斗争的形式的，还有上层建筑的各种因素”[1]；“青年们有时过分看重经济方面，这有一部分是马克思和我应当负责的。我们在反驳我们的论敌时，常常不得不强调被他们否认的主要原则，并且不是始终都有时间、地点和机会来给其他参与相互作用的因素以应有的重视。”[2]因而，恩格斯“历史过程中的决定性因素归根到底是现实生活的生产和再生产”论断是对马克思恩格斯“全面生产理论”的进一步阐述。

马克思早在1845年春的《关于费尔巴哈的提纲》第八条中指出：“全部社会生活在本质上是实践的。凡是把理论引向神秘主义的神秘东西，都能在人的实践中以及对这个实践的理解中得到合理的解决。”[3]结合马克思全面生产理论和人类四生活的论断，我们可以说人类社会的物质生活、政治生活、精神生活和社会生活在本质上是实践的。如何实践？胡锦涛提出的“四位一体”建设理论揭示：这种实践的本质是通过经济建设、政治建设、文化建设和和谐社会建设才得以实现的，得以发展的。“四位一体”建设我们在哲学上可表述为“四位一体”生产。“四位一体”生产包含着“四位一体”生产方式即经济生产方式、政治生产方式、文化生产方式和社会生产方式，可简化为经济方式、政治方式、文化方式和社会方式。

二、“四位一体”的生产方式与生活方式探索思路

胡锦涛提出的“四位一体”建设理论使祖国大地迎来了以人为本、全面发展、协调发展、可持续发展的春天。2004年9月党的十六届四中全会第一次明确提出，共产党作为执政党，要“坚持最广泛最充分地调动一切积极因素，不断提高构建社会主义和谐社会的能力”。这是在党的文件中第一次把和谐社会建设放到同经济建设、政治建设、文化建设并列的突出位置，提出了加强党的执政能力建设、构建和谐社会的总体目标，并且明确提出了在坚持以人为本、树立全面协调、可持续发展

〔1〕 恩格斯致约·布洛赫[M]//马克思恩格斯选集(第4卷). 北京：人民出版社，1995：695-696.

〔2〕 恩格斯致约·布洛赫[M]//马克思恩格斯选集(第4卷). 北京：人民出版社，1995：698.

〔3〕 马克思. 关于费尔巴哈提纲[M]//马克思恩格斯选集(第1卷). 北京：人民出版社，1995：56.

的科学发展观的基础上，加强党的执政能力建设、构建和谐社会的总体目标由发展社会主义市场经济、社会主义民主政治和社会主义先进文化这样三位一体的总体布局，扩展为包括构建社会主义和谐社会在内的四位一体的总体布局。

据此，我们有充分的理由说，胡锦涛提出的包括和谐社会建设在内的人类社会"四位一体"建设理论的新论断，是在当今全球化的新形势下对马克思提出的人类社会四生活理论论断、"全部社会生活在本质上是实践的"论断和全面生产理论的发展，并内在地拓展了马克思主义"生产力与生产关系矛盾运动规律"和"经济基础与上层建筑矛盾运动规律"，对于我们研究"生产方式与生活方式的矛盾运动规律"提供了理论创新的依据和广阔的探索前景。这一矛盾运动在实践科学发展观的"四位一体"建设中呈现为"四位一体"的生产方式与"生活方式"的矛盾运动。在哲学原理上是与马克思主义创立者具有一脉相承性、内在连贯性和原理创新性的。胡锦涛在党的十七大报告中进一步提出，要"建设生态文明，基本形成节约能源资源和保护生态环境的产业结构、增长方式、消费模式"。[1] 进一步拓宽了我们对马克思恩格斯全面生产理论的研究视域。

"四位一体"建设视域下生产方式表现为新的形态："经济方式"、"政治方式"、"文化方式"和"社会方式"（王振华博士论文的主攻方向）。

（一）经济方式即"经济力"和"经济关系"的总和

"经济力"指"经济建设能力"，本质上指"经济生产力"和"经济实力"（包括硬实力和软实力）；经济力要素包括经济主体、经济客体、经济手段（设施）等。经济主体包括：国家，企业，生产者；经济客体指经济建设对象；经济手段（设施）指国家和企业的经济战略和策略，政策与措施，规划与调控，生产者的经济技术及其运作能力，经济生产设备技术状况及条件等。

"经济关系"指经济建设中形成的人与人之间的关系。"经济建设关系"，本质上指"经济生产关系"，包括生产、分配、交换、消费等整个"流通"过程中形成的人与人之间的关系。"经济力"决定"经济关系"，"经济关系"反作用于"经济力"（满洲里市杜学军市长、李杰善高级经济师、孟微蕾博士论文的主攻方向）。

同样，政治方式、文化方式、社会方式都由相应的"建设能力"和"建设关系"组成。

"经济方式"主要反映的是人与自然的关系，科技建设和生态建设也主要反映人与自然的关系。

---

〔1〕 胡锦涛在党的十七大上的报告，新华网。[EB/01]http://news. xinhuanet. com/newscenter/2007-10/24/content_6938568_3. htm.

在经济建设中衍生出来的作为“第一生产力”的科学技术，表现为“科技力”与“科技关系”的“科技方式”直接或间接地渗透到和影响着“四位一体”的建设实践。

在经济建设中衍生出来的“生态建设”，表现为“生态方式”即“生态力”和“生态关系”，直接或间接地渗透到和影响着当下和后代百姓日常的“生活方式”和“四位一体”的“生产方式”。

（二）政治方式即“政治力”和“政治关系”的总和

政治方式内在地包含“执政方式”、“党建方式”、“民主方式”、“秩序方式”等，是综合国力的骨干部分。

“执政方式”包括“行政方式”即“执行力”（有一些文章）与“行政关系”；“统战方式”、“政策方式”、“策略方式”，等等。

“秩序方式”包括“法治方式”即“法治力”和“法治关系”；“稳定方式”即“稳定力”“稳定关系”。新疆7·5事件凸显了“稳定力”“稳定关系”的重要性（博士生刘守亮，山东莒县县长，博士论文主攻方向就是研究我国的“稳定方式”）。“团结方式”即“团结力”与“团结关系”。“制度方式”即“制度力”和“制度关系”，等等。

在政治建设中衍生出来的“党的建设”，表现为“党建力”和“党建关系”构成的“党建方式”；党的建设中衍生出来的“反腐建设”，表现为“反腐力”和“反腐关系”构成的“反腐方式”，等等。

对于整个国家来讲，还包括“军事方式”即“军事力”（有一些文章）与“军事关系”；“外交方式”即“外交力”与“外交关系”，等等。

（三）文化方式即“文化力”和“文化关系”的总和

文化方式本质上是“文化生产力”和“文化生产关系”，是综合国力的灵魂部分（刘钟华博士论文的主攻方向），包括“价值方式”即“价值取向”与“价值关系”；“思想方式”即“思想力”和“思想关系”，“软方式”即“软实力”和“软关系”；“创新方式”即“创新力”和“创新关系”；“道德方式”即“道德力”和“道德关系”；“舆论方式”即“导向力”与“导向关系”；“传播方式”即“传播力”和“传播关系”以及“出版方式”即“出版力”和“出版关系”（副编审张慧英博士论文的主攻方向）；“美术方式”、“音乐方式”、“文学方式”，等等。“文化力”“导向力”已有一些著作出版和文章发表。

（四）社会方式即“社会力”和“社会关系”的总和

社会方式本质上是“社会建设力”和“社会建设关系”，侧重于人的生产、生活、素质等方面的建设，是综合国力的保障部分，包括“教育方式”即“教育力”和“教育关系”（萨日娜博士论文的主攻方向；“和谐教育方式”为张民平博士论文的主攻方向)；“保障方式”即“保障力”和“保障关系”；“就业方式”即“就业力”和“就业关系”；“分配方式”即“分配力”和“分配关系”实质是“收入关系”；“公共管理方式”即“公共管理力”和“公共管理关系”。还包括交通方式；医疗方式；养老方式等。

(五)“生活方式”是由“生活力”与“生活关系”构成的生活习惯的总和

生活方式本质上是包括人的生产在内的“日常生活力”和“日常生活关系”，是综合国力的源泉部分，涵盖“消费方式”即“消费力”和“消费关系”；“休闲方式”即“休闲力”和“休闲关系”；“健康方式”即“健康力”和“健康关系”；“传统方式”即“传统力”和“传统关系”；“融合方式”即“融合力”和“融合关系”。还包括服饰方式；饮食方式；居住方式等。以人为本、全面、协调、可持续发展的科学发展观和“四位一体”建设理论及其目的性、方法性都与“生活方式”有着不可分割的联系。

三、“四位一体”建设理论蕴涵着生产方式与生活方式的矛盾运动规律

(一)“生产方式”与“生活方式”的矛盾运动规律是社会发展的基本规律之一

科学发展观与“四位一体”建设理论蕴涵着这一基本规律，“大”到社会革命与社会改革，以及当前的国际金融危机、国内社会稳定；“四位一体的生产方式”“小”到“个人的生活条件”以及人们的日常生活习惯，都遵循着“生产方式”与“生活方式”的矛盾运动规律。

如，马克思在分析经济生活与社会生活的关系时指出：“资产阶级的生产关系是社会过程的最后一个对抗形式，这里所说的对抗，不是指个人的对抗，而是指从个人的生活条件中生长出来的对抗。”[1]最后一个对抗形式是一个社会过程对抗的最后结局，这是与个人的生活条件、人们的实际日常生活的关系密切相关的。“只有当实际日常生活的关系，在人们面前表现为人与人之间和人与自然之间极明白而合理的关系的时候，现实世界的宗教反映才会消失。”[2]新中国的成立，标志着社会过程的最后一个对抗形式的终结，各民族实际日常生活的关系趋向合理。这方面，突出体现在党的历代领导人重视社会生活领域，注重改善人民生活，特别

---

〔1〕 马克思.政治经济学批判序言[M]//马克思恩格斯选集(第2卷).北京:人民出版社,1995:33.

〔2〕 马克思.政治经济学批判序言[M]//马克思恩格斯选集(第2卷).北京:人民出版社,1995:142.

是体现在宣传实践科学发展观上。

(二) 马克思主义社会日常生活的基本观点

马克思主义认为,只有人们的社会日常生活的基本需要得到满足,才能够从事其他活动,最终实现人的自由而全面的发展。

在马克思看来,社会生产力是人类社会发展的物质前提,是人们的社会日常生活需要得到满足的物质前提,也是人的自由全面发展的物质前提。社会生产力的发展,创造了日益丰富的物质生活资料,使人摆脱了贫困状态,并在基本满足生存需要的前提下追求享受和发展。马克思曾经说:“当人们还不能使自己的吃喝住穿在质和量方面得到充分供应的时候,人们根本不能获得解放。”“通过社会生产,不仅可能保证一切社会成员有富足的和一天比一天充裕的物质生活,而且还可能保证他们的体力和智力获得充分的自由的发展和运用。”[1]没有高度发达的社会生产力,没有丰富的日常生活资料,就不可能实现人的自由全面发展。事实充分说明,当人们还不能使自己吃穿住行在量和质的方面都得到基本满足时,人就不能获得全面发展。所以,社会主义的根本任务是发展社会生产力,增强综合国力,不断提高物质文明水平,使人民的日常生活日益改善,为人的自由全面发展提供坚实的经济基础。

马克思虽然没有直接使用“日常生活”这一概念,但指出:“每日都在重新生产自己生命的人们开始生产另外一些人,即繁殖。这就是夫妻之间的关系,父母和子女之间的关系,也就是家庭。”[2]他进一步指出:“我们首先应当确定一切人类生存的第一个前提,也就是一切历史的第一个前提,这个前提是:人们为了能够‘创造历史’,必须能够生活”[3],“社会结构和国家总是从一定的个人的生活过程中产生的”。[4] 恩格斯晚年将马克思上述思想概括为“两种生产”理论,即“一方面是生活资料即食物、衣服、住房以及为此所必需的工具的生产;另一方面是人自身的生产,即种的繁衍”。[5] 这些论述都对我们正确认识“日常生活”具有重要的指导作用。

法国现代哲学家亨利·列斐伏尔(Henri Lefebvre 1901～1991)在西方学界被公认为“日常生活批判理论之父”,他与捷尔·卢卡奇(Gyorgy Lukacs,1885～1971,匈牙利著名理论家和社会活动家)、卡尔·柯尔施(Karl Korch,1886～1961,

[1] 马克思恩格斯选集(第3卷)[M].北京:人民出版社,1995:440.

[2] 马克思恩格斯选集(第1卷)[M].北京:人民出版社,1995:80.

[3] 马克思恩格斯选集(第1卷)[M].北京:人民出版社,1995:78-79.

[4] 马克思恩格斯选集(第1卷)[M].北京:人民出版社,1995:71.

[5] 马克思恩格斯选集(第4卷)[M].北京:人民出版社,1995:2.

“西方马克思主义”的亚圣）和安东尼奥·葛兰西（Antonio Gramsic 1891～1937，意大利萨丁尼亚人，本世纪杰出的马克思主义思想家之一）等人系西方马克思主义创始人和杰出代表。亨利·列斐伏尔认为：所谓“日常生活，从某种意义上来说是剩余的，被规定为在所有独特的、高级的、专业化的、结构的活动被我们通过分析而勾出来之后所留下来的剩余物，实际上它必须被规定为总体性。日常生活与一切活动深刻地联系着，涵盖了有着差异和冲突的一切活动；它是这些活动会聚的场所，是其关联和共同基础。正是在日常生活中才存在着塑造人类——亦即人的整个关系——成为一个整体。也正是在日常生活中，那些影响现实总体性的关系得以表现和实现，尽管这些关系在一定方式上总是部分和不完全的，但是能够使得现实的总体性得以实现：诸如友谊、同志之谊、爱情、交往的需要、游戏，等等。”[1]他的论述也对我们正确认识“日常生活”具有重要的启发作用。

在我们看来“日常生活”，包括生活消费消遣活动，还包括人自身的生产——也就涵盖了社会和谐结构。

具体地说我们的“日常生活”：

在本质上，是指物质资料生产实践（经济建设或经济方式）、社会秩序生产实践（政治建设或政治方式）、精神文化生产实践（文化建设或文化方式）、生活环境生产实践（社会建设或社会方式）之外的生活方式、生命生存体验。

在过程上，“日常生活”在生产关系的生产、分配、交换、消费四个环节中属于生产、分配以及生产资料交换、消费之外的人的自身生产及生活过程中的生活资料的交换、消费、生活交往与休闲生活（生活文明的实现）。当然，这种“日常生活”对于生产力的发展有着巨大的制约性，进而对生产方式形成巨大的制约性。

（三）“四位一体”建设的“生产方式”的最终目标

“四位一体”建设的“生产方式”的最终目标就是要通过影响人们的社会生活方式达到两个目的：一是提高人民群众的生活水平；二是改善人民群众的生活质量。

生活水平和生活质量是社会生活方式在量和质两个方面的反映。生活水平侧重反映生活方式量的方面，它主要是指人们所拥有的、用以消费的物质、精神、社会财富的数量，可以用货币或实物形式进行直接的数量测定。生活质量侧重反映生活方式质的方面，它是对人们经济、政治、文化、社会等生活进步的综合评估，是指人们的生活所达到的保证个人健康、自由、全面发展的程度，它一般难以用货币或实物形式表示，而是用一套综合性的评估指标来进行测定的。

生活水平和生活质量的关系是辩证统一的。一方面，二者互为条件，密不可

---

〔1〕 Henri Lefebvre，Critique of EverydayL ife，trans，JhonMoore，London，1991:97.

分。特定的生活水平内在地包含着人们生活的特定的质，没有人们的生活资料在质上的不断丰富和完善，也就谈不上生活水平的提高；一定的生活质量又必须以一定的生活资料的量的积累与提高为前提，没有较高的生活水平，就没有高质量的生活方式。另一方面，二者又是有区别的，二者反映的内容不尽相同，不能将二者等同起来，二者发展的步伐不尽一致，富裕的生活本身并不等于幸福。

就生产与生活这一对矛盾的范畴看，生活是目的，生产是手段，目的同手段相比永远是第一位的。矢志不移地为达到目的而奋斗，从来都是第一原动力，如什么年份的购买力增强，什么年份的经济就上涨。反之，如果购买力下降，生活水平下降，那么经济水平便一定上不去。假若不顾生活的需要而盲目生产，必然带来生产过剩，其结果又会倒过来引发生产萎缩。我们通过“菜篮子”、“米袋子”、“就业”、“再就业”、“社会保障”、“医疗保障”等一系列社会工程的建设，改善和提高人民群众的生活水平和生活质量，必然会促进社会生产的发展。同样，社会生产的发展也有利于人民群众日常生活的改善，我们一定要注意使“四位一体”建设的“生产方式”与社会生活的“生活方式”之间协调发展，从而实现“生产方式”与“生活方式”良性的双向互动。

我们认为，衡量一种生活方式是否健全的根本标准，应当是这种生活方式能否使人的物质生活、政治生活、精神生活和社会生活需要都得到合理的高质量的满足，能否实现人与自然、人与社会以及人的内在身心的平衡，从而逐步创造使人的个性得到全面发展的人类存在形式和生活条件。所以“四位一体”建设工程的根本目标就是要养成人们健康的社会生活方式，使人民群众的生活水平和生活质量得到协调发展，以实现人类生活的幸福、美满和和谐。

（四）“生产方式”与“生活方式”的矛盾运动

在上述对“日常生活”的探讨中，我们可以推论出“四位一体”建设的“生产方式”与社会生活的“生活方式”之间是一种双向互动的关系，二者之间相互影响，相互促进。通过“四位一体”建设的“生产方式”，不断地改善着人民群众日常生活的水平和质量，不断地改变着人们的“生活方式”，进而让人民群众在社会生产中充分发挥自己的积极性、主动性和创造性，促进“四位一体”建设，不断改变着“生活方式”也不断推进着“生产方式”。

人类的“生产方式”与“生活方式”的矛盾运动，渗透到人类生产和生活的各个角落，每时每刻都支配着人类的生产和生活。“生产方式”与“生活方式”既相互对立又相互依存、相互渗透的矛盾运动，既是人类社会的根本矛盾之一，又是人类社会发展的根本矛盾规律之一。科学发展观强调的是以人为本、全面、协调、可持续发展，“四位一体”建设理论本身就是创造性地运用了生产方式与生活方式的矛盾运动规律。当然，这还需要我们理论工作者做进一步论证、阐发。

目录

绪 论

一、关于生产方式与生活方式关系问题的研究意义

随着现代化、全球化的进程，生产与生活的关系、生产方式与生活方式的关系问题日显突出。布罗代尔（F. Braudel 1902～1985，法国年鉴学派史学大师）在研究15至18世纪物质文明、经济发展与资本主义制度时，就把人们最基本的日常生活作为研究的切入点，把研究的视角从人类的衣食住行中展开，去挖掘一些最容易被人们忽视的东西所揭示的实质问题，从中找出市场经济和资本主义形成的规律。这种通过生活方式去观察社会、了解社会的研究方法，后来被研究者们广泛采用。正如马克思深刻指出的那样："现代历史著述方面的一切真正进步，都是当历史学家从政治形式的外表深入到社会生活的深处时才取得的。"[1]在此，马克思强调了现实生活对于"真正进步"的关键意义。马克思在他的众多文献中还强调指出，生产方式和生产关系的变化，最终要体现于生活方式、市民社会的深刻变革，认为这种变革不仅仅是社会生产力发展的最终目的，而且也是历史唯物主义的基本出发点。列宁也曾经指出："只有历史唯物主义才第一次使我们能以自然科学的精确性去研究群众生活的社会条件以及这些条件的变更。"[2]这充分说明，"深入到现实生活的深处"，"考察群众生活的社会条件以及这些条件的变更"，即对生产与生活进行考察是学术界应该予以关注的重要问题。

在现实生活中，个体生活方式的选择是和时代接轨的，并受社会发展和人们各自的经济条件制约的。它一方面受经济、政治、文化、社会发展状况的影响，反映出生活活动的主体对生活资源进行评价、选择和配置，而不断地表现为社会行动和行为方式；另一方面，又体现人自身的生存、享受和发展的自我需要，并通过人的选择和反思活动去超越现实和对理想生活的界定，构成人们的生活方式。因此，作为主客体相结合生成的产物，生活方式的复杂程度和所包容的因素也很多，其本身的变迁是一个连续不断的、渐变的过程，也是经济、政治、文化和社会自身运动的必然产物和社会发展的必然趋势。同时，生产方式是一个社会的生产力与生产关系的综

---

〔1〕 马克思恩格斯全集(12)[M].北京：人民出版社，1962：450.

〔2〕 列宁选集(2)[M].北京：人民出版社，1972：425.

合体现，不同的社会形态就产生不同的生产方式实现形式。因而，研究中国特色社会主义生产方式的实践途径对生活方式变革的影响，是历史赋予当代理论研究者的重要使命。

（一）研究的理论意义

关于生产方式的研究，过去多在政治经济学领域内展开。马克思在《资本论》序言中说：“我要在本书中研究的，是资本主义生产方式以及和它相适应的生产关系和交换关系。”[1]由此表明，政治经济学所要研究的，一是生产方式，一是和生产方式相适应的生产关系和交换关系。而且说明，在社会经济结构中，生产方式是第一性或者原生性的，生产关系则是第二性或者派生性的。马克思还明确指出：“随着新的生产力的获得，人们便改变自己的生产方式，而随着生产方式的改变，他们便改变所有不过是这一特定生产方式的必然关系的经济关系。”[2]同时，马克思认为不同社会形态的生产方式有“独特的、历史的和暂时的性质”，这为生产方式对生活方式变革影响的研究提供了理论依据、研究方法和研究路径。我们今天研究的中国特色社会主义生产方式指的就是社会主义初级阶段的生产方式。也就是说，“四位一体”的社会主义事业总体布局提供了研究社会主义初级阶段生产方式的实践途径与形式的崭新视野。

第二次世界大战结束后，由于战争对人们生活方式、生活状态的影响，使得对生活方式问题的研究成为时代和理论的热点，凸显了对生活方式的研究的现实重要性和理论意义，使得生活方式的理论研究逐渐成为世界性的研究潮流。在对生活方式的理论研究中，西方学者首开先河，随后延展到前苏联及东欧的社会主义国家。在中国，学者们对生活方式的研究是从改革开放后开始的。改革开放后，随着我国经济发展的迅速提升和社会生活的剧烈变化，特别是西方生活方式、思想观念、理论潮流的快速涌入，对生活方式的研究和探索迅速成为中国学术界、理论界和媒介界的热议论题。但是，由于各个国家国情不同，社会制度和阶级结构等差异，在生活方式的研究上学者们的研究取向、研究重点、研究路径、研究方法也就有所不同。

在马克思和恩格斯看来，“生活方式”这个概念是历史唯物主义的重要范畴，通常有两个方面的含义：一是生活方式是区别阶级的重要指标；二是生活方式与生产方式是紧密联系、相互影响的——一方面生产方式决定生活方式，另一方面，生产方式又是生活方式的一个方面、一个重要构成要素。马恩曾指出，“个人怎样表现

〔1〕 马克思.资本论(1)[M].北京：人民出版社，1975：8.

〔2〕 马克思恩格斯全集(27)[M].北京：人民出版社，1972：479.

自己的生活,他们自己就是怎样。因此,他们是什么样的,这同他们的生产是一致的——既和他们生产什么一致,又和他们怎样生产一致。因而,个人是什么样的,这取决于他们进行生产的物质条件。”[1]马恩的这一论述,阐明了这样一个重要的思想:一定的生活方式总是和一定的生产条件、生产形式和生产关系相统一的,有什么样的生产方式,就有与之相适应的生活方式,换句话说,马恩在这里强调了生产方式对生活方式的决定作用。但从生活方式对生产方式的作用来说,由于生产是人类社会生产方式,因此生产也必然是人类活动方式的重要形式,因而也成为生活方式的重要内容乃至主要内容。马恩同时还指出:“人们用以生产自己的生活资料的方式,首先取决于他们已有的和需要再生产的生活资料本身的特性。这种生产方式不应当只从它是个人肉体存在的再生产这方面加以考察。它在更大程度上是这些个人的一定的活动方式,是他们表现自己生活的一定方式、他们的一定的生活方式。”[2]马恩在这里指明,“生活方式”这一概念既是指衣食住行等人类社会的日常生活,同时也包括生产活动在内的整个人类的生产生活。因此马恩关于“生活方式”的科学概况和总结,成为当代学界对“生活方式”研究的基本出发点和指导原则。

西方学界,以马克斯·韦伯(Max Weber,1864～1920,德国著名社会学家和哲学家,代表作《新教伦理与资本主义精神》)、凡勃伦(Thorstein B. Veblen,1857～1929,美国著名经济学家,代表作有《有闲阶级论》)和英国学者厄尔(Peter Earl,代表作有《生活方式经济学:骚动世界的消费行为》)为主要代表,分别从不同的角度对生活方式进行了深入研究。

而中国学界对“生活方式”的理论关注和研究始于20世纪80年代初,主要从社会学、社会史以及相关学科的研究起步,此前由于各种原因,对于“生活方式”的研究一直被长期忽视,甚至在某一段历史时期被看成是理论研究的禁区。20世纪80年代之前出版的各种辞典、著作以及论文中没有“生活方式”条目或者相关概念,而在日常生活的用语中也常与作风等词混淆,成为一个禁忌的、政治色彩很重的词汇。改革开放以后,实事求是的思想路线被重新确立,随着人民生活水平的不断提高,人民对生活质量提出更高的要求,特别是对美好、健康、科学与和谐的生活方式的追求,使得生活方式的研究随之兴起,直至成为热门话题。

国内学者对生活方式的研究主要取得了以下几个成果:一是构建了生活方式问题研究的学术体系;二是从不同视角对生活方式的具体问题进行了研究;三是对生活方式现代化问题的研究取得了进展;四是围绕建设社会主义和谐社会,发表了

---

[1] 马克思恩格斯选集(1)[M].北京:人民出版社,1995:67-68.

[2] 马克思恩格斯选集(1)[M].北京:人民出版社,1995:67.

大量有关和谐生活方式的研究成果。当前,“生活方式”及其相关理论的研究引起了国内众多学者们的广泛关注,社会学、社会史学、历史学、哲学、政治学、经济学等学科广泛指涉“生活方式”之探讨,从不同侧面对社会生活方式进行了较为深入和广泛的探讨,获得了不少有价值的研究成果。学者们从历史学、社会学、政治学等不同角度对社会生活方式进行了研究,一些关于社会生活方式变革历史的研究成果,主要表现在回答了生活方式变革“是什么”的问题,但是对“为什么”变革和未来“怎么办”,即变革的趋势和历史预见方面的问题分析还远远不够深入,研究方法也不够完善。在现有的研究中,实证研究方法多,抽象理论分析不够深入,尤其是从哲学抽象的最高层面上对“生活方式”的研究欠缺,缺乏对生活方式的整体性和系统性研究。关于生活方式热点问题的研究雷同的多、重复的多,富有新意的成果少。

因此,笔者希望在现有研究成果的基础上,以“四位一体”建设为实现形式的中国特色社会主义生产方式的视角,依据历史唯物主义的基本原理,运用社会哲学的分析方法,立足于发展中国特色社会主义生产方式的实现途径,对当代我国的“生产方式对生活方式变革的影响”问题进行深入系统研究,厘清学界对“生活方式”研究的成果与欠缺,梳理生产方式影响“生活方式”变革的基本要素,分析其变革的深层动力和现实根据,并对和谐生产方式与生活方式的构建进行前瞻性研究,力图提供一种观察中国改革发展对生活方式变革的影响的新视野,得出一些新的启示。

(二)研究的实践意义

我们说,社会主义建设的目的在于,不断提升社会主义生产力,完善社会主义生产关系。研究中国特色社会主义生产方式的实现形式,就是要弄清楚以怎么样的生产方式来不断发展社会主义生产力,完善社会主义生产关系。一定生产方式又是与一定的生活方式相联系的。因此,研究社会主义生产方式的实现形式必须要联系“四位一体”的总体布局和生活方式的变革,这是紧密联系,相辅相成的。

新中国建立以来的很长一段时间,我们一直回避生活方式问题的研究。由于阶级斗争、物资匮乏等原因,人们奢谈生活方式话题。一旦人们有生活讲究的言行举动,就被认为是追求资产阶级生活方式,一棒子打死。在那样的政治挂帅的年代,生活方式问题的研究被束之高阁,更谈不上深入展开。

改革开放以来,随着物质生活条件的逐步改善和行为理论禁锢的进一步打破,人们的研究视角开始触及资本主义世界对生活方式的追求。一时间,以年轻人为代表的新潮派扮头、衣着、服饰、发型等生活细节上纷纷效仿国外流行色彩、式样。各种奇装异服充斥大街小巷。人们不禁惊叹:“年轻人怎么啦,都快资本主义化了”,“这还了得,开放没进来好东西,奇怪的东西都跑来了”,一片哗然。严酷的事实促使人们不得不思考生活方式的问题，研究什么是健康的生活方式，什么是消极的生活方式，改革开放对生活方式的变革究竟造成了什么样的影响，这种影响有多大，有多远？

随着对生活方式变革的表层分析和深层剖析，理论工作者又发现生活方式的变革与政治、经济、文化及社会建设有着必然的联系。“四位一体”建设与生产和生活方式既互相作用又互相制约，既有促进作用，反过来又会影响另一方的进程。社会学家从消费入手，借鉴西方学者研究成果与分析方式对区域或不同消费群体的人们生活方式进行了样本分析，得出相应结论，提出针对性的措施和解决问题的出路。他们对一个个具体领域的生活方式研究，提供了大量丰富翔实的实证资料和政策决策依据，具有很强的实践指导作用。但是任何一门学科的研究都应该从哲学层面去把握，就生活方式这样一个社会学和消费学的论题来说，从社会哲学的视野去分析和判断，无疑至关重要。结合党的十七大提出的政治建设、经济建设、文化建设和社会建设“四位一体建设”的理论实际，运用科学发展观和社会主义和谐社会建设的理论，研究在物质文明、精神文明、政治文明和社会文明建设的过程中，生产方式的实现途径对生活方式变革的影响，研究中国生活方式的过去、现在和未来变革的走向，无疑具有十分重要的现实意义和实践意义。因此，有的学者和全国人大代表还建议国务院，在国家发展与改革委员会内专门设立生活方式研究院，组织专门力量加强对生活方式的研究，用以指导人们正确的生活方式与方法，为构建和谐社会生活方式出谋划策。

二、研究现状述评

(一) 关于“四位一体”建设的研究

1. 关于“四位一体”演变和发展的过程

“四位一体”是在深刻总结我们党领导中国社会主义建设的历史经验与教训的基础上提出来，并且经历了一个随着实践的发展和认识的深化而不断丰富其内涵、修正其表述的过程。大多数学者的研究都认为，“四位一体”孕育于以毛泽东为核心的第一代中央领导集体提出的四个现代化的奋斗目标中，改革开放以来经历了从“二位一体”(物质文明与精神文明“两手抓，两手都要硬”)到“三位一体”(经济建设、文化建设、政治建设)，再到“四位一体”(经济建设、文化建设、政治建设、社会建设)的演变过程。

1954 年，周恩来在第一届全国人大第一次会议的政府工作报告中，代表党中央第一次明确提出了实现四个现代化的目标，体现了对社会主义物质文明建设的要求。1982年，中国共产党十二大报告的第三部分《努力建设高度的社会主义精神文明》全面阐述了邓小平此前提出的“两手抓，两手都要硬”的思想，指出社会主义精神文明是社会主义社会的重要特征。这标志着“二位一体”的形成。1986年，中共十二届六中全会决议，第一次在中央文件中正式提出了“总体布局”这一概念，并指出我国社会主义现代化建设的总体布局是以经济建设为中心的经济体制改革、政治体制改革和精神文明建设的有机统一；党的十三大则把“三位一体”的总体布局同社会主义初级阶段的基本路线联系起来，使“富强、民主、文明”成为经济、政治、文化现代化“三位一体”的战略目标。这也标志着“三位一体”的形成。对于“四位一体”“总体布局”的形成，有学者认为是在2005年2月。当时，胡锦涛在中央党校省部级主要领导干部专题研讨班上的讲话中第一次明确提出，“随着我国经济社会的不断发展，中国特色社会主义事业的总体布局，更加明确地由社会主义经济建设、政治建设、文化建设‘三位一体’发展为社会主义经济建设、政治建设、文化建设、社会建设‘四位一体’”。但是，绝大多数学者认为，2007年10月党的十七大政治报告和十七大新党章是“四位一体”正式形成的标志。

2. 关于“四位一体”内部的关系

在这个问题上，研究者的角度和阐述方式、思路尽管有所差异，但总体而言比较一致，即认为：“四位一体”是一个有机整体，对其中每个组成部分的理解和把握，也需要上升到整体层面来进行。在“四位一体”中，经济、政治、文化、社会建设既发挥各自功能又相互紧密联系，经济建设提供物质基础；政治建设提供政治保障；文化建设提供精神动力和智力支持；社会建设提供有利的社会环境和条件。四者互为条件，互相促进，只有四个方面建设协调发展，中国特色社会主义事业才能全面进步。

3. 关于“四位一体”的形成意义及实现路径

“四位一体”的总体布局，紧扣影响我国改革、发展、稳定的突出矛盾和深层次问题，体现了推动科学发展、促进社会和谐的内在要求，既是着眼未来的战略举措，又是立足现实的紧迫任务。它是党对执政规律认识不断深化的标志；是党对社会主义建设规律认识不断深化的标志；是党对人类社会发展规律认识不断深化的标志。实践意义主要有：它有利于实现经济、政治、文化、社会一体化发展，把握战略机遇期，实现富强民主文明和谐的全面小康目标；有利于巩固党的执政基础，实现党执政的历史使命；有利于准确把握复杂多变的国际形势，有力应对国际环境的各种风险和挑战。

另外，还有学者从哲学角度探讨“四位一体”的总体布局的意义和价值。如在探讨了总体布局的内在价值向度上，有的学者指出它内在地蕴涵着三个价值向度：人的全面发展是主题，社会和谐是目标，科学发展是路径。在利用范式研究上，有学者指出:总体布局的演进体现着中国共产党社会结构研究范式的自觉转换。在这个过程中,每一个范式在当时的历史条件下都有其存在的合理性与可贵的价值;而每一次范式的转换都适应了实践进展的需要,体现了中国共产党与时俱进的理论自觉和不断创新的时代精神。总体布局的变化是"对于辩证矛盾结构富于创意的表达"。对于"四位一体"的总体布局的实现路径,学者一致认为要坚持协调发展、全面发展、以人为本的发展,而且要坚持把发展作为党执政兴国的第一要务。许多学者都强调指出:在"四位一体"的形成、发展和实现过程中,坚持中国共产党的正确领导是根本保障。

(二)关于生产方式的研究

理论界对生产方式的研究主要限于在政治经济学领域。研究的内容大概包括三个方面:一是对马克思主义创始人经典社会主义生产方式理论的概括与总结,其具体内容是对马克思、恩格斯所阐述的经典社会主义的生产形式、生产条件、生产的社会形式和生产关系等方面基本特征的理论研究;二是对传统社会主义生产方式实践的回顾与反思,其具体内容主要是传统社会主义的生产形式、生产条件、生产的社会形式和生产关系等方面的历史分析;三是对中国特色社会主义生产方式目标模式的理论分析,特别是对社会主义初级阶段生产形式、生产条件、所有制形式和生产关系等方面的探讨与研究。鉴于本书只是从"四位一体"的视角来研究生产方式的实践途径,因此,对经济学领域的研究成果包括西方经济学者的观点不再赘述。

(三)关于生活方式的研究

1. 西方学界对生活方式的研究

在西方较早研究生活方式应以马克斯·韦伯和凡勃伦为代表。他们是在继承了马克思所提出的用生活方式来辨别阶级的有效指标的基础上,又把生活方式作为社会分层与尊荣的标志来研究的。他们认为,地位较低的社会阶层总会把地位较高阶层的生活方式作为自己效仿的对象。因此,生活方式与阶级之间的关系,在韦伯和凡勃伦的眼里便成了研究重点和社会学研究范畴。

马克斯·韦伯在《阶级、地位与权力》一文中分析了生活方式的主要内涵和基本意义,他把"生活方式"作为区别"地位"与"阶级"的一种自明的方法和标准,仅仅作为一个辅助性概念,而无必要给予独特的解释。因此,我们在韦伯有关生活方式的论述中,可以看到两个方面的重要内容:

其一,生活方式确定了群体的社会地位。马克斯·韦伯说,社会是根据三个基本原则来进行分层的,即阶级、地位与政党。他说:"那种典型的获取商品供应、外在生活条件即个人生活经验的机会，至于这种机会，则是由一定经济秩序中利用商品或技能以换取收入的权力大小和类型所决定的。”“相对于由经济决定的‘阶级处境’来说，我们拟用‘地位处境’指人的生活际遇的一切典型成分，此类成分是关于荣辱的社会评价(肯定的或否定的)所假定的。在内容上，地位的荣辱通常表现于这一事实：一定的生活方式能够受到这样一些人的期盼，以致他们都希望属于这个圈子[1]。”而对于生活方式的一致所形成的地位群体现象，马克斯·韦伯说，“一种‘生活方式’对于地位受尊敬的程度的决定作用意味着，地位群体是一套‘习俗惯制’的专门拥有者”。“生活的全部风格化来源于地位群体，至少可以说，表现于地位群体。”“地位的社会分层是对于观念的和物质的产品或机会的垄断并存的[2]。”因为生活方式是荣誉、声望和社会地位得以获得和确认的方式，并且也能使这些方面的差异合法化。而政党成员作为社会中握有特权的人，往往在社会上享有较高的经济地位，或者通过政治活动等“合法的特权”来影响人们的工作环境和社会地位。因此，在马克斯·韦伯看来，表面上阶级、地位与政党三者之间是相互独立的，但实质上它们又是相互关联的，这种关联决定了一个人的生活机会。他认为，生活方式是社会地位的标志，反过来，一定的生活方式又决定了一定的社会地位。因此，生活方式在体现其社会意义方面具有十分重要的作用，所以占据统治的或者具有重大影响的社会地位群体对自身独特的生活方式从政治、经济、文化等各个方面进行有效保护，在整个社会层面对自身的生活方式进行正式的和非正式的垄断也就十分正常了。因此，马克斯·韦伯认为：社会地位的范围是以特定的生活方式为标志的，而地位群体则是以生活方式为基础而形成的。

其二，生活方式表现为一定的消费形式。马克斯·韦伯在其《阶级、地位与权利》一文中认为，依据一定的生活方式的表现形式可以区分出不同的地位群体，但是生活方式本身又是通过一定的消费模式表现出来的。因为对于一定的社会群体而言，资本、财富和收入本身不能完全成为清晰地区分一定阶级的生活方式的标准，在一定收入水平范围内，不同的社会群体对其收入如何消费本身包含了不同的自主选择。在相同或者相似的收入水平范围内，由于消费主体依据自身的需要和兴趣、爱好等形成的不同消费选择，因此就使得消费主体以不同的形式和方式展示其生活方式。对于马克斯·韦伯来说，“地位的社会分层是对于观念的和物质的产品或机会的垄断并存的……除了特定的地位的荣誉——它总是依赖一定的距离和

〔1〕 Weber, M. Form Max Weber: Essays in Sociology, Oxford University Press, 1946: 181-191.

〔2〕 Weber, M. Form Max Weber: Essays in Sociology, Oxford University Press , 1946: 187-190.

排外性，我们还看到对于物质的垄断。此类爱慕的爱好可能包括若干特权，如穿特殊的衣服，吃特殊的、对外人来说是禁忌的食物。”通过如上的分析，马克斯·韦伯得出了这样的结论：“‘地位群体’是按照他们特殊的生活方式中表现出来的消费商品的规律来划分的。”[1]也就是说要从生产关系、分配的制度上去认识阶级，从生活方式去认识社会地位。生活方式自然就被视为是对该群体加以描述的具体表现或根据消费规律来认识他们的生活方式，或根据生产关系和市场地位、潜力来确定所属阶层，或根据消费模式来区分人们的地位。因此，今天学界又把生活方式转化为消费方式来研究，并成为西方生活方式研究的主流，也是与马克斯·韦伯有渊源关系的。[2]

而对生活方式研究的另一位代表凡勃伦则从历史社会学的角度，深刻地论述了一定的社会阶层与特定生活方式的关联和根据，充分说明了特定的生活方式对于一个社会的特定成员的阶级归属和社会地位的认识价值和解释力。这一研究成果是凡勃伦在生活方式研究领域所做的最为突出的重要贡献。即便如此，凡勃伦只是把生活方式作为阶级地位与尊荣的社会标志[3]，在他的研究视野中，生活方式也只是一个派生词，并没有作为一个概念来深入研究。

凡勃伦对生活方式的认识主要是从社会消费的角度切入的。他观察的是以消费为主要形式的生活方式与阶层的关系。他在《有闲阶级论》中指出：“生活方式可以概括地把它说成是一种流行的精神状态或生活理论。”他认为，在人类社会发展的不同历史阶段上，人们的精神状态、生活理论是不同的，从而对荣耀、尊贵、价值等的标准也存在不同甚至是重大差距，因此在不同的社会历史发展阶段，作为阶级地位区别的基本标志的生活方式也随之不同。

凡勃伦认为，“尊荣”起源于原始社会的勇武。他在考察了古代社会的相关研究资料后得到这样的认识：在古代社会中，掠夺性是不同的原始群体的共性，体现为原始群体对勇武的尊崇和膜拜，而勇武的最好证明就是身体的侵略行为，即从战利品的相互激烈争夺转化为对战利品的绝对占有和有限使用权，随后又上升为社会的等级制度如品级、勋爵、薪衔，等等。然而，进入工业社会以后，财产代替了勇武的尊荣、富裕，还有“有闲”的生活方式。凡勃伦认为，“有闲”是社会差别的象征，是生活方式与阶层关系的问题。“有闲”就是不必自己通过生产劳动来获得物质生活的保障。在这里，“有闲”成了个人成功的标志，而特定的生活方式也成了特定阶

---

〔1〕 Weber, M. Form Max Weber: Essays in Sociology, Oxford University press, 1964: 191.

〔2〕 高丙中. 西方生活方式研究的理论发展序略[J]. 社会学研究，1998(3).

〔3〕 高丙中. 西方生活方式研究的理论发展序略[J]. 社会学研究，1998(3).

级的象征。[1]

关于“有闲”，凡勃伦重点分析和论证了资产阶级的“炫耀性的休闲”。凡勃伦分析说：资产阶级新权贵们尽管在意识形态上使劳动成为新的社会体系的“中心价值”，但他们梦寐以求的是要模仿旧贵族，他们通过一切机会惹人注意，以显示他们的不劳动和地位的高尚，如资产阶级新权贵对礼仪的孜孜追求、在文化艺术上的附庸风雅，等等，借此用以炫耀其“有闲”阶级的地位和荣誉。

随着城市化的迅速发展和奢侈品生产的增加，资产阶级越来越关注和重视能够体现其地位的实物消费，特别是奢侈品的消费，即“炫耀性消费”。凡勃伦认为，“炫耀性消费”是为了显示个人社会等级，显示新地位使他们能够带来新的满足。因此，不仅在生活必需品的消费上远远超过维持其生活必需的最低限度，而且在财务的品质的消费上也是经过精挑细选的。他们迅速地淘汰过去消费的物品，不断地追逐和享用更新的奢侈品，其主要动机和直接目的，一方面是这些物品用于个人享受和福利，但更主要的是这些物品带给他们的是超出物质消费的精神意义，如荣誉、体面、享受以及其他特殊意义，“使用这些更加精美的物品既然是富裕的证明，这种消费行为就成为光荣的行为；相反的，不能按照适当数量和适当的品质来进行消费，以为屈服和卑贱”。[2] 对“炫耀性的消费”的过度追逐以致使得这种生活方式构成他们生活的主要内容乃至全部内容的时候，于是有钱有闲合二为一的生活方式就成为了他们的重要的生活方式，这就是凡勃伦所要论证的。同样，也正是在人们趋同心理与示范效应的影响下，在社会经济结构中处于地位层次较低的社会成员在消费行为上努力趋同于这种上层社会的生活方式，必然使得这种“炫耀性的消费”的生活方式，在社会特别是在工业社会里弥漫开来。

从马克斯·韦伯和凡勃伦对生活方式的研究中，我们可以看出，在他们对阶级地位与生活方式的相关性的探讨中，尽管生活方式未能占据主导地位和特殊问题域，他们对生活方式的研究基本上还停留在将“生活方式”仅仅作为阶级地位区别的描述工具和手段，但这种探究本身已大体确立了生活方式研究的基本框架，同时也展示了生活方式概念的巨大学术潜力。马克斯·韦伯与凡勃伦对生活方式的理论概括和研究方法有两个方面的影响：首先，判断社会成员之间的分化以及社会群体之间的差异以其生活方式的差异为根据；其次，是把生活方式研究具体化为消费方式，通过不同的消费方式来展现不同的生活方式。马克斯·韦伯与凡勃伦把生活方式看做社会分化的客观现象和研究途径，把生活方式作为讨论社会结构的间

---

[1] 高丙中.现代化与民族生活方式的变迁[M].天津：天津人民出版社，1997：7.

[2] 凡勃伦.有闲阶级论[M].蔡受百，译.北京：商务印书馆，1964：36.

接对象,为西方社会学对生活方式的研究奠定了基础和基本原则[1]。

到了20世纪中期,西方社会进入了“大众消费”阶段,即西方社会已经从传统的以“生产”为中心的社会转变到以“消费”为中心的社会。一时间,消费与消费服务成了新的经济增长点,并在经济发展中发挥着越来越重要的作用。于是,西方社会学家们开始把研究视角转向了“消费”或“消费文化”,紧接着生活方式研究的内容开始发生变化,学界也开始出现用消费概念替换生活方式概念的现象,并把消费方式研究作为生活方式研究的主要内容,至此,马克斯·韦伯和凡勃伦的用商品消费来界定生活方式的研究,也成了人们研究消费和消费社会学的学术渊源。

在西方有关“消费”或“消费文化”及生活方式的研究中,不能不提到皮埃尔·布迪厄(Pierre Bourdieu,1930～2002,法国当代著名的社会学家,又译为布丢)和让·鲍德里亚(Jean Baudrillard,1929～2007,法国哲学家,现代社会思想大师,后现代理论家,知识的“恐怖主义者”)。皮埃尔·布迪厄是通过“惯习”、“品味”、“生活风格”和“文化资本”等对消费进行研究的。他对各个社会阶层的文化消费进行了精辟的社会学分析,并把生活方式放到了“惯习”和“场域”的作用下去认识。所谓“惯习”,首先体现的是一种组织化行动的结果,比如某种存在方式、习惯状态、性情倾向、某种习性或爱好。而生活方式又是“惯习”的表现形式,在交互的关系中被感知,并形成了一套社会化了的符号系统,内在的包含着历史文化、话语体系、交流范畴等诸多因素。不同的社会成员在共同“场域”的相对位置决定了他们特定的行为方式和交往方式。在这种双重结构的影响下,人们的日常行为和特殊的行为方式转化为系统的实践关系。由此可见,皮埃尔·布迪厄对生活方式的研究,因为采用“惯习”概念,所以整合了生活方式研究所指涉的若干方面和不同要素。同时,他对生活方式的研究强调两个方面的因素,一是包括历史、文化、传统、社会结构等各种客观因素,二是特定的个人嗜好、习惯、心理,特别是性情、爱好、倾向等各种主观因素。他的研究既保留了传统的研究方向,又增添了“消费文化”这一新的内容,使生活方式的研究基本形成了一个从研究对象到研究内容、体系、结构和基本原则的相对比较完整的系统[2]。

而让·鲍德里亚则是从符号学的角度对消费的性质进行了全面而深刻的剖析,他利用“范式”去研究消费和消费文化,不仅加大了人们对消费现象的理解,还引导人们把生活方式放入社会文化的大背景中去透视,从中揭示后现代“消费文化”的性质。让·鲍德里亚认为:在后现代,社会消费不再是工具性的活动而是符

---

〔1〕 高丙中.现代化与民族生活方式的变迁[M].天津:天津人民出版社,1997:8.

〔2〕 Bourdieu, P., Distinction: A soucial crityique of the judgement of Taste, Routledge, 1984.

号性的活动；消费越来越涉及失去“固定所指的”、“自由的”和“被解放了的”，消费已成为“对符号进行操纵的系统性的行动”。[1] 由此，在让·鲍德里亚“范式”研究的推动下，商品由于使自身变成符号而形成全新的消费对象，符号的消费和交换逐渐地成为大众生活的主流和时尚。

在此之后，西方的众多学者对消费的属性、消费与意识形态的关系、消费与社会结构的关系、消费与大众传媒的关系的研究开始逐渐深入，出现了一种以时尚作为消费行为的关键、以各种形态的符号消费作为典型特征的消费时代的生活方式，并开始强调消费的符号意义、文化构建和感受过程，即被消费的不是使用价值，而是象征价值。于是，生活风格成为生活方式的直接表现形式，生活方式作为人的一种行为模式也由此而塑造起来了。

2. 国内学界对生活方式的研究

我国有关生活方式的研究非常短暂，大致是从20世纪80年代开始的。回首20多年来的研究历程，有不少学者都对此有过耕耘和评价。王玉波的《我国近几年生活方式研究评述》(1986)、王雅林的《生活方式研究评述》(1995)、高丙中的《现代化与民族生活方式的变迁》(1997)都对我国生活方式研究中有代表性的活动和成果进行过筛选和评价。为了我们的研究有背景依托，现依据社会学界有关学者所做的研究，对我国生活方式研究的大致历程做如下分段：

1981至1984年是我国生活方式研究的起步阶段[2]。在第一阶段，对生活方式研究起到推动作用的，当属两位极有影响的理论工作者——于光远和杜任之，正是因为他们在《中国社会科学》和《社会》杂志上发表了题为《社会主义建设与生活方式、价值观和人的成长》(1981)和《谈谈生活方式》(1982)的文章，使生活方式问题的研究成为社会学界研究的新热点，尤其是杜任之提出的“生活方式是社会学研究的一个课题”之后，生活方式问题研究开始被社会学界所重视。之后，国内较早的研究生活方式问题的理论工作者，都不约而同地从马克思主义的社会发展理论和历史唯物主义理论中，从马克思主义经典作家的文本中，挖掘长期以来被忽略了的马克思主义经典作家们有关生活方式问题的论述，同时把对生活方式的研究作为研究和探讨中国特色社会主义发展战略、中国现代化发展道路、全球化时代中国的应对策略等问题的研究背景和前提基础，突出地强调“生活方式的变革能比较完整地反映社会主义生产方式的实践成果以及社会主义建设的根本目的。”[3]尤其

---

[1] Baudrllard, J., Selected Writing. edited by Mark Pcester, Stanford Polity Press, 1988: 22.

[2] 王玉波. 我国近几年生活方式研究述评[J]. 社会学研究，1996(5).

[3] 王雅林. 论社会主义生活方式[J]. 社会科学研究动态，1982(1).

是1984年8月前后,《文汇报》和《中国青年报》等报刊还开辟了专栏,组织大众来讨论"生活方式"的问题,同年12月,《中国妇女》杂志社在北京召开了中国第一次关于生活方式的全国性学术研讨会——"妇女与文明健康科学生活方式学术研讨会",并成立了全国性的"生活方式研究会筹备组"。于是一段时间关于生活方式范畴、资产阶级生活方式、社会主义生活方式、现代生活方式,以及对生活方式的变革等问题也都成了人们的热门话题。尽管这一时期,国内对生活方式的研究还主要停留在讨论有关的基本理论和概念问题上,热衷于阐述现代化中的生活方式及其研究设想上,锁定在反思过去对人们追求生活方式的否定上,认为不能把"吃得好、穿得好归结为资产阶级生活方式",而把"安贫守穷"归结为"无产阶级追求的生活方式",等等。但这些论述归纳起来,共有三个指向:一是指生活方式在精神文明建设中的作用,在一定程度上被赋予了意识形态功能;二是指社会生活方式在经济发展中的作用,被赋予了一种工具性功能;三是批判极"左"观念,促进生活方式的社会转轨和转型,呼唤把生活的权利、个人生活的领地还给人自己,呼唤把"美好生活"的建构作为现代化发展的价值目标。从这个意义上说,这一时期的生活方式研究具有理性启蒙的作用。80年代邓伟志出版了具有象征意义的《生活的觉醒》(1985)一书,对当时轰轰烈烈的生活方式问题大讨论,对解放生活观念也是卓有影响的。[1]

1984~1987年是第二阶段。[2] 在这一阶段,有关生活方式的研究达到了一个高潮,尤其是在1984年10月党的十二届三中全会《关于经济体制改革的决定》中,特别提到生活方式变革的问题,强调要在创建充满生机和活力的中国特色社会主义市场经济体制的同时,努力在全社会培育和形成具有"中国特点"、"中国气派"、"中国风格"的、适应现代生产力方式发展和社会进步要求的、符合中国特色社会主义要求的"健康的、科学的、文明的"生活方式,彻底摒弃和抵御(包括西方的和封建的)落后的、愚昧的、腐朽的生活方式,并指出这样符合上述要求和基本特征的生活方式和精神状态,是中国特色社会主义精神文明建设的有机组成部分,是推动我国经济体制、政治体制改革和物质文明建设的巨大精神力量。这充分说明,生活方式问题的研究和引导已经纳入了党和政府的视线,于是,一系列与经济体制改革、精神文明建设紧密相连的生活方式问题成为研究的热点。原苏联、东欧等社会主义国家学者对生活方式研究的文章、专著见诸媒体,少量的西方、北欧及日本学者的研究成果节录或专著也有出现,诸如托夫勒(A. Toffer)的《未来的震荡》(1985)、奈斯比特(J. Naisbitt)的《大趋势》(1984)、《第三次浪潮》(1984)等。《社会学研究》杂

[1] 王雅林.生活方式的理论魅力与学科建构[J].江苏社会科学,2003(3).

[2] 逝川.资产阶级生活方式析[N].人民日报,1985:1-23.

志也多次设置生活方式研究专栏，发表了王雅林的《变革中的生活方式：继承和借鉴问题》(1986)、李朝元的《论经济体制改革对生活方式变革的影响》(1986)、冒君刚的《试论生活方式》(1986)、时运生的《生活方式变迁初探》(1986)等论文。这一时期还出版了王玉波的《生活方式》(1986)、刘崇顺的《新时代与生活方式》(1986)、王思斌翻译的前苏联学者克里托斯等著的《社会主义生活方式》(1986)等著作。全国各地都纷纷展开了有关生活方式的大讨论，大量有关生活方式的一般理论和生活方式变迁的论文时常见诸报纸杂志，学术会议也频繁召开。讨论的话题还是在生活方式的结构、要素和定义等基础理论问题上。涉及社会主义生活方式变迁和物质文明、精神文明建设领域中有关生产劳动、物质与精神消费、社会交往、日常生活以及其他有关方面等不同的生活方式领域和社会问题，以及知识分子、妇女儿童、少数民族、老年人、下岗职工、进城务工人员等不同行为主体的生活方式和城乡不同社区人群的生活方式等。[1]

1988～1992 年，是生活方式研究的第三阶段。在这一阶段，有关生活方式的研究有些降温，同时，研究的人数和发表成果的数量也大为减少。在对过去研究经验、研究成果的系统总结和深入细致的大量社会调查基础上，学者们对有关生活方式进行了更为深入扎实的研究，把对生活方式的研究重点放在对生活方式的相关概念的认真厘清和探讨上，放在对社会主义初级阶段的生活方式的本质、特征和规律、中国现代化发展进程中生活方式变革的方向和途径、符合中国国情的生活方式指标内容体系等方面的研究上。有从社会学史的角度对中国传统生活方式进行研究的，也有从与国际比较的角度研究我国生活方式的现状的，等等。尤其在国家哲学社会科学“七五”规划课题中有了“我国城乡居民生活方式研究”的内容，生活方式开始被纳入制度研究层面之后，有关生活方式理论的专著逐渐多了起来，如王玉波、王雅林等合著的《生活方式论》(1989)、王雅林等主编的《生活方式概论》(1989)、王伟光主编的《社会生活方式论》(1988)等。陆续发表的论文有吴寒光的《生活水平、生活质量和生活方式的定量分析研究》(1988)、王雅林的《城镇居民家务劳动再考察》(1991)等。还有郑晓云的《当代西双版纳傣族社会文化变迁研究》(1991)、包智明的《变动中的蒙民生活》(1991)、孙秋云的《湘南瑶族青年劳动和消费生活方式》(1991)等对少数民族生活方式的研究论文。《闲暇社会学——对我国城镇居民的消费生活方式的研究》(1992)、《中国城镇居民的消费生活方式》(1992)等论文也相继发表。特别值得一提的是，在《中国大百科全书·社会学》卷中也列入了“生活方式社会学”条目。[2]

---

〔1〕 高丙中. 现代化与民族生活方式的变迁[M]. 天津：天津人民出版社，1997：26-28.

〔2〕 高丙中. 现代化与民族生活方式的变迁[M]. 天津：天津人民出版社，1997：26-28.

1993年后进入第四阶段。由于我国确立了以建设社会主义市场经济为价值取向的经济体制改革模式，中共中央十四届三中全会通过的决议中，再次提出要在社会主义市场经济条件下认真研究生产方式与生活方式的“新情况、新问题和新实际”，要把关注的重点放在研究社会主义市场经济对人们的生活方式影响的性质、作用机制以及大量出现的新社会问题上。[1] 在这一阶段，一是由于受西方生活方式理论译著的影响；二是国人也开始有机会直接地、大量地接触原著；三是互联网上的信息也越来越多。于是有关生活方式的研究也多了起来，涉及的范围也越来越广，从生活方式到消费，到休闲，到交往，再到生活质量、生活水平，从各个角度切入的研究不计其数，如瞿明安的《中国民族的生活方式》(1993)、彭华民的《消费社会学》(1996)、高丙中的《现代化与民族生活方式的变迁》(1997)、王雅林的《人类生活方式的前景》(1997)、罗子明的《消费者心理与行为》(1998)、王琪延的《中国人生活时间研究》(1998)、《中国人的生活时间分配》(2000)、欧阳志远的《最后的消费：文明的自毁与补救》(2000)、王宁的《消费社会学——一个分析的视角》(2001)、《城市休闲》(2002)、《构建生活美——中外城市生活方式比较》(2003)等。此外，《社会学研究》上还陆续发表了高丙中的《西方生活方式研究的理论发展叙略》(1998)，《世界民族》上发表了纳日碧力戈的《族群社会的发展与生活方式的变迁》(1998)、王雅林的《走向学术前沿的生活方式研究》(1999)等论文。在《江苏社会科学》上还发表了黄平《生活方式的理论魅力与学科构建——生活方式研究的过去与未来20年》(2003)的论文。近年来，许许多多的有关生活方式变革的论文层出不穷。

值得一提的是，在20世纪90年代，消费文化成为城市生活中最抢眼的独特风景线，消费的信仰、观念和意识，以及物化在消费活动中的消费时尚、习惯或倾向，受到了来自哲学、文学等人文学者们的广泛关注，不少社会学家和经济学家也分别从各自的角度进行了有意义的探讨。

当然，对上述阶段的划分，也有不同的概括。高丙中认为，对改革开放以来的生活方式研究，可从两个方面来看它的发展。其一是，把它作为一种社会活动来看，生活方式的形式和内容在不同的历史阶段有不同的表现形式；其二是，从知识分子的角度来看，这段历史可以划分为三个变化阶段：①从1981年到1983年是积极倡导期，少数知识分子提出生活方式范畴，向学术界倡导生活方式的研究，向社会倡导生活方式的变革。这一阶段的知识分子是站在社会的前头。②从1984年到1989年是主动指导期，知识分子通过复杂的概论架构和概念演绎建立了令人向往的“新型的社会主义生活方式”理想，满怀热情地论证了我们应该变革哪些旧的生活方式，追求什么样的现代生活方式。这一阶段的知识分子是站在社会之中的，

[1] 王雅林. 生活方式研究评述[J]. 社会学研究，1995(4).

是社会的一员,相信能够和群众一起建立新型的生活方式。从理论上看,中国知识分子关于生活方式的基本理论是沿袭苏联的立场,是倡导生活质量,抵制消费主义的。可当时的社会实际上是向西方开放的,其后果是解放了消费主义。③1990 年以来是旁观研究期,知识分子发现市场、商品经济塑造的生活现实与自演自绎的新型生活方式差距太大,不再有宏观的生活方式理论构造,也没有信心再充当社会的设计师,问题反而是知识分子要向社会学习如何生存。于是知识分子放弃理论,只是在旁边观察社会,从事一些实际之外的个案研究。这一阶段的知识分子或者站在社会的边缘,或者是处于社会发展的后头。

(四) 研究现状述评

到目前为止,关于生活方式的研究成果汗牛充栋,涉及经济、政治、文化和日常生活的方方面面,包括了社会学、历史学、消费学、伦理学、经济学和人类学等多个学科。这些已有的研究成果对生活方式的研究具有多方面的价值:一是社会学、消费学等对生活方式的研究成果为从“四位一体”的视角去研究提供了较多的宏观和微观素材;二是各学科一些富有见地的理论分析为本课题的探讨提供了理论依据。但是,毕竟我国学界对生活方式的研究起步晚,历程短,还不够深入,明显缺乏学科之间的交叉和融合。特别是从社会哲学的方面研究得更少,因此,增加了本课题的研究难度,客观上也为我们提供了进一步探讨的视角和空间。

三、研究方法与内容结构

(一) 研究方法

我们结合现有的理论研究成果,将当今中国生活方式的变革置于“四位一体”建设的生产方式实现形式中进行探讨,从而分析“四位一体”建设的生产方式对生活方式变革的影响。

研究的基本特点:一是社会历史背景面广。本论文的研究以当代我国社会生产方式与生活方式的矛盾运动规律为背景,以“四位一体”建设的角度来审视生产方式与生活方式的宽广领域,时间和理论空间跨度大,需要较强的宏观把握能力;二是学科背景复杂,本课题涉及“四位一体”的生产方式与生活方式变革两大理论研究领域,以独特的研究视角来把握两者的关系,需要对多学科的研究方法和理论进行整合;三是内容繁杂,无论是“四位一体”建设的生产方式领域还是生活方式研究领域,无论是从广义来理解还是从狭义来认识,都包含了丰富而复杂的内容;四是主题范围大,本论文不以一个区域或民族或某个阶层作为研究对象,不直接应用社会学的研究方法，而是从社会哲学“四位一体”的生产方式去把握生活方式变革问题。这给我们的写作与课题研究带来极大的挑战，同时也提供了进一步深入探讨的空间，对论文的研究方法提出了特别的要求。本书应用社会哲学方法和视野，从“四位一体”建设视域入手，提出了导致当今中国生活方式发生深刻变革的四种生产方式的概念，指出了影响生活方式变革的原则，找到了“四位一体”建设与生产方式实现形式的内在统一，进而探索出影响生活方式变革的原因，为构建和谐生产方式与生活方式指出了基本途径和方法。

本书的研究方法有如下特点：

第一，着眼于社会哲学的视野和方法，主要是从总体上对生产方式和生活方式进行理解和把握，避免陷入具体的生产和生活琐事的探讨中，体现高度性、概括性和一般性。

第二，着眼于运用社会工程技术哲学的思路和方法，避免陷入主观性。由于西方学界对生活方式的研究比较深入和具体，我国经过 20 多年的研究也初具规模，因此生活方式的研究视域和资料非常丰富，无论提出什么样的论点甚至是相对立的论点都能找出几条史料作为佐证。这就存有证实和证伪的可能，因此，本书在成形的过程中，尽量运用社会工程技术哲学的方法和逻辑推理，保持论证过程的客观性，得出恰如其分的结论。

第三，着眼于对社会学等已有学科对生活方式研究成果的运用。社会学和社会史学工作者对一些生活方式具体领域的研究，运用了概率统计的数理方法，得出了一些科学翔实的成果，本书都给予了充分的尊重和肯定，因为这些是本书进一步研究的基础。

第四，着眼于“多方法、系统性、整合性”的研究思路。本书除了主要采用社会哲学的研究方法进行分析和论证之外，同时还吸纳和借鉴了其他学科的多种研究方法，如理论联系实际的方法、抽象与具体相结合的方法、历史与逻辑相统一的方法、分析与归纳相结合的方法等。在研究中通过多种方法的整合，使得研究成果经得起多学科、多领域的考验，以保证论文创新成果的科学性、系统性和合理性。

（二）专著的基本结构

马克思曾指出：“现代历史著述方面的一切真正进步，都是当历史学家从政治形式的外表深入到社会生活深处时才取得的。”由此可见，对生活方式变革的深入研究是学术界应该予以关注的重要问题。遗憾的是，受过去“左”的思想的影响，人们很少研究生活方式。改革开放以后，有一段时间生活方式问题的研究成为中国理论界的热门话题，但大都局限于社会学、历史学和政治学等领域，没有上升到社会哲学层面。

本书结合理论界已有的研究成果，以马克思主义唯物史观为指导，运用社会哲学的理论和方法，以“四位一体”建设理论视角为切入点，着眼于改革开放前后中国社会生活方式的深刻变革，重点分析和探讨“四位一体”生产方式对生活方式变革的影响，从经济方式、政治方式、文化方式和社会方式等方面分析社会生活方式变革的原因和特点，并对生产方式的实现途径和和谐生活方式的构建进行了深入的研究。

本书包括绪论和六章。

绪论部分，主要阐述课题来源、选题意义、研究现状以及论文拟采用的研究思路、研究方法、论文结构及论文的创新点。

第一章是关于“四位一体”建设、生产方式与生活方式的基本理论。介绍有关概念、特点和原理，目的在于为课题的研究奠定理论基础和视角基础。

第二章是分析经济方式对生活方式变革的影响。主要从经济力和经济关系两个方面展开，分析工业化、城市化、现代科学技术、经济全球化、现代网络信息技术和生态文明建设以及经济体制机制对生活方式的影响，从而说明经济方式是生活方式变革的经济基础。

第三章是阐述政治方式对生活方式变革的作用。主要从党的执政建设、反腐倡廉建设、民主建设、法制建设和政治制度建设方面论述政治方式推进生活方式变革的民主进程。

第四章是论述文化方式对于提升生活方式文明程度的影响。主要从精神文化建设、创新文化建设、丰富文化产品等方面分析如何提升文化力。从核心价值体系建设、精神家园建设、文化体制机制建设三个方面阐述文化关系是文化生活方式变革的精神保障。

第五章说明社会方式是和谐生活方式变革的重要因素。从民生建设、公正社会建设、社会管理和维护社会稳定等和谐社会建设要件出发，阐述社会方式使生活方式变革更加和谐。

第六章简要论述生产方式与生活方式的矛盾运动规律是人类社会发展的基本规律之一，“四位一体”生产方式对生活方式的决定作用和生活方式对“四位一体”生产方式的制约作用，从而完善了“四位一体”生产方式与生活方式变革的内在联系。

结论部分指出，“四位一体”生产方式是影响生活方式变革的重要条件，继承与发展是实现和谐生活方式变革的途径，政府应该加大“四位一体”建设力度，推进和谐生活方式的构建。

（三）专著的创新点

本书的创新主要有三个方面：

一是在理论方面尝试使用新的研究方法，从一个新的理论视野来研究生活方式的变革问题，这就是社会哲学的视野和方法即从总体上把握社会生产和生活现实的角度，对生产方式和生活方式进行探讨，谈到了众多中外学者关注的问题，取得了许多研究成果，尤其以生活和消费两个领域成果最为丰富。这些理论成果集中体现在从个案分析中得出结论，包括一个层面的群体、一个区域的群体和一个民族群体等，很难抽录出普遍的理论结论。生活方式是一个丰富多彩的领域，不能只拘泥于具体领域而忽视整体，否则就不能反映生活方式变革的全面情况。社会哲学的研究视角，特别是以“四位一体”的生产方式作为切入点，恰好解决了局部与整体的契合问题，有利于从整体上把握生活方式的变革特点、实质和未来发展方向。

二是提出了“政治方式、经济方式、文化方式和社会方式”四个全新的范畴，在生产方式理论上是一个创新。通过这四个方式的范畴把“四位一体”建设的生产方式巧妙地与影响当今中国生活方式变革联系起来，既找到了生活方式变革的深层原因，又指出了构建和谐生活方式的基本途径；既认识了问题的原因，找到了问题的本质，又提出了解决问题的方法和路径。可以说，这四个新范畴的提出，是用社会哲学的观点、方法和认识解决影响生活方式变革的钥匙，既顺理成章又合情合理，毫不牵强附会，不是为创新而创新。由于篇幅和课题目的的原因，文章没有在“四个方式”范畴上展开，这也成为今后探索的新空间。

三是指出了生产方式与生活方式的矛盾运动规律是人类社会发展的基本规律之一，对矛盾双方的相互作用机理进行了简单阐述，旨在完善专著的理论体系，也为“四位一体”的生产方式与生活方式辩证统一找到了实现途径，那就是要在科学发展观指导下不断加强“四位一体”建设，不断构建和谐生活。无论在理论上，还是在实践上，都力图有一个创新，即从新的视角，力图使科学发展观的贯彻落实、中国特色社会主义生产方式的实现途径以及当代中国和谐生活方式的构建三者达到有机的统一。

第一章　关于“四位一体”建设、生产方式与生活方式的基本观点

一、生产方式与生活方式的马克思主义渊源

有关生产方式与生活方式的话题，西方社会学界应该说是很早就关注了，但探究其研究的发展脉络，又无一不是在继承马克思主义关于生产方式与生活方式的论述基础之上而发展起来的。尽管马克思、恩格斯、列宁本身都没有专门研究过生产方式与生活方式辩证关系的理论，但在他们的许多著作中又都多次地涉及生产方式与生活方式的研究范畴[1]以及对生产与生活关系、生活方式的理解发表过自己的观点。翻开《马克思恩格斯全集》，早在年轻时代马克思就强调过：人们怎样生活是与他们的生产是一致的，既与他们生产什么一致，也与他们怎样生产一致。之后，马克思又陆续在其17篇论著中使用过“生活方式”或与其相关联的概念，特别是在《德意志意识形态》、《〈政治经济学批判〉序言》、《路易·波拿巴的雾月十八日》中，都曾反复提到“生活方式”一词。由于生活方式本身就是历史唯物主义的重要范畴，因此，马克思和恩格斯在许多情况下都把生活方式当做区分一个社会、国家的不同阶级和阶层的重要标志来对待，他们认为生活方式传递着各个阶级的地位观念，或者说，它起码也是身份的象征。为此，马克思和恩格斯所使用的有关“生活方式”的概念有两重涵义。

首先是把生活方式与生产方式紧密联系起来。马克思、恩格斯基于人类最一般的生活和市民社会的最简单的事实而得出这样的结论：即一方面是由于生产决定生活，因而生产方式决定生活方式，同时生产又是人类生活的一个重要方面，因而生产方式又内在地蕴含于生活方式之中。他们认为人类社会历史的第一个物质前提，就是作为生命的人的存在，即有生命活动、生活活动的存在，而生命和生活活动的最基本形式就是衣、食、住、行等，要满足这些要求，就必须通过物质生产来实现。社会生活是包括生产活动在内的最广泛意义的人类生活活动，它是人类最基本的社会现象，并总是把生活方式和物质生活的生产条件统一起来，认为生产方式

---

〔1〕 姚永杭. 生活方式与马克思主义[G]//生活方式演讲录. 上海社会科学院情报所编，1985：100.

决定着生活方式,即有什么样的生产方式就必然采取什么样的生活方式。

马克思和恩格斯在《费尔巴哈论》中指出:"人们用以生产自己的生活资料的方式,首先取决于他们已有的和需要再生产的生活资料本身的特性。这种生产方式不仅应当只从它是个人肉体存在的再生产这方面加以考察。它在更大程度上是这些个人的一定的活动方式,是他们表现自己生活的一定方式、他们的一定的生活方式。"[1]在这里,马克思和恩格斯明确地提出了生活方式的范畴和生活资料概念,强调了生产决定消费、消费制约生产的辩证关系。也就是说,在马克思和恩格斯看来,生活方式概念不仅是指单纯的满足人类生存的吃、穿、住、行之类的日常生活,而且应当包括满足人类发展的物质生产活动在内的整个社会全部的人类生活内容。由于社会分工的扩大和多样化使家庭劳动比重急剧降低,生活方式走向市场化;以工资劳动为基础的生活方式成为资本主义生活方式的主要环节;资本使生活成为盈利对象;城市生活方式成为特殊的共同生活方式。[2] 马克思和恩格斯就是从这样一个角度联系生产方式来分析生活方式的,也正是为了分析生产方式,他们在最广泛的意义上使用了生活方式的概念和范畴。

其次,是把生活方式作为区别阶级的重要标志。这种区别阶级的标志是马克思主义关于阶级论述中的经典之作,他通过观察人们的生活方式,努力挖掘隐藏其背后的社会生产关系、经济关系、政治关系,确定其身份或作为划分阶级基础,使学术界研究生活方式有了共同的渊源——阶级的象征。马克思在他的《路易·波拿巴的雾月十八日》中对法国农民阶级的生活方式进行了分析,"小农人数众多,他们的生活条件相同,但是彼此间并没有发生多种多样的关系。他们的生产方式不是使他们互相交往,而是使他们互相隔离"。"数百万家庭的经济生活条件使他们的生活方式、利益和教育程度与其他阶级的生活方式、利益和教育程度各不相同并互相敌对,就这一点而言,他们又不是一个阶级。"[3]从当时法国的社会历史情况看,农民阶级在许多方面与其他阶级有许多不同之处,从现象上看是由于他们特殊的生活方式、行为方式、利益属性和教育程度表现出来的,而从本质上是由法国农民阶级的特设的生产关系、经济条件决定的。因此,马克思把生活方式作为区别阶级的重要社会现象和标志。在马克思和恩格斯看来,要划分阶级,社会的生产关系、经济关系是不可缺少的基础。而把生活方式作为阶级的重要特征,把生活方式作为辨别阶级的一项有效指标也使阶级分析有了重要的依据。马克思、恩格斯具有现实性和指导意义的分析框架和视角,为后人生活方式研究奠定了基础。

---

[1] 马克思恩格斯选集(1)[M]. 北京:人民出版社,1995:67.

[2] 角田修一[日]. 马克思经济学和生活方式[J]. 经济学译丛,1984(1).

[3] 马克思恩格斯选集(1)[M]. 北京:人民出版社,1995:677.

中国学界对生活方式的研究，主要是承袭了马克思从生产方式的角度对生活方式进行研究的思路——以生活方式与生产方式的辩证关系为基础，或者说，这一思路至今仍然是我们研究生活方式变革，研究消费社会、消费文化的一个重要理论前提。那么，自马克斯·韦伯以来的西方社会学则是将生活方式视为阶级辨别指标的理论路径，后来扩展到更为广泛的社会群体。他们通过大量的实证研究、社会调查和深入的理论探索，使生活方式研究成为了当代中国学界的一个专门学术领域，并使生活方式理论研究得以延续与发展。[1] 这也是本书为什么继承从生产方式的实现形式研究对生活方式影响的原因，它既继承了传统研究方法，又切入了创新的视角。

二、关于“四位一体”建设

（一）“四位一体”建设理论发展了马克思主义社会结构理论

马克思在《〈政治经济学批判〉序言》中指出，“人们在自己生活的社会生产中发生一定的、必然的、不以他们的意志为转移的关系，即同他们的物质生产力的一定发展阶段相适合的生产关系，这些生产关系的总和构成社会的经济结构，即有法律的和政治的上层建筑竖立其上并有一定的社会意识形态与之相适应的现实基础。”马克思的这一论述深入剖析了从生产力到生产关系，进而从经济基础到上层建筑的复杂社会结构构成要素之间的辩证关系，是对唯物史观关于社会结构的经典表述，对于我们认识社会的本质、深入研究生产方式与生活方式的矛盾具有重要的指导意义。社会主义的“四位一体”建设，从理论和实践两方面反映了当代中国特色社会主义发展的总体战略布局，是对马克思主义的社会结构理论的继承、创新和发展。（本节参见肖新发，《湖北第二师范学院学报》，2008 第 01 期）

首先，“四位一体”建设理论准确把握了社会结构的基础环节。我国现在处在社会主义初级阶段，社会主义初级阶段的主要矛盾是人民群众日益增长的物质文化需要同落后的社会生产力之间的矛盾，其基本特征是由我国社会主义初级阶段的社会结构决定的。中国社会发展的历史表明，尽管经过改革开放三十多年的快速发展，中国经济社会基础条件得到极大改观，但发展不平衡、发展水平低、发展成本高，面临环境人口资源压力大等结构性问题突出，归根到底还是经济发展水平低，社会生产力落后的状况并没有得到彻底改变。发展经济仍然是解决一切社会矛盾的治本之策。因此，着力搞好经济建设，为政治建设、文化建设和社会建设夯

---

[1] 高丙中. 现代化与民族生活方式的变迁[M]. 天津：天津人民出版社，1997：2-4.

实物质基础，奠定发展后劲，是“四位一体”建设理论对现阶段社会结构的准确把握。

其次，“四位一体”建设理论深刻表明了社会结构基本要素的互动关系。“四位一体”建设理论不仅重视经济的可持续发展，而且更加重视在经济发展基础上，始终坚持以人为本，坚持经济发展的成果要为人民群众共享，不断推动包括政治、文化、生活方式、环境等在内的社会全面进步。改革开放三十多年来的伟大实践证明，没有与经济发展相适应的政治发展和进步，经济发展就会失去政治保障和制度支撑；没有与经济发展同步的文化发展，经济发展就会缺乏精神引领；没有社会的和谐进步，经济发展也缺乏社会环境保障。“四位一体”建设缺一不可，独木难支，只有四个方面协调发展、共同发展、和谐发展，才能推动中国特色社会主义事业总体前进。因此，在抓经济建设的过程中，必须注意防止和避免工作的片面性和单一性，必须学会社会技术和社会工程相结合的方法，必须学会弹钢琴的工作方法，必须学会把重点论与两点论相结合，必须坚持辩证地看待和处理社会各个方面的协调发展，防止因发展的不平衡而造成社会结构的失衡。这是“四位一体”理论的整体性要求所在。同时，加强政治建设能够提升经济发展的领导力、执政力，理顺经济建设中的关系，推动经济发展；加强文化建设，能够提升经济发展的引导力，提高经济建设的质量和水平；加强和谐社会建设，能够为经济发展提供完善的社会秩序环境，为经济发展保驾护航。这是“四位一体”建设理论对社会结构要件的互动性把握。“四位一体”建设理论，赋予中国特色社会主义总体发展布局以时代性、实效性、实践性，不断开创马克思主义社会结构理论的新境界。

最后，“四位一体”建设理论，重点强调了社会结构的非基本构件的重要功能。按照唯物史观的基本观点，社会结构本身是一个复杂系统，具有系统的层次性，社会结构系统可以区分为宏观层次和微观层次、基本层次和非基本层次等。马克思主义把社会结构看作是一个总体性、系统性的有机体，主要研究和探讨经济、政治、文化和社会等基本要件和宏观层次。而包括教育、人口、环境、就业、医疗卫生、体育、阶层、城乡、区域、社会组织等的“社会建设”要素，则是社会结构非基本构件和微观层次意义上的要素，我们要使这些要素的重要功能得到充分发挥，以支撑社会结构基本构件。

在构建中国特色社会主义现代化建设事业总体布局、实现建设小康社会和和谐社会的社会发展目标的进程中，随着当代我国社会转型进程的逐渐加快，农业劳动人口大量进入城市而导致农村人口大幅度减少，城市劳动力需求量大幅度增加而优越的人口红利在迅速消散，社会结构日益发生变化，民生问题明显增多、突发事件不断出现、就业压力明显增加、教育不公平凸显、局部社会不稳定因素有所抬头等，长期以来在社会领域中存在的不合理的城乡结构、产业布局、社会组织、当代就业等，能否得到合理的调整和解决，这些问题直接关系到社会主义制度优越性的发挥，关系到我国社会整体结构功能的发挥，关系到中国特色社会主义事业的进展。“四位一体”建设理论，既着眼于社会结构基本要素和宏观层次的要义，也着眼于社会结构的非基本因素和微观层次的要职。加强对社会结构发展变化的探讨，深入认识和分析我国当代社会的阶层结构、区域结构、民族结构、城乡结构、组织结构、人口结构、教育结构和就业结构等方面的实际情况和发展趋势，有利于进一步认识中国特色社会主义“四位一体”发展条件下我国社会发展的主要特点和基本规律，不断推进社会主义的社会建设和社会管理，有利于不断优化社会整体结构、解决社会存在的诸多问题、持续提升社会整体功能。“四位一体”建设理论，强调社会建设与经济建设、政治建设、文化建设协调发展的重要性，符合中国经济社会发展的现实需要，体现了马克思主义基本原理与中国实际相结合的基本原则，为马克思主义的社会结构理论增添了新的思想内涵。

（二）“四位一体”建设理论丰富了马克思主义社会有机理论

马克思主义的社会有机理论与社会结构理论是一个统一的整体，是一个问题的两个方面。马克思的社会有机理论强调的是社会各构成要素之间及与社会构成方式的相互影响、相互作用、相互制约和变化发展的规律，结构理论突出的是社会各构成要素之间及与社会构成方式之间的辩证关系。社会有机体不是固化的、静止的对象物，而是有着自己特殊的不同于自然有机体的运动、发展规律的变化、运动的对象物。社会结构理论与社会有机理论互为依托、相互联系、相互作用、有机统一。前者是后者的前提和基础，后者是前者的存在形式和必然结果。“四位一体”建设理论，强调了经济建设、政治建设、文化建设和社会建设必须协调发展，创造性地提出了新的社会结构的构成方式及其运行规律，创新性地蕴涵了生产方式与生活方式的矛盾运动规律，因此在这种意义上说，“四位一体”建设理论，是当代中国的马克思主义的社会有机理论，是马克思主义社会有机理论在当代中国的新成果。

社会结构的内在要素，无论是基本要素和非基本要素，还是宏观要素和微观要素，还是物质要素和精神要素，都是社会的有机组成部分。马克思恩格斯研究社会有机体的运动发展规律，特别重视研究社会有机体的构成方式。他们认为，分工造成社会生产机体，以一定的方式进行生产活动的个人，发生着一定的社会关系和政治关系，并且“适应自己的物质生活水平而生产出社会关系的人，也生产出各种观念、范畴，即恰恰是这些社会关系的抽象的、观念的表现。”[1]社会有机体的构成方

[1] 马克思恩格斯选集(4)[M].北京：人民出版社，1995：539.

式从物质生活具体到精神生活的抽象，真实地反映着社会的有序性和自组性，因此直接从社会生产和交往实践中发展起来的社会有机组织在一切时代都是构成民族国家的现实基础。"四位一体"建设理论坚持和发展了马克思主义关于社会是按照一定方式构成的有机整体的理论，坚持按照社会发展的合目的性与合规律性的统一中研究社会有机体，根据当代中国的现实实践和国际环境的变化，坚持社会发展中各构成要件之间的协调性、统一性和一致性，既强调物质生活（文明）、政治生活（文明）、精神生活（文明）、社会生活（文明）等社会结构基本领域间的协调发展，同时又强调诸如产业结构、地区结构、城乡结构、利益结构、需求结构等社会非基本要素之间的协调发展，还强调社会的基础结构与上层结构、宏观结构与微观结构等不同层次的协调发展，突出强调社会有机体的整体性、统一性、有机性。这些关于社会结构有机统一、协调运行的新思想，社会管理和社会政策的新措施，社会发展与生活提升的新思路，都更体现了社会结构的有机性特征。"四位一体"建设理论结合当代中国的社会实践现实和社会生活现实，以马克思社会有机理论为基本指导，创造性地提出了当代中国社会有机体构成的新特点、新规律、新趋势。在社会生产力发展上，知识价值的作用日益突出，科学技术的价值日益彰显，体力劳动日益让步于脑力劳动，导致在社会总产值中的比重中，传统的农业和工业产品比重下降，而新兴的服务业产品、知识产业的比重快速上升。在上层建筑，创新成为推动整个社会飞快发展的强大动力，观念创新、理论创新、制度创新、体制创新、管理创新和组织创新以及原创新日益在社会生产和生活中占据主导地位，成为新时代的主旋律。中国特色社会主义经济、政治、文化、社会等基本结构要素的发展，是马克思社会有机思想的基本支柱，其间存在相互促进又相互制约的内在矛盾规律与和谐规律。中国特色社会主义建设事业总体布局客观上要求社会构成各要素之间协调发展，在坚持以经济建设为中心的"一个中心"的同时，必须把发展社会主义市场经济、社会主义民主政治、社会主义先进文化和构建社会主义和谐社会统一到中国特色社会主义的伟大实践中，促进社会主义社会基本要素之间的协调，共同发展。

"四位一体"建设理论的主要特点，就是强调在当代中国特色社会主义建设实践中坚持社会结构各种要素的统筹兼顾、协调发展。其重要意义在于深刻揭示了社会结构空间维度的全面性、时间维度的可持续性和关系维度的协调性，在新的时代条件下和新的实践基础上丰富发展了马克思主义的社会有机理论。

（三）"四位一体"建设理论深化了社会主义社会基本矛盾理论

马克思主义认为，社会主义社会的基本矛盾仍然是生产力与生产关系、经济基础与上层建筑的矛盾，这是人类社会发展的基本规律。受生产资料所有制关系的影响，资本主义社会生产力与生产关系、经济基础与上层建筑之间的矛盾关系是对抗性的，它表现在生产的社会化与生产资料私人所有之间的对抗和不可调谐性，然而在社会主义生产资料公有制前提下，固然生产力与生产关系、经济基础与上层建筑还存在不适应性，但已经不是对抗性的矛盾，它是人民群众根本利益一致基础上的非对抗性矛盾。解决社会主义社会基本矛盾不是靠外力的作用，而是靠发展社会主义社会的生产力，解决社会主义初级阶段的主要矛盾的主要方面，在坚持社会主义基本制度的同时，通过改革实现社会主义制度的自我完善与自我发展。我们提出的经济建设，就是要通过经济政策、经济导向、经济调节等经济手段，不断提升“经济力”、改善“经济关系”，改革经济关系中不适应经济力发展的体制机制环节，从而推动经济发展。它是经济领域的自我完善。所谓政治建设是政治领域的自我完善，通过政治体制机制的不断创新与调节，进一步提高“政治力”，理顺“政治关系”，从而使上层建筑逐步适应经济基础的需要。文化建设与社会建设也是同样的道理。“四位一体”建设理论，坚持社会主义社会初级阶段的基本矛盾理论，着力解决中国特色社会主义建设事业总体布局中存在的实际问题，科学揭示了社会主义社会的建设规律、执政党的执政规律和人类社会的发展规律，深刻阐明了社会主义社会基本矛盾各构成要素的地位和相互作用，准确指出了解决社会主义社会初级阶段的基本矛盾的正确途径，从而深化了对社会主义社会基本矛盾规律的认识。

“四位一体”建设理论在科学把握社会主义社会初级阶段的基本矛盾的辩证关系基础上，要求在中国特色社会主义建设事业的总体布局中，始终保持生产力和生产关系、经济基础和上层建筑相协调，始终保持物质文明、政治文明、精神文明、社会文明以及经济、政治、文化、社会建设相协调，始终保持工业化、机械化、信息化、知识化发展方向之间相协调。实践证明，大力发展社会生产力，着力解决先进生产力发展的要求，是中国特色社会主义事业快速健康发展的经济基础；实践还证明，大力发展社会主义民主政治，着力推进党内民主、社会民主、基层民主进程，使广大人民做到有法可依、有言可发、有利可维，是中国特色社会主义事业繁荣昌盛的政治保证。实践还证明，大力发展社会主义先进文化，着力提升文化产业发展的水平，是满足人民群众日益增长的精神文化需求，实现中国特色社会主义事业的文化繁荣。而大力推进和谐社会建设，则是发展社会主义先进生产力、发展社会主义先进文化和建设中国特色社会主义民主政治的重要社会保障，没有生产力的大发展，没有先进文化的引领，没有社会主义民主的支撑，社会主义和谐社会就会成为空中楼阁，由此，“四位一体”建设理论为解决社会主义社会基本矛盾提供了重要的理论基础和实践路径。

解决社会主义社会的基本矛盾需要努力发挥人的主观能动性，因为社会主义社会基本矛盾的解决绝不是一个自发自生的过程，而是一个自觉自为的社会变革过程，需要广大党员干部和全国人民共同参与和努力。毛泽东早就指出，在社会主义社会发展的初级阶段存在着两个基本适合和两个基本不适合，按照毛泽东的思想原则，社会主义的基本的经济制度、政治制度、文化制度和社会制度等，与当代中国社会生产力的发展要求基本上相适应，而且这也是矛盾的主要方面；但不可否认的是当代中国社会中也存在一些旧的经济体制、科技体制、文化体制和政治体制等与社会主义先进生产力发展要求不相适应，甚至在某种特殊条件下会成为严重的体制性障碍。除此以外，我国经济社会发展中还存在影响以人为本、全面、协调、可持续发展的诸多消极因素。正因如此，在实现"四位一体"建设总体布局的实践过程中，必须对关涉经济建设、政治建设、文化建设和社会建设的重大体制进行深入研究和创新性变革，为解决社会主义社会基本矛盾创造更多有利条件。

维护好、实现好、发展好最广大人民群众的根本利益和长远利益是"四位一体"建设理论的根本出发点和最终落脚点。解决社会主义社会的基本矛盾，最终要体现在正确处理不同社会阶层的矛盾问题，尤其是正确处理人民内部矛盾问题，落实好、实现好、维护好、发展好最广大人民群众的根本利益和长远利益。同时，解决社会主义社会的基本矛盾，人民群众是主体，因此又必须注重充分发挥广大人民群众的积极性、创造性，尊重人民群众的首创精神。正如胡锦涛在纪念毛泽东诞辰110周年座谈会上的讲话中所指出的那样："人民是创造历史的根本动力。中国最广大人民群众是建设中国特色社会主义事业的主体，是先进生产力和先进文化的创造者，是社会主义物质文明、政治文明和精神文明协调发展的推动者。"[1]要顺利地进行社会主义现代化建设，切实解决社会主义社会的基本矛盾，就必须始终坚持走群众路线，必须始终坚持立党为公、执政为民，做到情为民所系，权为民所用，利为民所谋。只有这样，才能真正发动群众、解放群众，才能为解决社会主义社会的基本矛盾提供主体性条件。

总之，"四位一体"建设理论，全面把握了社会主义社会基本矛盾各要素的特殊功能及其相互关系，遵循了社会主义社会基本矛盾的基本适应规律，科学阐明了解决社会主义社会基本矛盾的根本出发点和最终落脚点，正确指明了解决社会主义社会基本矛盾的根本途径，深刻揭示了解决社会主义社会基本矛盾的主体条件，从而极大地丰富了马克思主义的社会主义社会基本矛盾理论。

（四）"四位一体"建设理论内在地揭示了生产方式与生活方式的矛盾运动

马克思恩格斯曾经指出："生活的生产（die Produktion des Leben）——无论是自己生活的生产（通过劳动）或他人生活的生产（通过生育）——立即表现为双重关系：一方面是自然关系，另一方面是社会关系。……这种共同活动方式本身就是

〔1〕 十六大以来重要文献选编（上）[G]. 北京：中央文献出版社，2005：646.

‘生产力’；由此可见，人们所达到的生产力的总和决定着社会状况。”[1]也就是这些“生活的生产”表现出来的自然关系和社会关系即人们所达到的生产力的总和，实质上是同时性的两个生产，自然关系的生产和社会关系的生产，我们可以概括为“关系的生产”（或“共同活动方式”即“生产力”）的生产。另外，还说明了生产与生活的密切关系。马克思还指出：“随着新的生产力的获得，人们便改变自己的生产方式，而随着生产方式的改变，他们便改变所有不过是这一特定生产方式的必然关系的经济关系。”[2]在这里，马克思说明了生产力发展到一定程度，必然会带来生产方式的变化。当然，生产方式的变化一定会影响生活方式的变革，而生活方式的变革反过来也会影响生产方式，因为生产方式本身就个人来说是生活方式的一部分，是“生活的生产”。

在社会主义社会条件下，社会主义生产方式要求中国社会结构内部各要素要促进生活方式的变革，即经济建设、政治建设、文化建设和社会建设要促进生活方式的变革。经济建设提供生活方式变革的物质基础，政治建设提供生活方式变革的社会秩序，文化建设提供生活方式变革的价值选择，社会建设提供生活方式变革的素质支撑。反过来，生活方式的变革对经济建设、政治建设、文化建设和社会建设起着反作用，影响着“四位一体”建设的进程。这就是说，“四位一体”建设理论内在地蕴涵着生产方式与生活方式的矛盾运动规律。比方说，过去我们物质极度贫乏，生活方式也简单清苦；随着经济建设的不断发展，我们的物质丰富了，人的各方面欲望得到了满足，养成了一些炫耀性的消费心理、消费文化和消费行为，形成对物质的过度依赖的生活方式。这种生活方式久而久之影响到了自然界的平衡，导致灾难性事件频发，让人们不能不重新审视自己的生活方式，审视生活方式的同时势必要改变生产方式，就是现在所说的低碳经济与低碳生活。这里说的仅仅是经济建设里的环境与生活方式的影响。那么，政治建设、文化建设、社会建设领域这方面的范例更是不胜枚举。这就是说，“四位一体”建设理论内在地揭示着生产方式与生活方式的矛盾运动规律是人类社会的基本规律之一。

三、关于生产方式

（一）经典的社会主义生产方式理论

马克思在全面地分析了资本主义生产方式基本理论的基础上，具体阐述了社

---

〔1〕 马克思恩格斯. 德意志意识形态[M]//马克思恩格斯全集（第3卷）. 北京：人民出版社，2002：33.

〔2〕 马克思恩格斯全集(27)[M]. 北京：人民出版社，1972：479.

会主义生产方式的基本理论。马克思认为，社会主义生产方式是在生产力高度发展、资本主义生产方式高度成熟的基础上经过革命性变革由资本主义生产方式转变而来的，是一种更高级的、新型的生产方式，是一种联合生产方式，即全社会的劳动者以自由人的身份而自愿地联合起来以“自由人联合体”形式进行的自主性的社会生产。

在未来社会主义生产方式中，社会即自由人联合体是生产的主体。社会主义生产是自主的联合生产与直接的社会生产。与此相适应。社会主义生产不再是商品生产，生产的目的也不再是价值或剩余价值，而是生产更多更好的产品，用来直接地、更好地满足全体社会成员的生活需要。马克思主义关于未来社会主义生产方式的观点主要的依据是高度发达的社会生产力。未来社会主义的生产的组织形式，是在生产高度社会化的基础上，由全社会的劳动者自愿地联合起来共同进行的社会生产。社会主义的生产是产品生产。社会主义经济是计划经济。社会主义劳动者直接、全面地共同占有社会资料，即生产社会主义公有制。因此，社会主义的生产特征表现为：生产主体的社会联合性、生产目的的产品性、生产技术的先进性、生产组合的社会性和生产过程的计划性。其中的本质特征则是以生产高度社会化为基础的联合生产方式。

（二）传统社会主义的生产方式

在传统社会主义经济条件下，由于照抄照搬马克思主义创始人的现成结论，长期实行以苏联模式为代表、以直接产品生产与全面计划生产为特征的社会生产形式，结果越来越制约社会经济的发展。

传统的社会主义体制，是传统社会主义生产方式的集中表现。实质上，它属于直接产品生产和计划经济的生产形式的范畴；内容上，它包括传统社会主义经济的根本制度、体制结构和运行机制等三方面内容。传统社会主义生产形式的特征：①目标特征：集中了计划经济体制的主要目标，包括六个方面，即增长、效率、公平、稳定、自由、发展。传统社会主义计划经济体制目标具有客观规定性与主观规定性的两重性：客观规定性决定了传统社会主义经济发展的赶超战略；主观规定性决定了传统社会主义经济制度高度集中的根本要求。前者使传统社会主义成为赶超型经济体制，后者使传统社会主义成为集权化经济制度。②要素特征：集中计划经济体制的基本要素，包括六个方面：粗放式的发展模式、命令式的集中计划、垄断式的财产制度、优先式的发展顺序、强制式的管理方式、封闭式的经济格局。③结构特征：集中计划经济体制的基本特征，包括三个方面，即集权型决策结构、纵向型信息结构、精神型动力结构。④内容特征：集中计划经济体制的构成体系，包括三个方面，即指令性的计划体系、高度集中的部门管理体系、以行政手段为主的管理体系。

传统社会主义生产方式的产生和长期存在，既有主观方面的原因也有客观现实的原因；既有特定的内部原因也有特定的外部原因。它是一定的特殊历史条件下产生并发挥其特殊作用的一种生产方式，是一种特殊的异常的体制形式。从根本上说，这种生产方式与有效配置资源的客观要求相悖的，也是与社会大众的根本利益相左的。从长期发展来看，这种生产方式不仅越来越不适应经济发展的要求，而且它自身固有的矛盾与弊端也日益充分地暴露出来，因此不能不对传统社会主义生产方式进行改革。

（三）中国特色社会主义生产方式

中国特色社会主义生产方式的基本特征，就是大力发展商品生产。中国之所以必然要发展商品生产，不仅是由社会经济发展的一般规律所决定的，而且也是由中国自己的国情所决定的。众所周知，中国是在生产力比较落后、商品经济欠发达的历史条件下完成社会主义改造的。在这种历史背景下，就必须大力发展商品生产，在社会主义条件下完成许多国家在资本主义条件下所完成的工业化和生产的社会化、市场化以及经济的现代化的历史任务。对此，许多著名学者都做了科学的论述。他们明确指出：“逾越了资本主义社会历史阶段，而商品的经济发展落后的资本主义国家，必须补上充分发展商品经济这一课。”[1]只有充分发展商品经济，才会打破自然经济的束缚，促进社会分工和社会化生产的迅速发展。

中国特色社会主义生产形式的主要特征，突出地表现在它实行市场化的资源配置方式上。如果说，经典社会主义和传统社会主义生产方式是计划经济，那么，中国特色社会主义的生产形式就是市场经济。实行经济体制改革，不仅是社会生产形式的变革，而且必然要求生产组织形式和生产资料所有制形式发生根本变革，必然促进生产技术条件的变革，从而实现社会生产方式的全面变革。从传统计划经济转变为社会主义市场经济绝不只是资源配置方式的转变，而是一场深刻的社会变革，一次生产方式的制度变迁。

中国特色社会主义生产技术条件是生产方式的重要方面，应该确立企业作为技术进步的投资主体地位，加快国内市场的融合，加快引进技术的消化吸收，逐步提高自主创新能力，使我国的生产技术条件实现质的飞跃，发挥后发优势，推动生产技术与社会生产力的跨越式发展。

中国特色社会主义所有制形式是生产方式的重要组成部分。中国特色社会主义生产方式，不仅具有表现为以现代化为基本特征的生产条件和以市场为基本特征的现代化生产形式，而且集中表现为现代社会主义生产的社会形式，其中主要是

---

〔1〕 卫兴华．社会主义商品经济存在的原因[J]．经济研究，1985(6)．

中国特色社会主义劳动者与生产资料结合的特殊方式和方法。从具体形式来看，中国特色社会主义生产的社会形式主要表现为中国特色社会主义所有制形式。从所有制结构来看，中国特色社会主义所有制形式包括公有制经济形式，也包括个体经济、私营经济和“三资”企业等非公有制经济形式。从公有制存在形式来看，既包括国有制、集体所有制等传统公有制形式，也包括以劳动者股份所有制为主体的各种新型公有制形式。劳动者股份所有制形式和非公有制经济形式，是中国特色社会主义所有制形式的两大主要内容，是中国特色社会主义生产的社会形式的主要标志。

中国特色社会主义的生产关系是由生产方式所决定的。生产方式是社会生产关系产生的前提和基础。随着新的生产方式的形成必然产生与之相适应的社会生产关系。在中国社会主义生产方式变革的基础上，必然会产生同中国特色社会主义生产方式相适应的新型社会生产关系。中国特色社会主义的生产关系，包括中国特色社会主义的企业管理制度和中国特色社会主义的收入分配制度。根据马克思主义基本原理，生产方式决定分配方式，生产关系决定分配关系。由中国国情和生产力发展状况所决定，中国现阶段的分配原则是生产要素按贡献参与分配，完善劳动分配为主体、多种分配方式并存的分配制度。坚持效率优先、兼顾公平，既要提倡奉献精神，又要落实分配政策；既要反对平均主义，又要防止收入悬殊。初次分配注重效率，发挥市场的作用，鼓励一部分人通过诚实劳动、合法经营先富起来。再分配注重公平，加强政府对收入分配的调节职能，调节差距过大的收入。以共同富裕为目标，扩大中等收入者比重，提高低收入者收入水平。

四、关于生活方式

生活方式问题的研究是一个范围较广和难度较大的课题，首先要把概念搞清楚，这是一个理论基础问题。人类从古代类人猿进化为人，人类就开始了区别于其他动物的真正属于人和社会的独特生活方式。社会分工是人类生活方式发展变化的重要动力，社会分工越明细，人类的生活方式的差别就越大。“人们为了能够‘创造历史’，必须能够生活。但是为了生活，首先就需要吃喝住穿以及其他一些东西。”[1]人类生活方式的差别，有生活条件、生活习惯、生活形式的差异，也有民族、国家、地区、时代的不同。到后来，随着社会的发展、科学的进步，不同的学者从不同的角度探究生活方式问题，对生活方式形成了不同的见解。

〔1〕 马克思恩格斯选集(1)[M].北京：人民出版社，1995:79.

(一)“生活方式”范畴

1. 国外学者的解释

“生活方式”概念在英文词汇中最早使用的短语是 style of life，随着对“生活方式”的重视，其短语逐渐被合成为 life-style，而生活方式研究的进一步深入，合成词再次演变为单词 lifestyle。早期作为自明概念使用“生活方式”的学者包括马克思主义创始人以及后来的马克斯・韦伯、凡勃伦等人，从他们论述“生活方式”的文献资料上看，他们总体上属于生活方式概念的短语期，即使用“style of life”时期。这一时期的特点是，研究者没有给予生活方式具体的定义，而是把“style of life”作为一个自明性的短语，只是用它来解释别的概念。虽然他们都没有专门对什么是“style of life”做解释，但“style of life”在他们的文献中被赋予了明确的含义，如前所述，生活方式是用来区分阶级以及用来说明与生产方式的关联。

后来，随着对“生活方式”研究的发展，作为“style of life”不能满足研究的需要，因此这个短语逐渐发展成一个专业的术语，由“style of life”合成为“life-style”。从而进入所谓合成词时期，从文字检索方面看，这一时期所经历的时间相对比较长，一直持续到 20 世纪 70 年代。而到 20 世纪 80 年代，生活方式研究成为了西方学者研究的热点，因此合成词“life-style”又演化成单词 lifestyle 形式，并开始有学者针对这一概念进行研究，试图给出准确的比较规范的定义。

迈克・费瑟斯通(Mike Featherstone. 1945～，著名的英国文化社会学家，诺丁汉特伦特大学 TCS 研究中心教授、主任)比较早地研究了生活方式的概念问题，他从社会学的角度指出，“生活方式指特定的地位群体生活的突出风格，隐含个性、自我表现和风格的自我意识。个人的身体、衣服、言谈、业余消遣、饮食爱好、住房汽车以及对度假的选择等都被认为是占有者、消费者个人趣味性和风格意识的指标。”[1]在他 1994 年出版的《传播与文化研究中的核心概念》中，他又一次从文化社会学的角度对生活方式给出了进一步的界定：生活方式是指文化认同和文化活动的区分性标志，这些标志特别与文化消费形式和现代处境相联系，可用于描述构成某一群体或个人的生活风格的特殊模式和显著特征。这两种“生活方式”的定义，都是把生活方式界定在不同群体之间的差异上，但对生活方式差异性的突出强调并不能由社会经济地位来解释，往往个人的主观选择发挥着更加突出的作用，但由此却引起了学界对生活方式概念的研究兴趣。

苏联解体以前，苏联的研究工作者曾经对“生活方式”概念进行过大范围的深

---

〔1〕 Mike Featherstone. lifestyle and Consumer Cultur, in Theory, Culture&Society, Sage, London, Vol. 4 1987:55.

入讨论，他们分别从广义和狭义、外延和内涵、内容和形式等不同方面提出了数十种关于生活方式的定义。其中，比较有代表性的观点是：“生活方式”是指在一定的生产方式或全部客观条件的环境下，人们生活活动的典型和总体特征。生活方式不仅限于人们的日常消费，还包括社会生活的各个领域；不单指个人，而是包括国家、社会、阶级、民族、群体、家庭等主体层次的生活活动形式。[1] 这种观点所指的生活方式，不仅指明了生活方式的本质和特征，而且涉及了生活方式的内容，其对中国的学者对于生活方式的研究具有重要影响。

2. 国内学者的理解

我国学界所理解的生活方式主要有广义和狭义两方面。《中国大百科全书·社会学卷》从社会学的角度对生活方式给出的定义是：生活方式是不同的个人、群体或社会全体成员在一定的价值观和生活条件制约的影响下，所形成的能够满足自身生活需要的全部活动形式与行为特征的体系。对生活方式有着比较深入研究的王雅林(1941～，哈尔滨工业大学人文与社会科学学院教授、管理学院博士生导师)认为，作为科学范畴，生活方式是指在一定客观条件的制约下，社会中的人、群体或全体成员为一定的价值观念所指导的、满足自身生存发展需要的全部生活活动的稳定形式和行为特征。以上这两种生活方式的定义都突出强调了作为生活方式的概念具备全部社会活动的属性。徐正明的定义则与之相对有差异性，他认为“生活方式”是“在一定的生产方式和全部客观条件制约下的有关物质生活和精神生活的典型形式和总体特征。它包括人们对劳动工作、社会交往、衣食住行、待人接物等物质生活和精神生活的价值观、消费观、道德观、审美观以及与这些观念相适应的行为方式和生活习惯。”[2]徐正明的这一定义，实质上是从两个文明的角度，对生活方式进行概括，从差异性来说明其定义则表达相对具体一些。王伟光(1950～，哲学博士、中国社会科学院博士研究生导师、教授、党组副书记、副院长)是从历史唯物主义角度对生活方式进行定义的比较典型的代表学者。他认为：“生活方式是在一定的社会历史条件下，历史地形成的人类生活活动形式的总和，它说明人们在何种条件下，以何种形式利用生活资料，结成何种生活关系，反映了人们社会生活活动的内容、形式和特征。”[3]在其他环境中，他还曾经明确表示反对在生活方式概念中包括生产方式，他认为生产方式不能涵盖于生活方式中。除去学界的这些代表性的观点以外，还有一些学者坚持把生活方式看做是简单的消费方式，或主要是指消费方式。还有学者认为生活方式就是人们享用物质的、劳务的消

[1] 王伟光. 社会生活方式论[M]. 南京：江苏人民出版社，1988：24.

[2] 徐正明. 生活方式纵横谈[M]. 成都：四川大学出版社，1985：2-3.

[3] 王伟光. 社会生活方式论[M]. 南京：江苏人民出版社，1988：39.

费品和使用由自己支配的闲暇时间的方式。后面这些定义都是从狭义的角度来规定生活方式的概念，这种狭义的诠释的合理之处是有利于集中研究人们的生活状况，但其也带有明显的不足，即不能从整体上反映社会整体状况。

总的来讲，国内学界对生活方式的理解，与国外学者有相同之处，同样从人们“怎样生活”的角度来回答。但国内学者的定义和理解，远远超越了过去仅仅局限于衣、食、住、行等外在的物质生活为主的生活方式，而是主要强调或者突出从社会生活与个人生活的统一、物质生活与精神生活的统一、生活过程和生活目标的统一的角度，重点强调生活方式的全面性、系统性和整体性，从人们生存、发展和享受的统一的角度去全面理解，从而使得生活方式所包含的内容更加丰富和系统化。

从定义中可以看出，中外学者对生活方式的认识和理解存在着比较显著的差距，尽管如此，在其中两个方面具有相通性：一是认为生活方式是以“社会人”为研究对象的综合性概念，是关于人的生存和发展活动方式的总体结构和基本特征；二是生活方式是一定社会历史条件下形成的人类生活活动形式的总和，是一定客观条件和主观条件相结合的产物。通过对中外学者对生活方式的不同定义，为我们较为准确地把握生活方式的准确含义提供了依据。

3. 生活方式的定义

基于上述的考察，我们从社会哲学角度将“生活方式”可以理解为：“生活方式”是由“生活力”与“生活关系”构成的生活习惯的总和，本质上包括人的生产在内的“日常生活力”和“日常生活关系”，是综合国力的源泉部分。生活方式是人的较稳定的生活的常态形式，是人各种常态生活活动形式的总和。具体地说，生活方式就是包括不同民族、阶级、集团的个人常态生活活动的基本形式和总体特征，其形成依赖于一定的社会生产方式和社会客观条件，包括政治方式和条件、经济方式和条件、思想文化方式和条件、社会方式和条件以及主观因素。生活方式涉及人们个人社会生活领域的所有活动，包括在政治生活、劳动生活、文化生活、婚姻家庭生活、消费生活、闲暇生活、交往生活等领域所形成的常态生活活动特征。生活方式的主体和生活方式的制约条件相互影响，通过人们的常态生活活动表现出来，从而使人们的生活方式具有可见性、稳定性和模式化，并把人们的社会需求变成现实。当然，必须强调的是，同一行为过程对民族、阶级、集团说来往往是“生产”，对个人说来往往是“生活”，如物质生产与生活即是如此，其他领域的生产与生活也是如此。这也是生活哲学基本问题之一。

（二）生活方式是主体的创造性活动

人类产生后，就有了自己的生活方式。人们不满足于已有的生活状况，需要不断提高生活质量，因此就会不断创新生活方式，如人把自身从原始耕作方式中解脱出来，从繁重的体力劳动中解救出来，从低级的息作方式中摆脱出来。人的意识、思想也是逐渐活跃的，人的自由而全面的发展这一人类终极目标也是一步一步地实现的。

人类作为生活的主体，他的创造行为包括对物质生活资料的创造和对精神生活资料的创造。物质生活资料的创造，呈线性传承的特点，其基本走向几乎与历史发展相适应。下一代物质生活资料的运用与创造都是在前代人的基础上进行加工、改进，不断生产出新的生产工具和生活用具，因此，每个时代的物质生活资料都离不开传统的生活资料的积淀，因而随着人类社会结构的不断更替，其物资生活资料也不断丰富多彩。

物质生活资料的生产，在人类生活方式发展中占据着重要地位，是人类生活的基础。没有生活资料，生活方式也无从谈起；没有生活资料，生产生活也无从展开；缺少生活资料，物质生活和精神生活都表现为贫乏。某种程度上可以说，人类社会的历史就是一部生产资料与生活资料的历史。物质生活资料的创造，是人类生存和获得人生幸福的直接有效的手段。人类生存和获得幸福是生活方式主体实现人生价值的必然追求。物质生活资料的创造是生活方式主体培养生活能力的必要条件。生活能力无论是体力还是脑力都必须同生活资料相结合，才能得以实现。物质生活资料特有的性质和功用，要求生活方式主体在消费时与主体所处环境相适应。这种要求就成为主体不断提高生活能力的动力。

精神生活的生产，也是主体对生活方式的创造和再创造。人与动物最重要的区别，就在于人有大脑，能够思维。人在创造生活资料的过程中，人的意识就会越来越丰富。比方说，人在“吃饱”的需要满足之后就会想到“吃好”，把生食加工成熟食，把清淡变成美味，把时令食品变成反季节食物。这些物质生活资料的再生产、再创造与人的思维和意识活动再生产、再创造紧密相关。所以生活方式也离不开精神生活资料，而且，社会越繁荣，历史越进步，精神生活资料在生活方式中所占的比重会越来越大。这一点，已经为实践所证实。精神生活资料经过一定周期的沉淀，就会演变成习惯、风俗、信仰等固态形式，这些外在形式就是生活方式主体的精神风貌的具体体现。

（三）生活方式的价值评判

生活方式的好坏如何评价？一般说来，就是以生活水平和生活质量为标志来对生活方式进行价值评判。

生活水平是某一社会生产发展阶段中，人们用以满足物质、文化生活需要的社会产品和劳务的消费程度，是生活方式的外在表现形式。作为生活方式的主体来讲，人的终极目的是实现自由而全面的发展，而自由全面发展的个人，表现为在某个时区的生活幸福程度。人如何生活才能幸福，生活水平高低就是其基本条件。生活水平不高，人很难追求到幸福，当然生活水平达到一定高度，也不能说人就幸福。人的幸福不仅含有对物质生活资料的追求，同时也包括对精神生活资料的占有和创造以及心理生活的情趣和愉悦感的状况。

生活质量是在一定社会发展阶段和发展条件下生活方式的内在表现形式，是人们在生活中以追求身心健康、安全便利、舒适愉悦为本质的，充分利用所拥有的资源不断满足生活需求的质的程度。

五、“四位一体”建设与生产方式的实践途径

马克思 1859 年在《〈政治经济学批判〉序言》中说：“物质生活的生产方式制约着整个社会生活、政治生活和精神生活的过程。”马克思在这里明确指出了社会生活的基本领域，即物质生活、社会生活、政治生活和精神生活。其中，物质生活或者说生产方式是核心和关键。他的这一关于人类生活四位一体的观点是我们对人类社会的生活领域进行分类的理论依据。按照马克思的观点，物质生活、精神生活、政治生活和社会生活共同构成了人类生活之总和，即等同于人类生活。马克思所论述的“物质生活的生产方式”就是社会哲学所研究的经济方式。这种经济方式制约着整个精神生活、政治生活和社会生活的过程，因而在人类生活“四位一体”中起到了决定性、关键性的作用。

恩格斯高度评价了马克思的这一思想，认为马克思关于人类生活“四位一体”这个原理，不仅对经济学，而且对一切历史科学（凡不是自然科学的科学都是历史科学），都是一个具有革命意义的发现，从社会物质生活条件总和决定社会精神生活的角度，指明了马克思提出的人类物质生活及生产方式作为人类生活的基础对其他三种生活即社会生活、政治生活和精神生活的制约性所具有的“革命意义”：只有在每一个与之相适应的时代的物质生活的生产方式条件下，才能真正引申、理解人们的精神生活、政治生活和社会生活所形成的各种关系、各种制度和各种理论观点。

胡锦涛提出的科学发展观与“四位一体”建设实践的论断，开拓了我们研究工作的新思路。“四位一体”建设实践论断的提出，是对历史唯物主义“生产力与生产关系矛盾运动规律”和“经济基础与上层建筑矛盾运动规律”的继承和发展，对于我们研究“生产方式与生活方式的矛盾运动规律”提供了广阔的探索前景和理论创新的依据——这一矛盾运动在实践科学发展观的“四位一体”建设中呈现为“四位一体”的生产方式与生活方式的矛盾运动。“四位一体”建设理论作为中国特色社会主义生产方式的实现形式和实践形式影响着我们的生活方式的变革。作为“四位

一体”的生产方式，其内在地包括经济方式、政治方式、文化方式和社会方式四个方面相互联系的有机内容（可参阅朝克教授在CSSCI《中国流通经济》2009年第12期上发表的《经济方式在生产方式和生活方式中的作用》一文）。

1. 经济方式是经济力与经济关系的总和

经济力是指经济生产力和经济实力（包括硬实力和软实力），具体内容包括经济建设中的经济生产能力、经济创新能力和经济控制能力等要素；从经济力的构成要素来看，包括经济主体、经济手段（设施）和经济客体。经济主体包括国家主体、企业主体、个人主体；经济客体指经济建设对象，包括物质经济对象如传统的农业、工业等，也包括知识经济对象、信息经济对象等；经济手段（设施）是指经济主体从事经济活动获得经济力的过程中采取的必要的战略和策略、政策与措施、规划与调控；生产者个人的经济技术、运作能力、市场控制与预测等；经济生产设备、生产条件、自然资源，等等。

经济关系是指在经济建设中形成的人与人之间的关系即经济建设关系，包括生产、分配、交换、消费等整个“流通”过程中形成的人与人之间的关系，人们在这一过程中的地位和分配方式等。其本质上指经济生产关系。经济力决定经济关系的生成、发展和变化，而经济关系对经济力具有反作用；当经济关系适合经济力发展的要求时就会促进经济力的发展，反之则会阻碍经济力的发展。

2. 政治方式即政治力和政治关系的总和

政治力是指在政治建设中内在的政治能力，包括政治决策力、政治执行力、政治控制力、政治影响力等方面。政治方式内在地包含“党建方式”、“执政方式”、“民主方式”、“秩序方式”，等等。

政治关系是指在政治建设中生成的不同政治团体、个人间的相互影响和相互制约的关系，人们在这一关系中的地位和政治资源分配方式等。在政治建设中衍生出来的“党的建设”，表现为“党建力”和“党建关系”构成的“党建方式”；党的建设中衍生出来的“反腐方式”，表现为“反腐力”和“反腐关系”等。其中的“关系”都属于“政治关系”范畴。

3. 文化方式即文化力和文化关系的总和

文化方式本质上是指“文化力”和“文化关系”的总和，包括价值方式、思想方式、创新方式、思维方式、道德方式、舆论方式、传播方式、出版方式等。

4. 社会方式即社会力和社会关系的总和

社会方式本质上是“社会力”和“社会关系”的总和，包括教育方式、就业方式、分配方式、行政管理方式、社会保障方式、交通方式、养老方式和医疗方式等。

5. 生活方式即生活力与生活关系的总和

生活方式本质上是生活力和生活关系的总和，涵盖消费方式、居住方式、休闲方式、饮食方式、健康方式、服饰方式等的传统方式、融合方式和现代方式，等等。“四位一体”建设理论和以人为本、全面协调可持续发展的科学发展观在其方法性和目的性等诸多方面都与生活方式有着不可分割的联系。

6. “四位一体”建设理论蕴涵着生产方式与生活方式的矛盾运动规律

生产方式决定着生活方式，生活方式反映并反作用于生产方式，其矛盾运动规律是社会发展的基本规律之一。作为基本规律，这一矛盾贯穿于人类生活发展的始终和各个层面，社会越是发展，这一矛盾就越尖锐，解决这一矛盾的基本方式就是社会改革或者社会革命。科学发展观与“四位一体”建设理论都体现出这一基本规律，大到社会革命与社会改革，国内社会稳定和当前的国际金融危机，小到“个人的生活条件”以及人们的日常生活习惯，都遵循着生产方式与生活方式的矛盾运动规律。当代中国特色社会主义的伟大实践正是遵循这一规律，基于这一规律中矛盾的解决，基于社会主义制度的自我改善和自我发展。

六、“四位一体”建设与生活方式变革的关联

“四位一体”建设理论与生活方式，看起来两者关联度不大，其实质是密切相关的。其关联的基础就是“以人为本”的核心理念和价值取向，两者都把“以人为本”视为首要原则、根本目标和检验工作成败的根本标准。

（一）生活方式的变革要求经济建设必须“以人为本”

经济建设是一切社会存在和发展的物质条件。中国特色社会主义市场经济建设的核心是坚持“以人为本”，运用全面协调可持续的原则，实现科学发展的目的就是切实实现好、维护好、发展好最广大人民群众的根本利益。应该说，在经济建设取得突飞猛进的重大成就的同时，也产生了种种不和谐的现象。比如把经济发展等同于经济增长，甚至经济增长简单归于 GDP 的增长和物质财富的积累，忽视了经济发展与人的发展和社会全面进步之间的辩证关系，损害了经济发展与人的自由而全面的发展、经济社会和谐发展之间的密切关系。

经济建设是一个复杂的系统工程，内容包罗万象、林林总总，但就经济建设本质而言无非是围绕两点展开。一个是生产，再一个就是分配或消费。因此，从根本上说，生产和消费两大领域或两大部类之间的不和谐，就是经济建设中最大的不和谐。大到多次大的经济危机，小到区域经济的不平衡，都表明了这一点。一个经济和谐的社会，一定是在“以人为本”、科学发展的条件下，能够给广大社会成员带来和谐经济生活的社会。生产上的和谐与消费上的和谐是经济和谐的基本特征。生产与消费的和谐，要求一切经济生活的出发点和落脚点都必须坚持“以人为本”。

生产上实现和谐必须坚持科学发展观所要求的以人为本、全面、协调、可持续的原则，必须坚持以人为本的根本方针，注重环境保护，生态平衡，努力改善劳动条件，切实提高资源利用率，广泛运用现代科技等。而消费与分配上的和谐，则要求政府推行旨在促进公平的政策与环境。现代经济学表明，在社会财富一定的情况下，社会成员幸福指数的高低，与分配程度是否公平有关；收入分配越公平，社会成员相处越和谐，反之亦然。消费形式一定意义上指向生活方式，消费形式与生活方式两者密不可分。

（二）生活方式的变革要求民主政治建设必须“以人为本”

民主政治实质上就是“以人为本”的政治。胡锦涛指出，“‘三个代表’重要思想的本质是立党为公、执政为民”，“学习贯彻‘三个代表’重要思想，必须牢牢把握立党为公、执政为民，这是衡量有没有真正学懂、是不是真心实践‘三个代表’重要思想最重要的标志”。胡锦涛的这一科学论断表明，我们党对执政党的执政规律、社会主义的发展规律、社会主义民主政治本质和发展方向的认识已经站在了一个新的历史高度上，将“以人为本”、“以民为本”真正落实到社会主义民主政治建设中，为积极稳妥地推进社会主义民主进程和政治体制改革，探索中国社会主义民主政治的发展道路指明了正确方向。

民主从意识形态来说是一种蕴含于人类社会意识深层的价值理念，从社会存在来说是一种政治架构和国家形态。只有大部分人都具备了这样的理念，并以此为行为的标准，民主才能上升到社会制度层面，贯彻到社会的全面发展中。在一个社会里如果绝大多数成员没有自觉的民主政治意识，即使有了良好的民主制度，也难以发挥它维护社会公平、促进社会正义的作用，甚至在实践中还可能被异化为“群体专制”的工具。可以试想一下，如果民主成为一种生活方式，那社会的民主制度该成熟到何种程度。

政治建设，就政治团体说来是政治秩序的“生产”，就成员说来是政治“生活”。就生活方式的基本构成要件而言，一是生活活动条件；二是生活活动主体及其观念；三是生活活动形式。要想创造以人为本的政治生活方式，必经先营造民主的活动条件，强化民主观念，以一定的民主形式和民主制度来规范社会成员行为。只有把民主贯穿于生活方式的三大要件中，才能形成民主的政治生活方式。当然从终极意义上说，民主制度本身并不是人类生活方式变革的最终目的。

民主作为一种社会制度和国家意识形态，就是要从根本上保障人的自由而全面发展，其终极目标是要实现人的自由而全面的发展和社会的全面进步。作为社会主义国家的中国，“以人为本”和“人的自由而全面发展”是我们民主政治发展的目标。因此，党和国家的一切法律、方针、政策、措施都要围绕着“以人为本”这一宗旨。只有最广大的人民群众参与民主政治，通过民主政治公平地享受到经济社会发展带来的好处和成果，“以人为本”的社会主义民主政治目标才真正实现。

配置科学、程序严密、结构合理、制约有效的民主政治制约和监督机制，能够合理有效地确保权力的运行和使用不偏离“以人为本”的轨道。因此，建立和完善中国特色社会主义民主政治建设的体制内监督是民主政治建设的重要制度保障。体制内监督不仅包括党内的体制监督，而且司法监督、行政监督、群众监督、社会监督、舆论监督都是体制内监督机制的具体表现形式和有机组成部分，都必须贯彻“以人为本”的宗旨，而且从我国社会主义社会的发展趋势和对民主政治的要求看，体制内监督的力度、作用和效果需要并将不断得到强化和彰显。

中国特色社会主义民主政治建设还要体现开放式和包容性的重要特征，这也是“以人为本”的要求。中国特色社会主义民主政治必然与中国的特殊国情和民主政治的独特实践相紧密结合，如与协商民主实践相紧密结合。但我们绝不能因此就可以以其特殊而故步自封，民主政治建设的实践也证明这是根本行不通的。对于我们这样一个民主化起步相对较晚、非民主历史传统较长、民主化进程中又先后经历了多次波折的发展中的社会主义国家来说，积极吸收人类一切有益的政治文明、民主文明成果，坚持开放和包容的姿态，更应当能体现“以人为本”的要求，成为我们实现社会主义民主政治建设和发展的制度化、规范化和程序化的必然选择。同时，我们也必须注意到，开放和包容必须适合我国的基本国情和发展趋势，必须是谨慎的、有区别的、有选择的，必须反对拿来主义和照抄照搬主义。

（三）生活方式的变革要求文化建设必须“以人为本”

文化是民族精神的火炬和人民奋进的号角。文化在潜移默化中释放着巨大而无穷的能量。文化以其特有的渗透力和整合力，在政治、经济、外交、科技、教育、军事等重大社会实践中和更为宏观的历史层面上展现出巨大的容纳力、影响力，在人类物质文明、政治文明、精神文明与社会文明创造中发挥着无可比拟的巨大作用。从古希腊的柏拉图、亚里士多德的存疑精神到文艺复兴的达·芬奇、米开朗基罗等巨匠理性精神，从先秦诸子百家的文化典籍，到马克思主义指导下的中国社会主义革命和建设实践，无不体现出文化对社会的巨大历史作用，从而使文化的血脉深深贯穿和渗透在人类社会每一个具体环节中。

社会主义先进文化的前进方向和发展诉求，始终以人际和睦、社会和谐、人类和平、天人合一、万物共处为核心价值，始终把“以人为本”作为自身的价值理念。社会主义先进文化是容思想观念、理想信仰、精神追求、社会风尚、行为规范、道德传统、制度体系于一体的意识形态，是社会发展、人的发展和文化建设的有机结合。它包括对社会发展的理想设计与追求、总体认识和评价，还包括对社会发展的实践取向、制度构建和法制完善。先进文化特别强调人与人、人与自然、人与社会之间相互关系的和谐一致，人与人和谐、人与社会和谐、人与自然相和谐是宇宙生态和谐的有机组成部分。人际关系、社会关系、人与自然的关系都是宇宙生态关系的有机构成，营造和谐的人文环境，发展理顺的社会关系，注重人与自然的和谐关系，有利于提升人的生活质量、改善人的生活方式、端正人的生活态度、促进社会和谐和可持续发展。先进文化能够有效地促进人类实现和平、满足人的精神需要、保障社会健康安定，而且还能够在为人类组织创新提供文化支持方面发挥重要作用。先进文化建设，体现了“以人为本”价值理念，有利于社会组织活动的正常开展，个人的身心健康、和谐的人际交往、社会和谐关系、人与自然的和谐关系的建立。

先进文化是社会和谐生活方式的精神表现和内在核心。建设中国特色社会主义和谐文化的根本任务是发展和巩固社会主义核心价值体系，从而实现和谐心理、和谐精神、和谐理念的逐步确立和完善，形成人人促和谐、人人保和谐的良好局面，通过人的和谐发展促进“以人为本”的生活方式变革。因此，社会主义先进文化建设的根本目的和基本途径都必须是“以人为本”。社会主义先进文化的基本图式是和谐文化，社会主义先进文化建设在“以人为本”的基础上实现了目的、手段、形式和途径的高度和谐统一。

文化与生活方式之间具有重要的关联。生活方式是现实的文化载体，一定群体的生活方式中表现出来的风尚、习俗、行为方式特征，常常反映了该群体比较一致的价值观和社会观，也反映了社会文化对群体人格的塑造。同时，文化变迁与生活方式的变革之间也同样具有很强的相关性。“文化变迁”贯穿于从传统社会向现代社会转型的整个过程，对生活的各个领域都产生影响。新的文化观念驱动着人们自觉不自觉地进行生活方式的变革，塑造出新的生活方式样式，表现出文化发展对生活方式进步的推动作用。但与此同时，也应该看到，在文化变迁过程中，传统与现代文化之间的冲突现象是不可避免的，而这种文化冲突常常直接反映在传统生活方式与现代生活方式的碰撞和冲突上。在当今时代，文化冲突贯穿于生活方式变革的始终。从一定意义上说，现代生活方式的建构就是一场文化变迁。我国生活方式的现代化目标的确立，不是自发，而是自觉的选择，是在历经十年动乱之后对历史进行文化反思的基础上作出的理性抉择，也是一百多年来中华民族奋斗历程的一种理性的积累。

市场经济条件下的“以人为本”的文化变迁，不能简单重复市场经济的一般文化模式。我们对市场机制的肯定，并非是对市场环境中所有文化因素的肯定；我们对高度行政化的计划体制的否定，也绝非否定社会主义公有制，否定整个社会主义伦理文化的进步性。文化变迁，应该是适应市场经济发展要求的，必须坚持“以人为本”原则的新的文化模式。它要在借鉴西方市场经济普遍经验中更新市场经济文化，同时产生超越资本主义生活方式的文化新质，创造“以人为本”的新文化。

（四）生活方式的变革要求社会建设必须“以人为本”

马克思主义认为，社会是人们在交互作用中产生的各种社会关系的总和。广义的社会包括了社会政治生活、经济生活、文化生活、社会生活在内的全部生活内容及其相互关系；狭义的社会，是一种同政治、经济、文化既有区别又有联系，并且具有相对独立性的人类生存的组织结构体。社会建设是狭义角度的“小社会”，是相对于政治、经济、文化建设而言的；而构建社会主义和谐社会是广义角度的“大社会”，政治生活、经济生活、文化生活、社会生活在内的全部生活的和谐；“大社会”也可以理解为构建社会主义和谐“国家”，当然，这是相对于建设和谐世界而言的。下面要讲述的推动社会事业发展所指的社会则是狭义的社会。

社会事业作为一个整体的概念，涉及经济增长在内的社会结构、人民生活、科技教育、社会保障、医疗卫生、社会秩序等多个方面的内容，并把消除贫困、公平分配、大众参与、社会稳定和可持续发展等多种社会价值作为发展目标。社会生活的主体是人，社会事业的发展涉及每一个社会成员的切身利益，因此，社会事业发展更必须贯彻“以人为本”的原则。

在传统的发展理论中，经济政策与社会政策是两个相互独立的系统。人们将经济政策看做是创造财富的手段，将社会政策仅局限于为社会提供再分配的工具和形成社会福利的手段。这种两者截然对立的观点曾经在20年前的西方学术界颇为盛行。新右派批判福利国家的理论依据，就是庞大的福利开支浪费了社会资源，降低了经济投资能力和生产力，最终拖垮了经济。而社会发展的事实证明，只有促进社会公平，才能具有长期稳定的社会环境和具有凝聚力的社区生活，进而直接增进一个地区和一个国家的经济竞争力。这样看来，社会公平成为保证经济发展的基础。同时，社会政策的实施，如社会保障、教育、就业、体育、医疗服务以及针对家庭的社会服务，都可以增加劳动者的收入和就业机会，改善生活质量，提高经济效益，从而成为对人力资本的多元投资。社会政策通过社会再分配，将社会资源用于人的投资，改善人的环境和提高人的能力。社会政策，还通过保障满足人们的基本生活，起到防范风险和管理风险，以及增加人们应对经济和社会变化的能力。这些重要的社会效用，集中到一点就是提升人本身的素质、能力和协调人与人之间的关系，充分体现了“以人为本”的理念。

第二章 经济方式夯实生活方式变革的经济基础

一、经济力是生活方式变革的物质基础

(一) 工业化推动了生活方式的变革

在影响社会生活方式变革的诸多经济力因素中,工业化是最基本的动力。工业化推动了人类社会从传统的农业社会生活方式向现代工业社会生活方式转变。马克思曾经说过,手推磨产生的是以封建主为首的社会,而蒸汽磨产生的是以工业资本家为首的社会,强调了社会发展和进步中以生产工具为代表的近代工业化对人类生活和人类社会发展的重要影响力。1857 年,马克思在《经济学手稿》一书中曾具体分析了纺纱机的发明对生活方式变革的巨大推动作用:"近年来,任何一种机械发明都不像'珍妮'纺纱机和精梳纺纱机的创造,在生产方式上,并且归根到底,在工人的生活方式上,引起那样大的改变。……'机械发明'。它引起'生产方式上的改变',并且由此引起生产关系上的改变,因而引起社会关系上的改变,'并且归根到底'引起'工人的生活方式上'的改变。"[1]以机械的发明和普遍使用为主要特征的工业化,通过使用自然力进行大规模生产,建立了与过去完全不同的新的生产劳动方式,在打破封闭的、宗法的乡村生活方式的同时建立起符合人性的、自主性的现代城市生活方式上起到了"伟大的文明作用"。

中国的工业化进程发源于旧中国时代。据资料显示,20 世纪 20 年代初,近代工业的总产值约占当时工业总产值的 12.87%。到新中国成立前,现代意义上的工业也只占当时总产值的 10%左右,手工业约占 10%左右,因此,中国的工业化并未取得明显的进步,资本主义工业的发展对中国社会生活方式变革的影响极其有限。

新中国成立后,按照中共中央提出的过渡时期总路线,大力发展中国工业,构建比较完整的工业体系,中国的工业化道路开始由资本主义工业化向社会主义工业化转轨变革,国民经济恢复的任务顺利完成并逐步形成一定的工业基础。到改

---

[1] 马克思恩格斯全集(47)[M].北京:人民出版社,1979:501.

革开放前近30年的工业化推进过程中，我国基本上是按照前苏联传统工业化的道路来建设自己的社会主义工业化的，通过国民经济的高积累、高投入，以实现增加数量、粗放型经营为特征的外延型初级工业化，举全国之力，实行计划经济，优先发展工业，特别是重工业。到1952年底，国民经济基本恢复到解放前的最高水平，现代工业占工农业总产值的28%[1]。在全国人民代表大会一届一次会议上，党中央确定了实现包括工业、农业、交通运输业和国防在内的四个现代化建设任务，从此拉开了我国工业现代化的序幕。从新中国成立后到改革开放前的30年间中国由农业社会向工业社会转型。在这一时期，从总体上说，人民生活水平得到比较明显的提高，居民的收入增加幅度比较大，人们的衣食住行等也得到比较可观的改善，这是新中国社会主义工业化迅速发展的第一个黄金时期。但是，由于照搬照抄苏联工业化的模式，没有处理好农轻重的比例关系，过分强调重工业的发展，造成了一系列的国民经济和产业关系的大比例严重失调，重点集中在如积累与消费、工业与农业、工业生产与交通运输业、轻工业与重工业等关系上。后来受"文化大革命"的影响，整个国民经济出现全面衰退，工业化的进程受到阻碍，人们的生活方式上也呈现"泛政治化"的倾向。

改革开放后，中国工业化快速推进。这一时期，我国的工业化道路最集中地体现为转变过去的僵化的体制，构建有中国特色的、符合工业化建设规律的机制体制，具体表现为：从过去计划经济和单一公有制为主转变为以生产资料市场调节为基础和多种所有制经济共同发展；从追求高速度、高数量、急于求成的粗放型增长方式转变为追求高质量、留有余地、集约型的经济增长方式；从优先发展重工业、忽视农业和轻工业的倾斜战略转变为多行业协调、农轻重并举的均衡发展战略；从完全立足于自我积累、施行进口替代战略转变为对外开放、积极利用外资和拓展国内外"两个市场"战略；从过度注重区域生产力布局和区域均衡发展的状态转变为高度重视国际国内"两个大局"为标志的梯度发展。特别是"全面建设小康社会"目标，把工业化、现代化的主要目标锁定在提高人民生活水平和生活质量上，同时有效地克服了困扰我们的长期工业化进程中急性病、激进情绪和冒进习惯，反映了我国当代社会主义工业化建设"以人为本"的特点。通过这一时期的高速发展，我国最终消除了长期以来困扰我国经济发展的"短缺问题"，基本形成了社会主义市场经济的基本框架，为下一步迈上新型工业化的道路奠定了基础。

从20世纪末开始中国的工业化，开始转向以追求效益、走集约化和可持续发展的新型工业化道路。其形成标志为由外延型向内涵型转变的经济特征和提出并积极实施科教兴国和可持续发展两大战略。"坚持以信息化带动工业化，以工业化

〔1〕 吴承明. 中国资本主义的发展论述[C]//中华学术论文集. 北京：中华书局，1981：333.

促进信息化，走出一条科技含量高、经济效益好、资源消耗低、环境污染少、人力资源优势得到充分发挥的新型工业化路子。”[1]党的十六大报告的这一表述，明确无误地阐述了我国社会主义工业化建设的根本性转变。以钢产量为例，1949 年，我国钢产量为 15.8 万吨，不到世界钢产量的千分之一，还不够每个中国家庭打一把菜刀的；1996 年，我国钢产量首次超过 1 亿吨，成为世界第一产钢大国；2008 年粗钢产量突破 5 亿吨，占全球产量的近 40%。电子信息产业，2007 年销售收入 5.6 万亿人民币，约占世界总量的 30%，居全球第二位；全国电话用户 9.79 亿多户，互联网用户 2.83 亿户，堪称世界之最。2009 年，我国工业产品产量居世界第一位的已有 210 种。按国际上通行的工业分类，500 多个行业门类齐全；世界上 44%水泥、50%以上家电、70%以上玩具为中国制造。大量价廉物美的“中国制造”产品，给世界人民带来了福利……中国工业 60 年，完成了从农业社会向工业化中期阶段的伟大跨越，演绎了一场波澜壮阔的巨大变革。中国用近 30 年的持续高速发展跨越了先进工业化国家二、三百年的历史，令世界为之惊叹！中国特色社会主义新型工业化道路是在国内总体实现小康、基本告别物资“短缺时代”、国际经济全球化和中国加入 WTO 的背景下提出的，也是与物质建设、政治建设、文化建设、社会建设“四位一体”的经济社会发展总目标一致的。新型工业化道路实际上标志着中国开始走向后工业化的时代，对生活方式的影响相当宽广。

中国工业化进程的另一个明显特征就是农村工业化进程的加快。20 世纪 80 年代以来，我国乡镇工业迅猛崛起使中国农民找到了农村工业化的实现途径。正如社会学家费孝通（1910～2005，江苏吴江人，著名社会学家、人类学家、民族学家、社会活动家，中国社会学和人类学的奠基人之一）所说的：“农民千家万户地干，千辛万苦地闯，千方百计地要，千山万水地跑，培养出了现代我国市场经济的主导力量。”以乡镇企业为主体的中国农村工业化的迅速发展，对我国农村富余劳动力的转移和农民生活方式的变革起到了巨大的推动作用，从此改变了“日出而作，日落而息”和靠天吃饭的中国几千年来农民传统劳作方式和生活方式，被国外一些人称为中国经济的“秘密武器”。

工业化对生活方式的影响，突出表现在三个方面。

一是工业化改变了社会结构，形成了多层次的生活方式群体，为新的生活方式的产生提供了新生阶层。由于近代、现代工业的发展，大批的手工业者、产业工人脱离农业生产，而涌入城市生活中来，并加入到工业化的社会生活方式中。马克思生动地描述说，由于“旧社会的一切关系一般脱去了神圣的外衣，因为他们变成了

[1] 中共中央文献研究室. 十六大以来重要文献选编（上）[G]. 北京：中央文献出版社，2005：16.

纯粹的金钱关系”，所以他们的“一切都成了出卖的对象，工人就认定，一切他们都能摆脱，都能割舍；因此，他们就第一次摆脱了对一定关系的依附，既不缴纳产品，也没有那种仅仅是一定等级（封建等级）的附属品的生活方式了，工人可以随便处理自己的钱了”。[1] 同旧时的传统生产方式不同，工人们的劳动方式高度协调，作息时间变得规律，生活节奏更加快捷，工作岗位相对稳定，而工资收入也较为固定，从而使他们相对自由独立地处理和支配自己的生活，形成新的生活方式。同时，随着现代工业的兴起，特别是在一些主要城市，现代化工商业中心和以劳动密集型为主的出口加工业基地的发展，不仅培育出了一大批现代无产阶级，还培育出了多种社会从业人员，如自由职业者、服务性行业的从业人员等，从而使整个的社会阶层结构和生活方式、存在方式发生了翻天覆地的现代化转型。新的生活方式主体呈多层化、群体化、多元化的发展态势。伴随着就业范围的扩大，劳动机会的增多，各种职业和各阶层之间的流动以及区域之间和城乡之间的劳动力流动，生活方式主体的社会结构显得纷繁而复杂。

二是工业化为生活方式的变革创造了殷实的物质基础。工业化大大提高了劳动生产率，使物质变得极大丰富，相应提高了生活方式主体所需要的生活条件。营养丰富的食品、较好的住房条件、方便快捷的交通工具等为满足人们的物质需求及提升文明生活方式提供了前提。现代工业同传统手工业相比很大程度上提高了劳动生产率，同时，也相应地提高了社会劳动力再生产所需要的生活条件、文明水平和教育程度，使得较高的物质消费水平、较多的物质消费种类和较奢侈的生活方式成为可能。人们需要更多的营养丰富的食品、更好的住房和居住条件来疏解更高的劳动强度带来的压力；劳动场所和住宅的分离，需要各类快捷方便的交通工具来保障；市场经济的发展特别是就业方式的变化，劳动者需要更多的培训时间和更多的面对更严峻的就业形势的心理疗养和疏导等，这些都成为维持劳动力生产和再生产的必要条件。近代以来，中国出现了以面粉、纺织、采矿、机械等为主要行业的近代机械大工业；农业生产的商品化、规模化、区域化发展，出现了品种改良、化学肥料甚至农业机械的大发展；交通运输服务业出现了以航运（水运）、铁路、公路、电报和电话等现代交通运输服务手段。现代大机器生产所创造出的不同于以往的物质财富，为满足人们的物质需求和文明生活方式的提升提供了前提。以交通和通信为例，从广州到北京，从 1900 年前的 90 天缩短到 1936 年的三天半时间。如今的空运从广州到北京仅 3 小时左右，乘动车只有近 12 个小时。现代交通通信设施无疑对中国生活方式的变革具有重要的推动作用。

三是工业化催生出的现代工业城市，为现代生活方式的变革提供了主要载体。

---

[1] 马克思恩格斯全集(6)[M]. 北京：人民出版社，1961：659-660.

城市是工业化的结果，同时也是生活方式变革的发源地。从传统农业社会生活方式向现代工业社会生活方式的变革，在一定意义上说，就是取决于城市化的生活方式。正如恩格斯所说："大工业企业需要许多工人在一个建筑物里面共同劳动；这些工人必须住在近处，甚至在不大的工厂近旁，他们也会形成一个完整的村镇。他们都有一定的需要，为了满足这些需要，还须有其他的人，于是手工业者、裁缝、鞋匠、面包师、泥瓦匠、木匠都搬到这里来了……于是村镇就变成小城市，而小城市又变成大城市。"[1]这表明，工业化带动了城市化，也逐步形成了新的城市生活方式。

(二) 城市化助推了生活方式变革

城市化正加速推动中国社会生活方式变革。城市是生活方式变革的舞台，又是生活方式变革的结果。城市化既是生活方式变革的动力，又是生活方式变革的结晶。城市是人们经济生活、政治生活、文化生活和社会生活的集合点，代表现代社会生活方式最先进的一面。

城市是人类聚落的高级形式，在世界各国广泛存在。所谓"城市化"是指随着工业化的发展和科学技术的进步，农村人口转变为城市人口以及相应地改变其生活方式的社会变迁过程。工业化的发展带动机械化生产方式的革新，彻底打破了自然经济方式条件下，人们对土地资源过分依赖的生活方式而不得不选择零散居住。人们可以做到以较少的土地、空间来养育较多的人口，从而推动近代城市化迅速启动和发展起来。西方发达国家城市化水平达 70％以上，城乡几乎不存在差别。而对发展中国家来说，其城市化水平与发达国家相比，仍然偏低。

我国虽然在农业经济时代就有了一些较为繁荣的城市，但现代意义上的城市，还是鸦片战争后才开始出现的。新中国成立前，在半殖民地半封建状态下，中国工业化底子薄、水平低，没有形成一定规模，城市化缺乏最直接的动力，所以城市化发展缓慢，同时与世界城市化发展水平的差距越来越大。其中，从 1843 年至 1893 年的 50 年中，城镇人口仅从 2 072 万增加到 2 351 万，城镇人口比重由 5.1％发展到 6％，年平均增长率仅上升了 0.018 个百分点，考虑人口增长因素，城市化几乎处于停滞不前状态。从 1893 年至 1949 年的 50 多年，城市人口比重上升到 10.64％，城市化的速度有所提高。与此同时，世界人口城市化的比重则由 1850 年的 6.4％(这个数字与同期的中国接近)提高到了 1950 年的 28.2％。经过一个世纪的发展，中国城市化仍落后于世界 17.56 个百分点。这一时期，中国有一批近代城市兴起，取代了旧式城市的主体地位。同时，城市的规模、数量和性质都有了明显的变化。一批大城市，尤其是沿海沿江地区的城市迅速崛起，如上海、天津、南京、重庆等。城

[1] 马克思恩格斯全集(2)[M]. 北京：人民出版社，1957：300-301.

市数量也迅速增加，城市职能分工多样，经济功能显著增强，典型的封建化的城市逐步转变为半封建化、近代化的城市。同时，一些城市的殖民风貌鲜明。

新中国城市化进程可以分为起步、起伏、停滞和快速发展四个阶段。到20世纪末，我国除港、澳、台地区外，全国共设市668个。其中，国家直辖市4个，省辖地级市222个，县级市442个，基本形成了以大城市为中心、大中小城市相结合的比较合理的城市体系，有些发达地区甚至出现一些城市群。城镇人口增至45 594万人，人口城市化率达到36.1%，年均上升0.83%。从发展速度上算，是1843年至1949年间的16倍，是1949年至1978年间的3.32倍。中国城市化之所以迅速发展，直接得益于生产方式的转变和经济社会的快速发展。

城市化绝不是单纯意义上的农民进城。它意味着国民经济发展方式、居民生活方式和思想意识的思维方式的重大变化。城市化的发展必然带来人类社会生存方式、生产方式等所构成的城市生活方式的变革。主要表现在：

第一，城市社区的文明程度越来越高，推动了文明生活方式的形成。新的政治生活方式、制度规范、价值观念和现代科学技术等人类文明的主要成果，几乎都是在城市中得以产生、传播和发展的。马克思曾热情地赞颂城市，造就了新的力量和新的观念，造成了新的交往方式、新的需要和新的语言。安东尼·吉登斯(Anthony Giddens，1938～，男爵、英国思想家、社会学家)则认为：“大量的个体集中在相对有限的空间里，无可否认地造成了现代世界与传统世界最令人震惊的差别之一。”[1]在城市里，人口的密集、工商业的发达，客观上要求城市社区的基础设施与之相适应。众多的商店、住房、交通网络、供水系统、排污系统等社区基础设施应运而生。这些城市基础功能设备的复杂性和完备性绝非农村社区可比。同时，城市政治、经济、文化等功能运行所需的设施，包括庞大的国家机器的设施，更是复杂多样。由于文化教育设施和知识阶层群体大多集中在城市，因而城市居民所能享受到的文化教育资源要优于农村，精神文化生活要比农村丰富。另外，城市社区中完善的生产生活服务设施和发达的服务行业，使城市居民从许多日常生活的操劳中解脱出来，从而有更多的时间用于学习、体育锻炼、旅游和社交活动等闲暇消费，人们对精神生活的消费追求也比农村居民强烈。所以，城市更有利于形成文明的生活方式。人口的相对集中，形成了城市特有的生活方式和价值体系，并进而影响整个社会的运行机制。充满活力的城市是经济发展的动力引擎，劳动力、资金、技术、商业和信息等因素的聚集和扩散产生巨大的“马太效应”，经济效果愈加明显，从而也推动了社会的文明程度越来越高和许多新的文明生活方式的发展。

第二，城市居民的消费生活方式和劳动生活方式的转换，不断催生出众多新的

[1] 安东尼·吉登斯.民族国家与暴力[M].上海：三联书店，1998：234.

生活方式。城市是一个地区的经济、政治、文化和社会活动中心，工业和商业是其经济主体和基础。农民进入城市寻求工作机会，首先意味着他们脱离传统的农业生产，进入到第二产业和第三产业，成为产业工人、技术人员和管理人员等。劳动方式和活动方式的转变不仅使进城的农民改变了劳动对象和劳动方式，而且增加了他们的收入，提高了他们的消费水平，从而导致他们的消费结构和消费方式发生改变，自给自足的传统生活方式被逐渐打破，对城市生活方式有着越来越强烈的依赖感和归属感。一方面，作为城市居民，其生活资料的自给率低，商品率高，人们高度依赖社会提供生活资料，从而社会的依存度提高；另一方面，由于城市社会发达的服务业，使城市居民减少了对生活资料的生产和日常生活的操劳，同时也加重了对社会和社会服务的依赖性，尤其在对公共服务和生活设施、公共饮食业、交通和邮电、商业等的依赖性，无形中极大地提高了城市居民生活的社会化程度。这种对城市的依赖性，诞生了许多新的消费观念和消费模式。

第三，城市居民社会交往的空间范围扩大、平台种类增加，社会交往的方式日益多样化。进入城市的居民，收入途径多，就业范围广，相互联系加强，在社会交往上突破了农村传统的以血缘和地缘为重要纽带的家庭成员、亲属和邻里范围，更多地以学缘、业缘、行缘、事缘为基础的交往关系成为社会新交往基本的重要的组成部分，交往的时空范围也不断扩大。同时，随着城市物质生活水平和质量不断丰富提升，居民对精神生活的要求和需要也逐渐提高。反映到社会交往的形式上，人们开始实现由低层次的物质交往向高层次的精神交往，甚至更高层次的信息交往变革。特别应该注意的是，伴随着现代通信、互联网络、大众媒体等信息产业的迅猛发展，居民的社会交往的手段、内容和形式也呈现出多样化的趋势。各种娱乐性的场所、设施以及现代化工具，开始融入到居民的社会交往生活实践中。特别是高科技产品和媒介运用于人际社会交往，改变了人们过去的思维习惯、休闲习惯，扩大了交往的时空、交往的频率和交往的方式，带来了生活方式的巨大变革，促进了社会交往、生活方式的多元化。

第四，城市居民思想观念开放，形成了生活方式变革的观念基础。集中的城市产业化生产、流通和消费模式，要求劳动者不断提高自身各方面的素质，在工作中不断提高工作效率，形成了作为城市劳动者的共通的进取精神和竞争心理，这与农村传统的保守、封闭、落后的思想观念形成鲜明对比。正如马克思曾经说过的那样："如果说城市工人比农村工人发展，这只是由于他的劳动方式是他生活在的社会之中，而土地耕作者的劳动方式使他直接和自然打交道。"[1]在现代化城市生活方式中，城市居民改变了传统农村居民科学文化素质水平较低、思想相对封闭、观

〔1〕 马克思恩格斯全集(26)[下][M]. 北京：人民出版社，1973：260.

念相对陈旧落后的状况，普遍接受了较高的文化素质教育，形成思想解放、崇尚科学、不断创新的科学理性的、丰富多彩的精神生活。城市是人群聚集的地方，易于流行和接受各种新思想、新观念，乃至新时尚。比方说，巴黎的时装款式一周就能传到我国大城市，赶潮流的消费者立马就能跟上世界时装的步伐。新信息改变了人们的思想观念，也影响了人们的生活方式。

城市生活方式应是和谐生活方式。城市化对生活方式变革的影响是丰富多彩的，但我们并不能就简单地直接把城市生活方式看做是未来人类生活方式的理想模式和完善社会生活方式的唯一方向。从现阶段的城市生活实际情况看，城市化本身也存在着令人担忧的一些社会问题，诸如就业问题、稳定问题、城市垃圾等环境问题等。因此，未来社会的生活方式变革绝不能是现今城市生活方式的简单延续，而是在此基础上的辩证发展。另一方面，生活方式的变革，本来也会影响城市发展的方向。因此，未来生活方式唯一的出路应该是，在消除城乡根本差别的基础上，形成全新的以人为本的和谐生活方式。

（三）现代科学技术方式加速了生活方式变革

科技方式是科技力与科技关系的总和，体现着人与自然的关系，是综合国力的精华部分。科技力与科技关系在生活方式变革中起着不同的作用。

1. 科技力是生活方式变革的首要推动力

20 世纪是人类历史上生产力发展最快的一百年。这种发展的主要动力来自科技的进步。科学技术比以往任何时代都更为迅速地转化为巨大的生产力，空前广泛、异常深刻地影响着人类社会的各个领域，自然包括生活方式领域。科学技术不仅是人类文明进步的源泉，而且日益成为经济和社会发展的首要推动力量。人类社会进步的过程，实质就是科学技术不断突破，科技力向现实生产力转化的过程，也是科技力推动人类生产方式与生活方式变革的过程。

21 世纪，国家之间的竞争将更为激烈，各国竞争的焦点是综合国力的竞争，实际上建立在科学技术基础上的竞争。因为科学技术是提高生产力、促进经济发展和提高国家的综合国力的第一关键因素。一般认为，科技力包括科技发展水平，科技队伍的数量、质量，科技投资、装备和科技体制等。“一个国家科技力量的强大与否已经成为国际经济、政治较量中的坚实后盾。科学技术的国际竞争能力，是体现一国国际竞争力潜力的最为重要的因素之一”。[1] 目前，高技术及其产业的发展已成为提高国家综合国力的先导，高科技优势将成为 21 世纪各国国际竞争中追求的目标，这无疑对社会生活主体的价值观念和消费行为产生巨大影响。

---

〔1〕 李方. 中国综合国力论[M]. 合肥：安徽科学技术出版社，2002：318.

19 世纪以来，世界科技力总量远远超过以往时代的总和。电磁场理论导致电力技术和产业的革命；量子化学、化学键理论导致以煤和石油为原料的现代合成化学的发展；相对论和原子核物理理论导致核技术产生；量子理论和电子理论导致半导体和微电子技术的突破，进而带来了微电子信息产业的革命；计算机与数字通信网络技术带来了全球化信息时代。正如美国科学社会学家伯纳德·巴伯曾指出的那样："任何一种社会，如果没有科学的持续的和旺盛的发展与应用，这样一种社会也将不能正常地运行。"[1]

科技物化为产品的速度大大加快。仅据 21 项重要科技物化为生产力的速度统计，1870 年以前平均为 78.5 年，1870～1900 年平均为 31.8 年，20 世纪以来平均为 6.7 年。科学发现、技术发明和科技物化速度的加快，造成了现代生产力的迅速发展，生产率得到提高，经济快速增长，财富迅速聚集。科技的发展给人类的物质生活提供了丰厚的生活资料。在过去的 1 000 年中，世界人均国民生产总值的年增长率，前 500 年仅为 0.05%，而此后的 320 年也只有 0.07%，但是近 180 年却提高到 1.7%，是前 500 年增长率的 23.4 倍。1900～1980 年，世界石油产量增长了 148 倍。汽车产量增长了 4 240 倍，合成橡胶 43 年增长了 2 266 倍，塑料 14 年增长了 8 倍，人造纤维 50 年增长了 7 倍，核发电 25 年增长了 13 446 倍。电子计算机和光纤通信等一大群新兴科技和新兴产业的发展更为迅速，世界联机使用的控制机每 10 年增长 17 倍，光纤生产每 5 年增长 20～25 倍，新材料群中仅电子计算机配套关键材料——磁盘材料的记录速度 20 多年提高了 60 多倍[2]。这些都证明了科学技术已成为当代生产力发展、经济发展、社会发展的决定性因素。

科技力的提升为生活方式的变革提供了丰富的社会生活方式资源和生活方式变革要素。各种与劳动力再生产相关联的衣、食、住、行数量空前增长，人们生活水平和生活质量空前提高。

科技力的提升带动了生活方式主体的素质提高。在近代科学技术革命史上，劳动者从研制生产简单工具到研制和使用机器，是通过科技延长了自己的手臂，放大了自己的体力，改变了自己的劳动方式。今天的劳动力素质与前二三十年比，简直是不可比拟，这一点是不言而喻的。

科技力的提升促进了生活方式和主体劳动手段现代化。由手工业到大机器生产，由机械力、热力进入电力时代，由传统工业进入高技术时代都是劳动手段现代化的生动体现。劳动手段的现代化大大推动了生活方式变革。比如过去需大量人

---

[1] [美]巴伯. 科学与社会秩序[M]. 顾昕，等，译. 上海：生活·读书·新知三联书店，1991：99.

[2] 李方. 中国综合国力论[M]. 合肥：安徽科学技术出版社，2002.

力操作的劳动形式逐步退出舞台，代之以少量人工的智能控制系统。同时科技力的提升，还催生了许多新的产业部门，产业内部结构也进一步细化。第一、二产业从业人员的数量骤减，大部分人转向第三产业、服务业就业，带来了人们生活方式的变革。

科学具有抽象化、普遍化、体系化的特点，以经过严密逻辑论证的理性形式和严整的理论体系表现出来。技术则植根于经验，是根据实践经验或科学原理推导出的各种经验、方法、技能、技巧等，现实地体现在人类实践活动中。科学技术以其对生活、社会和生产的巨大影响力强有力地影响着人们的思维方式、行为方式、生活方式的改变。现代科技包含三个层次，即器物层次的科学技术、制度层次的科学技术和精神层面的科学技术。这里就涉及科技力与科技关系的范畴问题。器物层次的科学技术和精神层面的科学技术当属科技力范畴，制度层次的科学技术应属科技关系范畴，它们的总和就构成了科技方式。它们不是孤立的两个方面，而是互相依存、互相促进的统一整体，共同影响着生活方式的变革。

器物层次的科学技术对生活方式的影响可谓显而易见。就拿烧火做饭说，我们大家谁也不会再去砍柴烧饭、陶器煮汤了，取而代之的是使用各种金属锅、电饭煲。科技进步了，物质档次、科技含量高了，人们生活更加方便了。器物是科学技术的物化，是通过已有的认识成果而制造出来的人工产品，其对于不断改善人类社会的生产和生活最密切、最直接。再比如说，科研仪器、设备水平是科技探索和科技创新的主要手段，从广度和深度两个维度影响着人类对自然界的探索；图书资料的管理水平、交流能力等影响着科研信息的传播和交流程度；生产工具的制造水平则严重影响着科技发展的可能途径和速度水平。科学技术以物化形式凝结和保存在器物之中，是器物能够世代相传、不断繁衍的一种物质基础。器物层次的科技力与科技文化已与人类的生产方式、生活方式紧密联系在一起，其影响的深度与广度均是前所未有的。正如赫伯特・西蒙（Herbert Simon 1916～2001，美国经济组织决策管理大师，第十届诺贝尔经济学奖获得者）所说的那样，我们今天生活着的世界与其说是自然的世界，还不如说是人造的或人为的世界。在我们周围，几乎每样东西都有人工技能的痕迹[1]，这些科技发明、科技创造、科学发现都具有重大的社会效益、经济效益、科技价值乃至文化价值，尤为突出的是科技创造具有穿透力和震撼力，诸如蒸汽机时代的蒸汽机技术的发明与工业化应用；电子时代的电子技术的发明和新电子技术的创新；电子计算机时代电子计算机技术的发明和拓展；原子能时代原子能技术和核能技术的发明和应用；网络时代网络技术的发明和广泛应

〔1〕 [美]赫伯特・西蒙.关于人为事物的科学[M].杨砾，徐力，译.北京：解放军出版社，1985：3.

用。正是人类社会对科技文化的物质层面的这种强大穿透力、影响力和征服力的概括与确认，对科技创造的不懈追求所形成的科学技术成果，使人类创造出来的各种器物不断更新换代，经历着由低级到高级、由简单到复杂的历史演变过程。正是这种不断变化着的演变，推动了人们生活方式的不断创新。

科学力在精神层面上表现在人类社会发展过程中精神世界、文化领域和意识形态领域的价值变革中。科学技术的每一次重大的突破创新往往都能引起人们世界观的革命、人生观的改变和价值观的革新。从以往的历史发展过程中看，科技文化是一种动态的过程。从西方科技发展的历史来看，因为古希腊科学技术中的理性精神、分析精神发达，亚里士多德才有可能建立一个比较完善的形式逻辑体系。实际上，在希腊哲学的各种形式中，差不多可以找到以后各种观念的胚胎、萌芽。在近代科技发展中，由于客观精神与理性精神的复兴、实证精神和分析精神的迅速发展，由此引起近代科学技术在各个领域的全面繁荣。精神层次的科技在科技发展的历史中一直起着非常重要的作用，可以说，精神层次的科技文化的演变和发展凝聚在科技发展的历史中。科技文化或文化指向的科技对人类社会发展的影响重要的表现在对主体生活方式行为规范与价值层次上，它深刻地影响着广大的社会成员的思维方式、思想观念、价值取向和行为选择。当然地也影响着生活观念、人际关系、生活风格和生活方式的变革。

2. 科技关系是生活方式变革的内在规范

在长期的历史发展过程中，科学技术逐步形成了一套规范的体系，这就是制度层次的科学技术。科学技术的制度层次不仅包括科学技术的制度建设、体系建设、队伍建设制度，还包括各种科技活动的具体操作规程、操作方法、操作技巧，以及各种科技活动的规章制度和准则等。制度层次的科学技术或者说科技的制度层引导着人类生产和生活活动向制度化方向演变。这种演变和转化集中体现在科技和政治、经济、文化、教育、体育、环境、军事等各个社会领域的体制机制与组织管理建设中。

当代的科学技术发展，使制度层次的科学技术形成了一个包括伦理规范、法律规范、政策规范和组织规范完整的系统。19 世纪，纯学术性的科技组织普遍形成，科学技术开始作为一种专门的职业，起源于德国的学院制(研究型的大学)，其标志是 1809 年德国柏林大学的创立。随后科学技术的学院化很快推广到全世界。从基础理论研究的卡文迪什实验室到应用技术研究的爱迪生研究所，从英国皇家学会到法国科学院，从一国发展到多国的国际性的研究组织的蓬勃兴起。科学技术“作为一种职业，有了越来越正式的组织”。[1] 而从第二次世界大战以来，世界大

〔1〕［英］贝尔纳. 历史上的科学[M]. 伍况甫，等，译. 北京：科学出版社，1983：319.

多数特别是主要国家都非常注重运用法律的手段来规范、引导和促进科学技术制度化、法制化的发展，大大提高了科学技术法制化、制度化建设水平。科技政策是科技发展的总体指导方针、主要策略原则和基本行为准则的统一体，对科技发展的模式、结构、道路、方向、重点和效果等均具有导向、规范、引领、提升的重要作用。科学技术的组织规范是伴随着科技组织形式和运行方式的变化而不断发展和进步的，它们构成了现代社会体制中不可缺少的一个重要组成部分，并与社会的政治制度、经济制度、文化教育制度、生活方式等相互作用与互动发展。科技制度是促进科技的物质效能、精神力量、文化功能、社会潜力发挥和发展的基本保证。如果没有科技制度的规范，人们的生活将不可想象。20 世纪，人们发现了克隆技术并取得相当的进展，于是一场关于科技伦理的争论也开始了，最后还是科学的理性占上风，带给人们生活方式变革一种规范。这也充分说明了制度层次的科学技术即科技关系对生活方式变革的内在规范功能。

(四) 经济全球化冲击了生活方式变革

全球化是当今世界秩序的本质揭示，是现代社会生活方式的重要特征之一，其发展始于几百年前西方国家走上工业化道路之时。正如马克思、恩格斯在《共产党宣言》中所描述的那样，全球化实际是一个始自哥伦布 1492 年发现新大陆的资本在全世界的运作和扩张过程。市场主体出于对利润的追逐，奔走于世界各地，开辟国际市场，把生产和消费变成全球性的。“由于机器和蒸汽的应用，分工的规模已使脱离了本国基地的大工业完全依赖于世界市场、国际交易和国际分工。”[1]18 世纪后，随着西方资本主义现代化的发展，不论在工业革命和工业化发展的客观要求上，还是在新兴资产阶级追逐利润最大化的主观动机上，资产阶级都迫切要求推动“世界市场”的形式。因此，“现代化不能不具有世界性的弥散和扩张性质”。它往往在地球上最发达的某个局部首先获得突破，然后伴随着血与火强行扩散到世界每一个角落，结果是“各个相互影响的活动范围在这个发展进程中越是扩大，各民族的原始封闭状态由于日益完善的生产方式、交往以及因交往而自然形成的不同民族之间的分工消灭得越是彻底，历史也就越成为世界历史。”[2]

资本主义工业化对世界范围原料和市场的需求，以及资产阶级对利益的追逐，无疑是人类从闭关自守、彼此分隔的状态走向全球性社会的原始作俑者。但全球化概念具有现代性意义及其被世界广泛认知和认同，则是近几十年发生的。20 世纪 70 年代以来，在新的科技革命特别是信息科技革命的推动下，世界范围出现了

---

〔1〕 马克思恩格斯选集(1)[M]. 北京：人民出版社，1995：166.

〔2〕 马克思恩格斯选集(1)[M]. 北京：人民出版社，1995：88.

科技创新、制度创新和资本经营的竞争浪潮。这股潮流方兴未艾，影响空前、广泛和深刻。作为一个社会变迁的力量，全球化将人类社会卷入一个全球整体之中，人类因此获得了更大的发展空间。在经济领域，它表现为经济全球一体化和世界市场的扩张；在政治领域，它表现为国家之间政治联系紧密，某些政治价值观被普遍接受；在文化领域，它表现为以美国文化为代表的西方文化在全球的传播。全球化受到较广泛的赞扬，是因为它带来了新的机会，商人可以奔走于世界各地去谋取利润。通信技术的进步使我们有可能在瞬息之间了解地球另一端的某个家庭、工厂或股市发生的事情，一切似乎都是触手可及。

全球化在日常生活中的话语表达方式就是工业化、生产、扩展、消费、交往、信息、进步和完善。全球化以发展主义的资本在全球扩张，它似乎意味着更高的收入、更活跃的消费、更好的住房、更繁华的城市。然而，对许多人而言，全球化如同海市蜃楼，人们只可以在偶然的机会里感受它的美丽，更多的时候只是等待。全球化时代将给人类社会带来新的生活风险，人类社会将面临与以往表现形式有所不同的社会问题或全新的社会问题。正如世界银行的发展报告所指出的那样："全球化也引起恐惧，而且常常受到谴责，原因是全球化带来了不稳定和不受欢迎的变化。它使工人暴露在舶来品的竞争之下，威胁到他们的工作；汹涌的外资流入削弱了银行甚至整个经济的基础。"[1]不仅如此，全球化本身作为"时代生存方式"与"时代意识"，同时在物质和精神层面，更为深刻地改变着中国居民的传统社会生活方式。

在物质层面上，全球化作为中国现代化进程中的现实的社会存在形式和现代社会生活的基础，以其开放性根本改变了中国传统社会封闭的社会结构和社会关系。中国传统社会是一个封闭性很强的"乡土社会"，人们长期生活在一个缺少与陌生人交往的、相当狭小而又孤立的环境里，组成方式以家庭及在家庭基础上形成的家族为中心；市场方式以农耕为主，以饲养家畜、手工业为辅；交往方式上人们除了小规模的集市贸易的交流外，对外部世界、族外世界的了解甚少。"由于生活圈狭小，很少有新奇的刺激，一连几天的外台戏，可以成为附近村庄的一件大事"；"村民与村民之间，对对方的脾气、好恶、生活状况，甚至连祖宗三代，都一清二楚。个人行为，会引起别人怎样的反映，大抵能够预知。"[2]由于价值观念、宗教信仰及行为模式的同质性极高，因此，"不仅对外表生活彼此熟悉，情感和认知方面，也很容易沟通，于是产生近乎'全人格的关系'。在这样的社会里，传统有无比的重要性，传统不仅是行为规范、行为者的信念和社会制裁的来源，即使生产的技术也是来自

〔1〕 世界银行. 1999～2000 年世界发展报告：迈向 21 世纪[M].

〔2〕 韦政通. 伦理思想的突破[M]. 成都：四川人民出版社，1988：7.

代代相传很少变化的传统”。这种以宗法血统关系为基本纽带和自给自足的小农经济生产方式为基础的传统人伦关系，费孝通将之界定为“差序格局”，“是一个‘一根根私人联系所构成的网络’”，“乡土社会”生产生活的封闭性与“差序格局”，直接决定了传统人伦关系结构的封闭性与宗法性，栖身于此的人们的精神价值观念也相应表现出超强的封闭性和保守性，缺乏自我更新与发展的内在矛盾与动力机制。然而20世纪80年代以来，中国现代化进程中遭遇的全球化，则对传统社会与基础产生了全面深刻的冲击，带来了社会生活方式“撕裂性”变革。全球化打破了传统的劳动方式和消费方式，它不仅把生产和消费等经济活动纳入了世界的范围，而且把现代人的生活方式置于世界视野之中，把文化、精神与价值赖以生存的物质基础进行新的组合，形成全新的生活方式。在全球化浪潮席卷下，传统的生活方式得以根本改变，人们的生活圈和交往范围不仅突破了血缘、族缘和地缘的局限，而且随着现代科技与信息的发展，已经跨越地域和疆界的阻隔，日益显现出世界性和全球性的特色。

在精神层面上，全球化的生活方式，推动了传统伦理价值观念的变迁和转型。全球化的生活方式改变了传统伦理价值的社会基础和栖身环境，冲破了传统社会结构、社会关系与人伦秩序的固有格局，打破了传统社会的密闭结构与人的宗法式的生活方式，在很大程度上克服了传统社会的封闭性、保守性和狭隘性。当传统伦理的物质基础被冲破后，那些与现代生活方式相悖的传统伦理精神及其价值范式，就失去了价值和存在的合理性基础，即便是那些与现代生活方式所传承的传统伦理的基本构成，也将在新的潮流中获得新的阐释与解读。总之，全球化对社会结构与生活方式的改变，引发的与传统伦理价值的偏差，形成了中国现代化进程中伦理价值变迁的内在动力。尽管国人日益认识到现代化并非西化，但西方国家在经济和文化区域的强势地位，构成了对传统文明的巨大优势和强烈诱发，人们自觉或不自觉地以之为参照系进行反思和比较。在中国进行改革开放，国门主动打开后，国人在很大程度上也有了接受西方文化与价值观念的心理期待与准备，这种心理与鸦片战争时期迫切要求救亡图存、强烈拒斥和否定“舶来品”有极大不同。因此，以改革开放为转折，中国平稳走上现代化建设道路后，西方伦理价值观的渗入和中西文化与价值观念的冲突与碰撞，比任何时候都更加激烈。汹涌的全球化浪潮彻底冲开了中国文化价值观念禁闭的大门。西方伦理文化价值的个人主体、独立人格、民主法制、功利主义、工具理性、创新精神，越发渗透到天人合一、整体和谐、族群至上、重义轻利、伦理为先的传统价值理念中，构成了前者对后者的冲击以及后者内在结构的悄然嬗变。作为现代化社会和现代人的一种精神理念与精神追求，全球化所蕴涵的开放、变革、个性、自由、开拓与创新的精神，直接冲击传统伦理精神中的封闭、守旧、以德付礼、以身许孝与压抑个性的精神理念，为传统伦理价值体系嵌入了全新的、具有现代性价值的气质与要素，使新旧价值观念在现代社会境遇中进行充分碰撞、交融，进而得以开新和发展。

全球化作为一种时代精神的确立，毋庸置疑，将赋予现代人以开放的视野、思维与气质，从精神气质与民族性格的最深层次置换中华民族的心理、思维、理念与价值判断，从民族心理与民族性格上塑造民族开放、交流、革新、创造的精神气质。与此同时，全球化也造成了社会导向的主流价值与个体价值、青年一代价值与老一辈价值、公共领域价值与私人领域价值、传统价值与新型价值的对立与矛盾。这种中西价值观念的对立、矛盾以及冲撞甚至造成了一定程度的道德沦落和社会生活秩序的现象发生。全球化带来的中西价值的冲撞与交融，推动着中国传统伦理走出封闭落后、自给自足的经济基础和自生自长的生活方式空间结构，在价值冲突中求得转换的生活方式的新机制。

（五）现代网络信息技术拓展了生活方式变革

1. 信息是人类生存的空间，也是人际交流的工具

现代网络信息技术的发展为生活方式的变革提供了新的平台。

由于无机物不能利用信息而只能被动地接受信息。它们的运动，最终是趋于混乱和无序的。只有有机体才能利用信息，使自身通过进化不断向更高层次和有序状态发展。奥地利物理学家埃尔温·薛定谔（Erwin Schrodinger 1887～1961）在其专著《生命是什么》中指出："有机体就是依赖其（即信息）为生的。或者，更确切地说，新陈代谢中的本质的东西，乃是使有机体成功地消除了当它自身活着的时候不得不产生的全部的熵。"有机体的进化本身是有序性的体现，而这种有序性正是有机体利用信息的结果。

按照自然哲学的原理，无机物向有机物跃变以后，有机物经历了复杂的自然选择，在漫长的进化过程中，演化形成了一个重要的动物种类——人类。人类正是由于自身所具有的信息能力，才能不断地接收和处理来自客观世界的各种信息，不断地确定和调整着自己每时每刻所处的生存空间，维系着自己的生命，延续和繁衍着自己的种类。人类因生存需要形成了社会，信息成为人际交流的必不可少的工具，没有交流就没有社会。人类活动的社会性赖以形成、维系并发展的根本保证就在于人与人之间能够进行有效的信息交流。人类任何形式的组织——具有一定目的的人类活动群体，甚至包括一般动物所组成的群居体，都必定存在着一定的信息交流方式以及按此方式交流的信息流。

现代网络信息技术是一种新兴的传播技术，也叫"第四媒体"，有别于传统的报纸、广播、电视三大传媒。它的发展引发了传播技术的革命性变革，使人与人之间的交往突破了时空的概念，变得简洁、高效和顺畅。网络跨越时空，把世界变成"地

球村”，逐步引导人们走进信息社会生活方式。网络化生活解构了传统的整体主义至上的价值模式，个体的生活空间从整体生活、公共生活空间中分离，摆脱了现实社会群体与社会关系的制约，成为个体的价值资源库，个体凭自己的价值观自由选择，甚至可以量身定做，最终成为人们生活方式变革的新平台。

2. 现代网络信息技术是生活方式变革的新中介

人类之所以不同于动物就在于人能够有自我意识即思维，能够认识世界并改造世界。思维能力是人的认识能力的核心所在，它是人脑这种特殊物质构成的一种功能。这种功能的实现是以信息为原材料、以信息技术为支持的思维能力。同时，信息是思维的结果，它可以转变为自己的或他人的信息材料，再经过思维功能的变换，产生出新的信息。

信息是人和客观事物的中介。没有信息，人和客观事物之间的关系只能是物与物的关系，而不是认识与被认识的关系。从这个意义上讲，信息是人类认识世界的必要条件。人类不仅能认识世界，而且能够改造世界，在提高生产力的同时，技术能最大限度地创造财富，积累生产和生活资源。人类改造世界的能力与人类的信息能力密切相关，只有具备较强的信息能力，充分利用信息，利用信息环境和条件，才能更好地创造新的生活方式。

现代网络信息技术，与其说是一种工具性的技术，还不如说是一种深刻改变现代人生活方式和精神世界的现代技术，网络信息技术早已超越了它作为纯粹器物的功能。现代网络技术借助数字化的方式充当了人类由现实生活方式到虚拟生活方式的中介，他通过变革生活方式的时空物质基础，构建起一个流动的空间和无限的时间，使人们可以超越时空的局限，开辟新的生活方式。虚拟的网络社会，丰富和扩充了传统哲学的时空概念，并成为信息时代社会生活的空间和现代价值的栖身地。现代网络信息技术所引发的时空延伸，使现代媒介显示出比以往任何时代的技术对人类生活方式的影响都要深刻得多，网络已经成为现代人新的生活方式和发展条件。

3. 现代网络信息技术是社会发展的重要资源

现代网络信息技术是实现生产方式与生活方式的重要工具。现代社会将信息技术、材料和能源视为支持社会发展的三大支柱，反映出信息及现代信息技术在现代社会中的重要性。

在人类社会发展中，生产力的发展是推动社会进步的决定性因素。传统生产力理论把社会生产力分解为劳动者、劳动工具和劳动对象三个要素。现代理论认为，生产力是一个系统，是诸多要素在多层次结构上的有机结合，作为现代社会生产的基础性资源之一的信息，也是社会生产力的构成要素。从生产过程看，生产活动既要具备劳动者、劳动工具、劳动对象这些基本的条件，还要具备一定量的信息，并通过信息技术把它们有机地结合起来，成为现实的生产力。生产劳动的过程越是复杂，它所需要的信息和信息技术越复杂，信息要素的作用也就越突出。从信息与其他生产要素的关系看，劳动者是构成生产力的主体，任何劳动者在整个劳动的过程中都要不断地接受和处理信息，提高智力水平，才能成为现实的符合生产力发展要求的劳动力。劳动工具是人与自然关系的联系者。劳动工具的创造离不开一定的物质条件和一定的信息条件，是物化的智力产品，实际上也是物化的信息产品，它的形成也凝结了大量的信息。现代社会，只有不断地收集、掌握和处理各种劳动对象的信息，才能有目的地扩大劳动对象的范围和用途，促进潜在生产力的转化。并且，随着人们对信息处理利用能力的提高，信息自身也成为劳动者的劳动对象。信息是企业创造财富的最主要资本。与传统的生产函数不同的是，信息作为当代经济生活中最重要的一种资源，不再是生产增长的外生变量，而是与劳动力、资本、土地这三大传统生产要素一样的内生变量，甚至已凌驾于这三者之上，成为企业创造财富的最大的推进器。伴随着“信息驱动”对“利润驱动”的取代，企业终于摆脱了自然的生理束缚，开始迈进人类理想中的自由王国。

现代网络信息技术既是生产方式的资源，也是生活方式的资源，同时也是生活方式变革的工具。这突出表现在信息技术对生活方式变革的导向作用上。如前所述，现代网络信息本身就是有价值的资源，通过网络平台，社会生活的主体交流各自的价值观念、生活观念、消费方式和行为方式，成为一个价值资源库，人们在这里取舍和选择，潜移默化，无形中变成一种生活方式的导向。当然，好的理念引导人们选择正确的生活方式，成为生活方式变革的积极因素，反之亦然。目前出现的一些网瘾病、传播不健康的信息等就是网络信息带来的错误生活方式，应该严格禁止，积极防范。

（六）生态文明建设优化了生活方式变革

人是自然界的一部分，自然界是人类生存和发展的家园，离开自然界，人就无法获得生活资料，无法生存。人类活动应该遵循自然规律，否则就会受到自然界的惩罚。马克思曾经指出，不以伟大的自然规律为依据的人类计划，只会带来灾害。人类在经历了原始文明、农业文明，进入到工业文明、信息文明之后，物质生产方式和生产条件发生了革命性变化，受生产方式的影响，人类的生活方式发生巨大变革。正是人类生产方式与生活方式的变化，给自然界带来了严重的后果。

1. 生态建设问题日益凸显

人类能够影响甚至改变地球自然界的发展进程，是从近代工业革命开始的。工业化在给人们带来丰富生活资源的同时，也表现出不良弊端。在生产方式上，以利润最大化为目的，不顾自然界对资源和环境的承载力，大量浪费资源，污染环境，破坏人与人、人与自然的和谐。在生活方式上,贪欲无限、消费无度、缺乏理性、远离自然和迷茫空虚等。特别是大量化石燃料的使用和大工业的兴盛,科技力量的壮大,使得人类具备了较强的掠夺自然资源的能力,生态环境遭到了前所未有的污染和破坏,已经直接威胁到人类的生存,引发了全球性的生态危机。就我国而言,当前人口增长迅速、资源短缺、生态环境恶化程度加剧、城乡差距进一步拉大等问题突出,直接影响了人们社会生活方式的变革。

第一,人口发展面临挑战。人既是推进生态文明建设的主体,又是生态文明建设的重要内容。人口总量持续增长,蒋正华、徐匡迪和宋健主持的《国家人口发展战略研究报告》表明,到2020年,我国人口将达到14.5亿人,2033年前后达到峰值15亿左右;我国15至64岁劳动年龄人口2016年将达到高峰10.1亿人,比发达国家劳动年龄人口的总和还要多,人口过量增长与资源环境的矛盾越来越突出,人口结构性矛盾进一步显现,老龄化进程加剧,到2020年60岁年龄以上人口将达到2.34亿人,占总人口的比重为16%。

第二,资源能源短缺问题突出。资源能源是经济社会发展的重要依托,也是人类衣食住行的主要来源,是生产方式与生活方式的"本源"。资源问题主要表现为:人均土地面积不到世界平均水平的1/3,我国土地资源"一多三少",即绝对数量多、人均占有少、高质量的耕地少、可开发后备土地资源少,而且随着人口的不断增长,建设用地不断增加,人均耕地还在不断减少。同时,由于人们不合理的生产方式导致水土流失严重,土地沙化、盐渍化和草场退化面积不断扩大而损失掉大量良田。铁、铜、铝土、铅、锌、金等多属贫矿。我国矿产资源相对比较丰富,但人均占有量仅为世界平均水平的58%。大型和超大型矿床比重小,贫矿、难选矿和共伴生矿多。我国45种主要矿产资源人均占有量不足世界人均储量的50%,石油和天然气人均储量相当于世界人均储量的11%和4.5%。据预测,可采年限石灰石为30年、磷为20年、硫不到10年,矿产资源保障程度低。我国600多个城市中,400多个城市存在供水不足,占2/3,其中比较严重缺水的城市达110个。水资源污染、地下水超采和用水效率低下,也进一步加剧了水资源的供需矛盾。森林覆盖率明显偏低,人均占有森林面积只相当于世界人均占有量的21.3%,森林覆盖率只占世界平均水平的61.3%,人均森林蓄积量只有世界平均水平的1/8。能源方面的问题主要表现在:首先,资源约束明显,供需矛盾突出。煤炭、石油、天然气人均剩余可采储量分别只有世界平均水平的58.6%、7.69%和7.05%。据测算,2011年到2020年我国缺煤1200多亿吨,到2020年石油缺口达2.5亿吨,天然气产量需翻一番,人口问题对资源问题的影响越来越严重,对经济社会发展的影响也越来越严重。其次,能源消费增长速度惊人,从1990年到2001年,我国石油消耗量增长100%,天然气增长92%,铅增长380%,铜增长189%,锌增长311%,10种有色金属增长276%。我国钢材消耗量接近美国、日本和欧盟的总和，约占世界的50%；电力消耗超过日本，仅次于美国。其三，能源技术落后，效率明显偏低。可再生能源、清洁能源、替代能源等技术开发相对滞后，节能降耗、污染治理等环保技术的应用不够广泛。我国单位GDP能耗高出世界平均水平2.2倍，比美国、欧盟、日本分别高出2.4倍、4.6倍和8倍。[1]

第三，生态环境恶化进一步加剧。一是土地退化严重。全国水土流失面积平均每年新增1万平方公里，荒漠化土地面积平均每年扩展2 460平方公里，草地沙化退化平均每年200万公顷，约占草地总面积的1/3。二是水生态系统失衡。旱涝灾害频发，河流断流现象加剧，不少湖泊萎缩，天然绿洲消失，湿地破坏严重，地下水位下降；洪水泛滥，泥石流增多，不断给人们的生产和生活带来灾难。三是农村环境问题突出。农药化肥不合理使用，农产品质量不高，乡镇企业污染普遍，小城镇环保设施缺乏。四是生物多样性锐减。野生动植物数量和种类骤减，生物多样性受到严重破坏，我国已成为世界上环境污染最为严重的国家之一。据有关资料的不完全统计，我国国土面积被酸雨侵害的占总面积的1/3；在有关部门监测的343个城市中，3/4的居民呼吸不到新鲜空气；我国占全球污染最严重的10个城市中的一半；据联合国有关机构2002年报告称，我国每年空气污染导致患支气管病的有1 500万人之众。我国水资源匮乏，而且南北分布不均，人均水资源量仅为世界平均水平的1/5，而污染使日益短缺的水资源雪上加霜。七大江河水系中五类水质占41%；城市河段遭受严重污染占90%以上；出现不同程度富营养化的湖泊占75%；农村喝不上符合卫生标准水的人有3亿多，每年废气中二氧化硫的排放量达到1 927万吨，工业粉尘排放量每年达941万吨，人民生命财产遭受严重威胁。我国水土流失、土地沙化、草原退化现象严重，其中水土流失面积占整个国土面积的37%，虽然人工造林取得一定成效，但是天然林面积却不断萎缩。中国以世界6%的水资源，6%的森林资源，9%的耕地养活了22%的世界人口，我国经济社会发展面临着人口资源环境的压力越来越大。有国外专家研究表明，如果中国不重视转变生产方式与生活方式，人类历史上突发性环境危机对社会生活的最大威胁，将可能出现在中国。

如此严重的生态环境形势，要求必须重新审视现有的生产方式与生活方式。如果再不创新生产方式和生活方式，将直接威胁到我们的生存。中国共产党在领导全国人民开创中国特色社会主义建设新局面的过程中，充分认识到建设生态文明的重要性和紧迫性，在总结历史经验教训的基础上，顺应时代潮流，逐渐明确了建设生态文明的重要性。

[1] 生态文明建设学习读本[M]. 北京：中央党校出版社，2007.

2. 加强生态文明建设，构建人与自然和谐的生产方式与生活方式

生态文明是继原始文明、农业文明、工业文明和信息文明之后，在人类文明发展进程中兴起的一种崭新的文明形态，它一经提出就迅速为世界瞩目并达成一致共识。生态文明，就是指从旧有的传统的人统治自然、奴役自然的思想观念，转变到人爱护自然、尊重自然、保护自然、尊重自然规律并合理地利用自然，最终目标是实现人与自然的和谐，使人类社会可持续发展的新文明状态。生态文明要求人类树立与自然和谐相处的新时代文明观，以善良的愿望、友好的态度和平和的心理与自然和谐共处，而不能追求极端片面的以人类为中心的发展和眼前的局部的有限利益，而牺牲自然。胡锦涛在党的十七大报告中规划 2020 年建设目标时明确提出“建设生态文明，基本形成节约能源资源和保护生态环境的产业结构、增长方式、消费模式。循环经济形成较大规模，可再生能源比重显著上升。主要污染物排放得到有效控制，生态环境质量明显改善。”这就是说，我们在享受现代生活的同时，必须调整自己的生产方式与生活方式，尽可能减少对资源的消耗和环境的污染，选择与环境友好和谐发展的绿色文明生活，并全方位倡导生态文明和和谐共处的观念。改变过去工业文明时期形成的传统的生产方式与生活方式，主要可以而且应该从以下几个方面着手。

第一，以人的全面发展统筹发展问题。坚持计划生育的基本国策稳定低生育水平，综合治理出生人口性别比例，大力提高人口素质，建设人力资源强国，针对性地解决好区域人口问题，重点解决好流动人口问题，积极应对人口老龄化趋势，推动建立与经济发展水平相适应的养老保障体系。以新农村建设为契机，转变农民的生育观念，建立健全生育保障措施，创新人口工作方式，促进农村人口工作取得明显进步。

第二，大力发展循环经济，创新生产方式。循环经济是一种以资源的高效利用为核心，以“减量化、再利用、再循环”为原则，以“低消耗、低排放、高效率”为基本特征的，符合可持续发展理念的经济增长模式，改变了以往“大量生产、大量消费、大量废弃”的传统经济增长模式。在调整产业结构中，着力优化现有产业结构，继续淘汰浪费资源污染环境的落后工艺和企业，用清洁生产技术改造能耗高污染重的产业。大力发展生态农业和有机农业，大幅度降低农药和化肥的使用量，建立有机食品和绿色食品基地。统筹矿产资源开发，合理利用资源，加强开采管理，建立长期发展的资源机制。

第三，节约能源资源，倡导新型生活方式。要从我国经济社会发展的全局出发，全面分析能源资源形势，促进形成可持续的生产方式和消费模式，建立资源节约型国民经济体系和资源节约型社会。经济结构的优化升级是最大的节约，是实现节约资源能源的重要途径。在生产领域，要建立以节地节水为中心的农业生产

体系，调整投资结构优化生产要素投入，走新型工业化路子，大力发展低碳产业，加快发展服务业和高新技术产业，加快发展清洁能源和可再生能源推动经济良性循环。在城乡建设领域，充分考虑资源条件和环境承载能力，节约土地、淡水、能源等资源。在消费领域，倡导节约型生活方式和消费方式，培养科学的消费观念和消费模式，大力倡导合理消费、适度消费和节约风尚，逐步形成文明的节约型消费模式。在政策层面鼓励节约，反对浪费，构建节约型城市、节约型农村、节约型企业、节约型社区、节约型政府，把节约能源措施落实到基层。

第四，加大环境保护力度，实现人与自然和谐的生活方式。做好环保工作，加快实现三个转变。一是从重经济增长轻环境保护转变为保护环境与经济增长并重，把加强环境保护作为调整经济结构、转变经济增长方式的重要手段，在保护环境中求发展。二是从环境保护滞后于经济发展转变为环境保护与经济发展同步，做到不欠新账，多还旧账，改变先污染后治理、边治理边破坏的状况。三是从主要从行政途径保护环境转变为综合利用法律、经济、技术和必要的行政手段解决环境问题，自觉遵循经济规律和自然规律，提高环境保护工作水平。做好环保工作还要重点解决突出问题，尽快改善重点流域、重点区域和重点城市的环境质量，着力解决好影响经济社会发展和人民群众生产与生活的突出的环境问题。搞好环境保护，完善各项法规政策，健全环境法规和标准体系，加强执法监督。加强环境保护必须依靠科技创新，加快环保技术的研发和推广，加强基础研究、前沿研究和社会公益技术研究，实现环保新技术的继承创新，做大做强环保产业，努力实现人与自然和谐的生活方式。

第五，切实保护好自然生态，改善生产与生活环境。生态保护是公益事业，应该发挥政府的主导作用，制定相关的法规、标准、政策和规划，同时建立和完善公众参与的机制，鼓励全社会参与生态环境保护，以促进人和自然的和谐为重点强化生态保护，加强各级各类自然保护区的建设，继续实施天然林保护、退耕还林、退牧还草、退田还湖、防沙治沙、水土保持等生态自理工程。加强森林保护，推进环境友好的林业建设方式。保护海洋生态环境和近海海域的生态，规范海域使用秩序，切实保护海洋生态环境，促进海洋经济发展，构建和谐海洋生产方式与生活方式。加大农村环境污染防治力度，以农村环境卫生整治、农村生活垃圾、生活污水处理、村容村貌建设为重点，努力构建农村文明小康的生活方式。

建设生态文明必须开展国际交流，充分借鉴其他国家在环境保护、生态建设、污染治理、发展循环经济、节能降耗等领域的先进技术和先进管理经验和优秀成果，促进我国生态文明的健康发展。

二、经济关系是生活方式变革的制度条件

(一) 经济制度是生活方式变革的基本经济秩序环境

人类生命活动的最大特点是人的社会性。每一个人都要在社会中生活，所以说，人是社会的人，社会是人的社会，每个人的生活方式都要受到社会的制约，其中最重要的是要受到经济制度的约束。经济是一切社会活动的基础，经济制度是维护生活方式存在的基本经济秩序环境。总的说来，经济制度包括经济所有制和基本经济政策两方面的内涵。经济制度是生活方式变革中最根本的要素。现实经济生活的内容一旦赋予制度形式，它就带有了强制性，从而使经济生活方式固定化、合法化、规范化。凡是符合经济制度的生活方式就受到鼓励和保护；凡是与经济制度相抵触的，就要受到排斥和禁止。人们只能选择经济制度许可的生活方式。由于经济制度对经济生活方式的这种导向和规范作用，所以，进步的经济制度能促使和谐生活方式的形成和发展，而不合时宜的经济制度则会造成生活方式的混乱。

新中国成立后，中国的经济制度，经历了由半殖民地半封建社会经济形态到单一公有制的社会主义经济形态转变。中国生活方式的变革，同样也经历了这样一个历史阶段，主要是经历了新民主主义经济制度和单一公有制的社会主义经济制度。

1. 新民主主义经济制度下的生活方式变革

新民主主义经济制度，是在推翻了帝国主义经济制度、封建主义经济制度和官僚资本主义经济制度后，由国家直接经营的国有经济、合作经济、私营经济和个体经济所组成的混合经济体制。这是根据当时国内革命斗争的实际需要，而采取的过渡性经济体制。新民主主义经济是国有经济领导下的多种所有制成分并存的经济体制。由于新民主主义是无产阶级领导的、以工农联盟为基础的各革命阶级的联合专政，新民主主义的国家基本经济制度和经济政策必然代表了上述各阶级的利益和诉求。新民主主义基本经济政策，一是以“公私兼顾、劳资两利、城乡互助、内外交流”为主体的各种经济成分，在国有经济领导下“分工合作、各得其所”的协调性政策；二是以节制资本、统制贸易和加强计划为主的管理性政策；三是优先发展国营经济、积极扶持合作经济和优先发展重工业的优先发展政策。很显然，这种经济制度只是一个过渡性的经济形态。一般来说，经济落后国家的无产阶级，在取得政权后必须经历一个充分发展经济、为社会主义改造奠定生产社会化基础的阶段，然后才能进行社会主义改造。按照当时的估计，我国的新民主主义基本经济政策可能要存在 15 年或者更长一些时间。但是到后来，社会主义改造进程比估计的

快得多。所以这一阶段，人们日常生活方式并没有形成太多的新的形态和特征。人们既维持解放前私有制度下的生活方式，又表现出一些新生活方式的些许形态。政治生活方式成为这一时代的显著特征。新政权刚刚建立，建设事业百废待兴，残余顽抗势力在骚乱，因此要求人们的生活方式在保持过去基本特征的同时，又表现出强烈的政治认同感和使命感。革命价值取向的生活观点和方式，成为人们的价值取向和风向标。革命的即正确的，被认同的；旧资产阶级的即错误的，被唾弃的。在这一时期，一元价值取向的生活方式被推崇。这种状况一直持续到1956年社会主义改造完成时，新民主主义经济制度基本结束。

2. 单一的公有制经济制度与生活方式变革

社会主义改造完成后，国家实行单一的公有制经济制度。"一元主体"形式成为这一时期的主要特征。国家基本建立起以单一公有制、计划经济和按劳分配为主要特征的社会主义经济制度。在接下来的20年，中国经济和社会发展道路受主客观方面的影响，极其曲折。中共八大提出的将工作重心转移到经济建设方面的决策部署，没有得到很好的贯彻落实。1957年就受到反右派政治运动的干扰，此后又经过三年自然灾害和10年"文革"的重创，中国经济几近崩溃的边缘。这一时期，生活方式的特点就是"单位社会"的建立与发展[1]。在这一时期，生活方式变革的特点是：

第一，"单位社会"秩序形成并发展壮大。

"单位"组织，是我国社会主义再分配体制下的制度结构和社会结构的核心。围绕这个核心，运用国家机器的力量推动新社会组织的改造与重构，形成并发展壮大了"单位社会"体系和"单位社会"秩序。

新中国建立之初，我党首先确立了政党和行政体制。通过党政两种力量对社会进行掌控和整合。在确立高度严密的行政体制之后，便运用国家政权的力量构建单位组织体系。所有制结构的确立和财经体制的统一，为国家掌握和配置所有资源提供了保障，单位体制的经济基石得以奠定。通过向城市的贯彻和渗透，依靠单位体制完成对全社会的控制，从而形成"国家—社会"一体化的政治结构模式。国家出台再分配制度，确立了国家、单位、个人之间的联系，如统一的工资制度、普遍就业制度、统一的福利分配制度等，形成了高度集权的经济体制，"单位社会"秩序由此形成并发展壮大起来。

第二，人民公社体制迅速发展壮大。

众所周知，在中国革命的历史长河中，有一支起重要作用的政治力量，那就是农村和农民。农村社会主义改造提前完成，几亿农民以意想不到的速度被组织进

[1] 思毅鹏，漆思."单位社会"的终结[M].北京：社会科学文献出版社，2005.

高级社，使中国共产党的领导层相信，社会主义制度与群众运动的结合是一种万能的武器，战无不胜，由此便萌生了将单位组织的模式扩展至农村的念头。毛泽东曾试图通过“人民公社”的形式建立起把农民包下来的组织。他说：“还是办人民公社好，它的好处是可以把农、工、商、学、兵结合在一起，便于领导。”1958 年 7 月 1 日，《红旗》杂志发表了《全新的社会，全新的人》的文章，提出了“人民公社”的概念，主要是模仿城市单位组织形式来改造农村。在当时看来，单位制不仅可以解决城市问题，同时也能解决农村问题。

1957 年冬到 1958 年春，在全国范围开展了大规模的农田水利建设。在当时机械化程度不高的条件下，需要组织大量的劳动力进行农田水利会战。这与原有的小规模农业生产合作社的现实形成矛盾。在此背景下，毛泽东及其他中央领导同志重新考虑合作社的规模问题，提出了“小社并大社”的主张，继而付诸实践。在并大社的基础上，全国迅速掀起了人民公社化热潮，决定在农村建立人民公社。1958 年 12 月，《中共中央关于人民公社若干问题的决议》要求：劳动力和生产资料在更大的范围内作统一的、更合理、更有效的安排和部署，工农商学兵、农林牧副渔全面迅速发展，公共食堂、敬老院、托儿所等集体福利事业遍地开花，妇女得到解放，全体人民笑逐颜开。这实际上就是把中国传统的“大同”理想社会，同未来共产主义社会的完美结合。它对长期生活在贫困之中的中国农民有着巨大的魅力。当时，每一个公社都办起了公共食堂，本社社员吃饭一律免费；后来其他公社的社员也可以不掏钱来吃饭；再后来，任何人都能走进公共食堂吃饭；最后发展到个人走遍全中国，到处都可以吃公共食堂。公社把社员生活的各个方面，包括生、老、病、死、衣、食、住、行等生活内容都包了下来。

在农村人民公社如火如荼地推进的同时，城市也出现了人民公社化运动。1958～1960 年之间，中国城市出现了人民公社。它是一种以组织生产活动为中心，按照共产主义原则，组织城市居民的社会生活和生产活动的政社合一的社会组织。它既是城市基层政权的组织者，又是城市居民经济生活的统一组织者；既行使上级规定的一切行政职权，又组织生产、交换、分配和人民生活福利。人民公社最大的特点是组织生产全民化、生活内容集体化和家务劳动社会化。城市人民公社化运动时，一句响亮的口号是“家家户户无闲人，街街巷巷办工厂”。闲散劳动力的组织程度最多时达到了 85％以上，被组织起来的人都无条件地参加社办工厂和各种生活服务组织。大家普遍认为，生活集体化和家务劳动社会化是过渡到共产主义的首要条件。这就要组织公共食堂以及幼儿园、敬老院、文化补习班、卫生所、扫盲班、保健院、中心学校等各种生活服务机构，其结果是形成了城市社会“完全单位化”的格局。没有进入街办工厂的公营单位以外的职工家属和其他闲散人员，陆续被纳入到单位体系中来。到“文化大革命”时期，随着知识青年上山下乡运动的开展，游离于单位组织体系以外的人越来越少，社会管理事务几乎完全进入单位，单位以外的街区权力几乎成为"真空状态"，人员流动成为一种奢望。

第三，个人身份阶级化和阶层化。

根据社会学家的观点，如果一个社会的大多数成员在阶级结构中获得的社会地位，主要由阶级出身和家庭背景决定，那么这个社会就属于典型的传统封闭型社会。也就是说，阶级继承是社会成员获得社会地位的主要形式。但反之，如果社会成员的阶层位置取得主要取决于自己后天的努力，如接受教育的程度和具有的技术技能等，即人力资本决定社会地位，那么这个社会就属于现代开放型社会。

建国之初，以财产所有权为区分标志的传统阶级体系被打破，取而代之的是以身份制为标志的阶层结构，形成了以农民占大多数、工人和知识分子占少数的社会阶层结构。社会阶层结构发生了根本性变革，剥削阶级作为一个整体，已经退出历史舞台，但是这并不意味着我国从此就进入"均等"社会，社会分层依然存在。现实生活中，以财产所有权为主的社会分化机制被以政治身份、户籍身份和行政身份为主的身份机制所取代。到 20 世纪 50 年代中期，在我国以非财产所有权型的社会分层，即一套比较稳定的身份制分层体系已经形成。身份机制是以身份为基准，来规范人们的行为、利益获取和相互关系的制度。身份的获得大部分是先天的，而且难以改变。这样，客观上限制了社会的流动，特别是垂直流动，因为不同的身份群体有不同的生活机遇。

一个人的政治身份，具有高度传承性。子女的身份实际上就是他们的父母的出身。比方说，地主的儿子只能是地主身份。这种政治身份赋予他们不同的政治地位、政治参与权利、社会声誉甚至活动自由度。例如，在参军、就业、深造、提干等方面，不同政治出身的人有着不同的机会，很多机会是不向政治出身不好的阶层开放的。

当时，中国城市中人们的身份特征，是通过"单位"来表现的。几乎每一个城市人，都有一个所属的单位。农村社会也是如此。单位是国家行政系列中的基本元素，并赋予它行政职能，国家通过成千上万、大大小小的各种单位来实现管控。这与当时的计划体制相匹配，每一个单位都有相应的行政级别，单位中的每一个人也被规定了行政级别，有明确的政治经济待遇，身份就这样形成了。社会资源的占有与分配，完全按单位和个人的行政级别来进行。那时没有奖金，只有工资和福利，按行政级别分配，脉络清晰，操作简单，较少争议。只要你达到了某一级别，你就可以对应地享受那一级的待遇，如级别高的，房子就大些。有些地方和部门干脆"一刀切"，不论任何单位、个人，统一标准，一律按行政系列定级，身份和级别决定了人们的生活方式。

第四，户籍身份固定化。

1958年，全国人大通过了《中华人民共和国户口登记条例》，规范了城乡二元身份体制，成为中国城乡阶层分割的基本框架。城市人与农村人的身份区别是以户口为标志的。在这种身份制下，城市人口享受诸多社会福利待遇，国家负责其住房、教育、医疗、养老及各种社会服务。而农业户口人员没有这一套福利，城市人没了工作被认为是失业，而农民则不存在失业问题。身份的区别，表现得十分明显。人被人为划分成三六九等不同的阶层。这种户籍制度不允许流动，户籍身份的改变渠道极少，强化了乡村社会的闭塞状态以及城乡二元社会结构。城市与乡村二元生活方式的分割状态被这种户籍身份制度固定了下来。农村青年娶不了城市青年，城市青年也不愿意嫁到农村去。除了参军提干和少数几个上学深造的青年能够改变自己的身份，绝大多数人只能望而却步。

在经济生活方式上，全国普遍实行生活资源按户籍定量、凭票证供应制度。同时，人事与档案制度及劳动用工制度计划性极强，单位和个人没有丝毫可能改变。这些互相联系的制度与单位制、人民公社制相结合，把所有社会成员置于强有力的行政控制之下，实现了控制城乡社会流动的目标。农村人口的户籍身份，不经政府许可得不到变更，极难进入其他身份群体。除国家特需外，基本没有流入城市的正常渠道，限制了农村人口的行为方式和生活方式。这种城乡二元结构的生产方式也就决定了二元式的生活方式。

第五，“运动”成为生活的一部分。

据统计，1949～1976年，全国性的社会运动有70余次，“运动”成为中国人社会生活方式的重要内容之一。从20世纪50年代的历史看，新政权建立和巩固自己的阶级基础的重要手段就是“搞运动”。不间断地开展以阶级斗争为中心内容的政治运动，以巩固阶级身份和阶层制度。借助政治运动执政，党可以将自己的力量发展深深扎根于社会生活的各个层面，发现积极分子，壮大党的力量；通过建党、建政、建基层组织，完善党的组织网络；通过组织“阶级队伍”，区分敌、我、友，形成强大的阵营。“搞运动”之便捷还在于：可以在一个短时期内，形成铺天盖地的强力、快速的攻势，以达成革命的目标。对于政治运动的这种特殊功能，党的领导人并不讳言。1954年，负责政法工作的领导人董必武、彭真都说：共产党就是靠运动吃饭。〔1〕

1952年，在“三反”运动中，毛泽东又向全党发出指示，命令干部中“凡与帝国主义、国民党和地主阶级有关系者”，必须作出交代。紧接着，全国各级党政干部都向党组织交代了自己的各种经济关系和社会关系。在这类运动中，阶级成分、本人

〔1〕 高华.新中国五十年代初如何社会统合——十五个“小人物”的回忆录研究[J].领导者，2007(17).

历史和社会关系的审查都是中心内容。1955年的“反胡风运动”，再后来的“肃反运动”和“反右”运动等。家庭出身、个人历史经历、个人交往、个人社会关系、个人生活方式都成了审查重点。社会成员无一幸免地被运动所席卷，既是“运动”的对象又是“运动”的积极参与者，“运动”渐渐成为了日常生活的一部分，成为生产方式与生活方式的重要特征。

（二）计划经济条件下生活方式的特征

传统的社会主义的经济模式是高度集中的计划经济。计划经济的最鼎盛时期，人们把所有的生产与生活活动都统统纳入了计划。实行社会主义制度的国家，如当时的苏联和中国，发展出了一整套高度集中的计划经济模式。虽然在国家经济体制中，还象征性地保留了像工资、货币、商品等市场经济所特有的要素形式，然而通过对社会财产的国家占有和集体占有，通过一系列经济管理上的计划手段，市场机制和价值规律的作用已经被限制到了最低限度，国家企图控制经济运行中的所有生产、交换、消费和分配的所有方面。计划经济模式下的生活方式有如下特点：

1. 思想观念的思维方式与行为方式的高度同质

建国之初，饱受战争创伤的中国，一切都在进行着极其深刻的社会变革。几千年的生产资料私有制要变成社会主义公有制，几千年的剥削制度要从此消失，所有的人都要变成不同类型的劳动者。这种翻天覆地的变化，在社会和思想领域的各个方面不可能不引起强烈的反应。同时，人们思想上的和思维方式上的资本主义、封建主义和个人主义影响还没有彻底消除，因此，中国共产党必须紧紧抓住对人民的思想政治教育，使党的主张得到全国人民的高度认同，并随着全国政权的建立而推向各个地方、各个阶层和各个领域。

1950年10月，抗美援朝战争开始，党中央及时发出指示，要求各地迅速统一思想政治教育的方式方法，有计划、有系统地进行以抗美援朝为具体内容的思想政治教育。随着这种思想政治教育的不断深入，人们受到了深刻的爱国主义与国际主义教育，表现出极大的政治热情。面对世界形势，人们必须要有明确的态度。在国际上，站在人民的立场和爱国的民族立场上，我们要争取全世界人民，要争取被帝国主义欺压的殖民地半殖民地国家的政府，他们都是我们的朋友。我们的敌人就是美帝国主义和他的同盟国家、帮凶国家的反动政府。在国内，应站在工人阶级立场上，首先应该巩固工农联盟，还要团结小资产阶级、民族资产阶级以及其他一切爱国分子。我们的敌人就是反动阶级，最集中地表现在国民党反动残余集团和反革命残余分子上。人民群众必须树立这种敌友分明的阶级观点和态度，不得存在任何中间态度。[1] 通过党的阶级观点教育，广大人民群众开始树立为人民服务、为社会主义服务、同工农相结合的观点，这就完成了思想观念、思维方式与行为方式同质化的过程。

2. 生活资源分配高度统一

计划经济模式下，国家通过自上而下的行政组织系统，对各种生活资源进行全面控制。社会分工与社会分化被最大限度地加以限制，人们成为“单位人”。在当时生产力水平较低的情况下，国家通过“充分就业”、住房分配、劳保福利、子女入托入学等制度，实现了整个社会生活资源的高度统一化。所有人几乎都被纳入了行政权力的控制范围之内，国家的管控触角延伸到了全国的每一个角落和社会生活的每一个领域，整个社会实现了高度的整合。[2] 具体来说，城市主要通过单位组织及其相关制度，实现生活资源整合，而乡村则依靠人民公社制度，来统一分配生活资料资源。城乡居民的任何生活资料都由国家统一标准供给，按照不同的固定的标准来执行。

3. 消费观念上的禁欲化

计划经济模式下，计划与市场一直被视为区分社会主义和资本主义的基本特征。计划被看成是社会主义的优越性之一，市场则是资本主义无政府状态的表现。如果人们对各类生活消费品提出更高的要求，则被认为是奢侈消费，也是资本主义生活方式，要受到批斗。计划经济模式下，国家控制着几乎所有资源的再分配的权力，人们的社会生活，包括消费生活，也就都处在了国家的控制之下。出于对平均主义的追求，同时考虑到生活资源的相对匮乏，国家选择了统一标准的定量供给方式，禁止了所有可能的自由市场。在意识形态宣传上，艰苦朴素也成为人们的生活方式准则，最终形成的是一种禁欲主义的消费观念。

在政策配套上，首先人为地加大积累与消费的比例，加快生产积累。建国初期，我国确立了优先发展重工业的战略。但是由于财力有限，同时对消费的重要性认识不足，使居民消费水平稳定在最低限度，通过压缩消费、补充积累来获得重工业发展所需要的资金。据统计，1955～1975 年的 20 年间，我国的积累率由 22.9% 到 33.9%，而消费率则由 77.1%降为 66.1%。其中，1960 年甚至降为 60.4%。其次，采取低收入分配政策。低收入自然带来低消费，因此政府充分发挥其在收入分配政策中的作用，实行低工资政策来抑制消费。同时，由于产品供应短缺，居民生

[1] 周恩来. 周恩来教育文选：关于知识分子的改造问题[M]. 北京：教育科学出版社，1984.

[2] 何海兵. 我国城市基层社会管理体制的变迁：从单位制、街居制到社区制[J]. 管理世界，2003(6).

活所需的消费品基本上实行定量供应，即使有钱也无法买到定量配额以外的商品。据统计，20 世纪 60 年代中期，我国城镇居民消费金额在每人每月 20 元及以下的户数占总户数的 59.74%，20～35 元的占 33.22%，35 元以上的仅占 7.04%，农村居民每人每月生活费支出不足 10 元。如此低的消费支出，仅仅能够维持个人基本生活方式，客观上限制了消费欲望。最后，与低收入政策配套，实行了长期稳定的低价格策略。在计划经济体制下，政府统一制定商品价格。为维持居民在低收入水平下的基本生活方式，国家制订了较低的商品价格，并保持价格水平的长期稳定。统计表明，1978 年与 1952 年相比，全国零售物价指数仅为 121.6，职工生活费价格指数为 125.3。由此可见，消费品价格几乎几十年不变，使得人们的消费观念和生活方式更加禁欲化。

4. 消费方式的单一化

消费方式和生活方式单一，源于三个原因：一是人们消费观念同质，导致消费行为单一；二是人们收入水平的局限，导致消费方式单一，恩格尔系数高达 80%以上，人们的收入仅能满足生活的基本需要，没有消费方式多元化的可能性；三是社会可提供的消费类产品品种单一，导致消费方式单一。价格全国一盘棋，商品品种全国一盘棋，商品式样全国一盘棋。稍有创新则认为是资产阶级享乐主义思想抬头，则遭众人斥之，没有生存发展的空间和可能。

（三）市场经济条件下生活方式的演进

本书所指市场经济模式，是特指社会主义市场经济模式，是在积极有效的国家宏观调控下，市场对资源配置起基础性作用，能够实现效率优先与公平的经济体制模式。社会主义市场经济的基本特征主要表现在：一是在所有制结构上，以公有制为主体，多种所有制经济共同发展；二是在分配制度上，坚持以按劳分配为主体，多种分配方式并存的制度，强调把按劳分配和按生产要素分配结合起来，坚持效率优先，兼顾公平的原则；三是把市场调节和宏观调控结合起来。由于公有制为主体，国家对市场的调控具有较雄厚的物质基础，加上牢固的政治基础和广泛的群众基础，所以国家能够发挥计划与市场两个手段的长处，把人民的当前利益与长远利益、局部利益和整体利益结合起来。关于社会主义市场经济的框架，是党的十四届三中全会通过的《中共中央关于建立社会主义市场经济体制若干问题的决定》中阐述的，归纳起来包括三个“制度”和三个“体系”。三个“制度”是：一是建立现代企业制度，即以公有制为主体，产权清晰、责权明确、政企分开、管理科学的现代企业制度，是社会主义的中心环节。二是建立以按劳分配为主体，效率优先、兼顾公平的收入分配制度。这是社会主义市场经济体制的动力机制。三是建立多层次的社会保障制度。这是社会主义市场经济体制的安全阀和稳定器。三个“体系”是：一是建立全国统一开放的市场体系。这是社会主义市场经济的核心。二是建立以间接手段为主的完善的宏观调控体系。这是社会主义市场经济体制的调节器。三是健全和完善法律体系。这是社会主义市场经济体制的法制保障。

市场经济模式下生活方式的变革特点:

1. 经济发展,告别短缺,生活资源分配制度与方式被打破

随着改革开放进程的逐步深入,特别是农村改革的胜利展开,农副产品供给迅速增加,甚至有的地方出现“卖粮难”、“卖菜难”等地区过剩现象,生活资源进一步丰富。农业产业化的发展和乡镇企业的迅猛崛起,提高了农民的收入水平,创新了农业生产方式,激发了广大农民的生产与消费的积极性。城市企业改革和第三产业的发展,改善了传统的生产方式,增加了居民的收入,丰富了城市居民的生活,改变了生活方式。人们普遍摆脱了对票证的依赖,开始更积极地到社会、到市场中去寻找机会和资源,从束缚中解脱出来,重获“解放”,主动、广泛地变革自己的生活方式。

2. 旧的户籍制度被打破,生活主体的流动成为可能

1984年10月,国务院发布《关于农民进入集镇落户问题的通知》。这是“文化大革命”后国家对户籍制作出的第一次较大幅度的调整,逐渐形成了以常住户口、暂住户口和寄住户口三种管理形式为主的登记制度,并实现证件化管理。80年代初,有些地方政府为推动区域经济发展,开始尝试采取用“卖户口”的办法来为地方筹措发展资金。随后,一些改革开放的前沿城市如上海、深圳、广州、海南等也开始实施了“蓝印户口”。1992年,浙江温州推行了“绿卡制”。[1] 这种相对比较灵活的户籍制度推动了农村人口向城市的流动。

农民流动的事实,一度推动了1993年开始的户籍制度的重大改革。在政策讨论中许多人就提出不搞身份限制。1994年,公安部的户籍制度改革文件草稿已经形成,基本精神就是改变管理方式,按照职业和居住地来建立户籍管理制度。然而,随后发生经济上的通货膨胀影响了户籍改革的顺利进行。1996年,物价指数高约24%,如果再容许城市人口增加,势必加重城市供应负担,使物价持续高位运行。考虑到各方面的担心,已经起草的户籍制度改革的文件暂时搁置,自由迁徙重新成为问题。但是户籍制度改革的试点工作一直没有停顿。1992年8月,公安部发出通知,决定在小城镇、经济特区、高新技术产业开发区、经济开发区实行当地有效的城镇户口制度,以解决要求进入城镇落户的农民过多与全国统一的计划进城指标过少之间的矛盾。据不完全统计,到1994年上半年,全国约有17个省共300多万人购买城市户口,收入竟高达250亿。国家统计局1995年1%人口抽样调查

[1] 温铁军. 我们是怎样重新得到迁徙自由的[J]. 中国改革,2002(5).

表明，我国人户分离已达7 073万人。[1] 1997年6月，国务院批转公安部《关于小城镇户籍管理制度改革的试点方案》，允许已在小城镇就业、居住、并符合一定条件的农村人口在小城镇办理城镇常住户口。1998年后，随着为期两年的小城镇户籍管理制度改革试点工作的顺利开展，内地各省的户籍改革骤然加速，影响城乡人口流动的户籍壁垒逐渐消除。

20世纪80年代至90年代初期的人口流动，主要是农村剩余劳动力向城市的季节性的流动，是农民工的“游击战”。到90年代后，随着户口制度的松动，以及城市建设与城市经济的快速发展，农村人口在城市谋生提供的空间扩展了许多，很多流动者不再流动，而转变为“阵地战”，在城市中安营扎寨。2001年3月，国务院批转了公安部《关于推进小城镇户籍管理制度改革的意见》，要求进一步推进小城镇户籍管理制度改革，加速中国农村剩余劳动力的转移和城镇化进程，以促进农村和小城镇社会经济的发展。随着户籍制的松动，各地采取一系列的政策和措施，来推动人才的引进和资源的流动，并维护进城农民工的合法权益，逐步给民工以市民待遇。户籍制的改革给人带来的是机会和平等。户籍制度的松动，使国人逐步分享到了迁居的自由和选择新的生产方式与生活方式的权利。

3. 单位社会制度被弱化，生活方式变革的外部环境进一步优化

1984年，《中共中央关于经济体制改革的决定》提出了以公有制为主体、积极发展多种经济成分的方针。单位制度运行的经济基础开始变化。以公有制为主体的所有制结构，逐步转变成为以公有制为主体，个体、私营等非公有制经济为有益补充的经济结构，国有民营、租赁经营、承包经营、股份制等多种所有制形式发展的同时，非公有制经济得到鼓励，并逐渐发展起来。1985年，中国经济体制改革全面开始，企业经营自主权不断扩大，市场机制开始在国民经济中发挥重要调节作用，计划经济体制开始向市场经济体制过渡，从而单位体制赖以运行的体制基础逐步弱化，生活主体选择新的生活方式的外部环境越来越宽松，单位社会开始面临前所未有的挑战和冲击。有学者认为，在单位社会所面临的冲击波中，第一波是单位体制外组织的萌生，第二波是单位成员向体制外流失，第三波是单位职能向社区转移，第四波是单位自身大量破产、改制，导致单位社会的最终解体。[2] 当然，可以说是单位社会一统天下的生产方式和生活方式格局被打破。随着市场经济的发展，由市场手段所进行的资源配置变得更有效率，国家控制的一部分资源开始从国

---

〔1〕 国家统计局人口与就业统计司. 1995年全国1%人口抽样调查主要数据[M]. 北京：中国统计出版社，1996.

〔2〕 田毅鹏，漆思. “单位社会”的终结——东北老工业基地“典型单位制”背景下的社区建设[M]. 北京：社会科学文献出版社，2005：39.

家的垄断中游离出来，成为“自由流动资源”进入市场。社会资源存在的形式也发生了变化：一是由中央向地方流动；二是由计划向市场流动；三是由集体向个人流动。在市场化导向的驱动下，传统的单位制度发生了变革，社会的主导原则开始由以各种身份为基准向以契约为基准转化。这种转化将原来属于社会的事情交由市场去完成，改变了以往单位“办社会”的局面。[1]

伴随着中国走向市场化的改革步伐加快，一系列改革举措，如住房商品化、医疗体制改革、社区建设的兴起等，都对单位体制产生了巨大的冲击，大大地推进了单位社会体制走向消解的过程。1989年，国务院颁布了《关于在全国城镇分期分批推行住房改革的实施方案》后，城镇居民福利分房开始向住房商品化、私有化方向改革。1994年，国务院发布《关于深化城镇住房制度改革的决定》，以标准价出售公房等有关房改措施随之出台。1985年，国务院转发卫生部《关于卫生工作改革若干政策问题的报告》，揭开了医疗体制改革的序幕。改革的核心就是充分调动医院的积极性，着力解决看病难、手术难、住院难的“三难”问题。报告鼓励医院除了国家的投入，还要在市场化的进程中，以贷款等方式自筹资金发展医院，盖病房、增加病床、购买新设备，解决医疗资源短缺的问题。1986年，民政部正式确定了发展社区服务工作的思路，并于1987年进一步提出了“面向社会，发展社区服务”的总方针。这些都在极大程度上促进了单位制的动摇，为生活方式的变革优化了外部环境。

4. 择业方式与用工制度被打破，新的劳动生活方式形成

市场经济模式要求企业必须成为市场主体，有充分的自主经营权。这种自主权包括人、财、物的支配权，尤其是用人权，必须由企业说了算。客观上要求打破计划经济模式下对择业方式和用工制度统得过死的做法，必须放开用工制度、允许自主择业、放开人员流动。

长期的固定工制度，严重压抑了人们的积极性、主动性和创造性。从1980年起，一些国有计划型企业开始试行劳动合同制。1983年，劳动人事部发布《关于积极试行劳动合同制的通知》。1986年，国务院又发布了《国营企业实行劳动合同制暂行规定》，规定企业招用长年性劳动者，除国家另有特别规定外，统一实行劳动合同制。1992年，《关于扩大试行全员劳动合同制的通知》等许多法令的颁布，又进一步加强了劳动合同制的推广和普及。在1994年颁布的《中华人民共和国劳动法》中，规定了“建立劳动关系应当订立劳动合同”的法律条文，劳动者和企业在劳动力市场的主体地位以法律形式确定下来。

---

[1] 路风. 单位：一种特殊的社会组织形式[J]. 中国社会科学 1989(1)；陆学艺. 中国社会发展报告[M]. 沈阳：辽宁人民出版社，1991.

劳动合同制的推行，开始打破传统观念中的“铁饭碗”思想，逐步引入市场竞争机制，形成了公开、平等、竞争的良好氛围。企业用工机制开始转向灵活，企业和个人的自主性和积极性也被发掘出来了，劳动方式也呈现多样化的特征，许多新的劳动生活方式已逐步形成。在社会主义初级阶段，劳动生活方式是通过职业劳动方式表现出来的。劳动者职业的选择主要由社会生产方式发展的程度和个人的职业技术与声望来决定的。自用工制度打破以后，各种新兴的职业推动了新的劳动生活方式的出现。

劳动生活方式是整个生活方式变革的内在动力。生活方式的变革，首先是劳动生活方式的变革。因为劳动生活方式是生产力最生动、最直接的体现。比如说，劳动工具一旦改变，必然要求劳动生活方式改变，然后进一步引起生产关系的改变，进而引发社会关系的改变，最后要求人的整个生活方式的变革。从人类历史来看，不论是远古以采集自然物的时代和以农业劳动为主的农业时代，还是以工业劳动占主导的工业时代，劳动生活方式的变革都为整个生活方式的变革提供了动力。在市场经济模式下，生活方式的变革也是从劳动生活方式的变革开始的。从空间上看，市场经济大大扩大了劳动和生产的领域，劳动者横向联系活跃，劳动的范围、劳动的对象、劳动的条件、劳动的程序、劳动的方法、劳动的强度都发生了变化。从时间上看，市场经济使劳动者的劳动效率大大提高，社会劳动生活的节奏明显加快，劳动者有了更多的闲暇时间，也为其他生活方式的产生提供了可能。在消费生活方式上，随着劳动生活方式的改变，人们由过去自给自足为主的消费模式转变为以货币购买消费品为主的开放式的消费模式，劳动者的消费生活方式更加多样化。

5. 收入水平大幅提升，消费生活方式的领域不断扩大，层次不断提升

一般地讲，收入是消费的基础。低收入则低消费，高收入则高消费。在市场经济模式下，我国居民收入连年持续增长。有关数据显示，1978 年我国城市居民人均可支配收入是 343.4 元，而到 1985 年增长到 1.6 倍，1990 年增长到 1.98 倍，1995 年增长到 2.9 倍，2000 年增长到 3.83 倍，2003 年增长到 5.14 倍，到 2007 年增长到 40 倍。进入新世纪以来，由于关注民生的政策出台越来越多，人们的收入水平更是得到快速增长，已不可同日而语了。看一组手机增长数据，就可见一斑：1987 年，我国引进第一套移动通信设备时，有 700 多用户；达到 1 000 万用户时，仅用了 10 年时间；达到 1 亿用户时，仅用了不到 4 年时间；到 2004 年 5 月，手机用户已突破 3 亿户。如此的发展速度，恐怕很难有人能预想到。再看城市居民的消费变迁：1980 年，雀巢咖啡进入中国市场；1983 年，上海出现出租车、桑塔纳问世、可口可乐投产、洗衣机出现；1985 年，窗式空调、收录机、彩色电视机上市；1987 年，肯德基落户北京，无线电话进入家庭；1991 年，大屏幕彩电问世；1995 年，手机大量上市；1997 年，网吧在街头亮相、保龄球达到顶峰；1998 年，功能强大的全中文搜索引

擎搜狐诞生;1999 年,中国首次公开发行金条;2000 年,上海通用 10 万元家用轿车首度亮相、网络游戏出现;2002 年,彩屏手机问世、高尔夫运动平民化……如今的中国消费生活方式领域越来越广,层次越来越高,真是五花八门,令人眼花缭乱。保健品的消费迅速增长。保健品曾经是中国人的奢望,过去只是在发达国家才看到七零八落的保健品。但是从 20 世纪 80 年代起步,到 2000 年,保健品产业迅速发展成为一个阳光产业,总值达 500 亿元,利税 100 亿元,企业总数、产品品种、年产值和实现利税已占医药企业总量一半以上,成为国民经济的一个新兴行业。黄金白金等首饰消费迅猛增长,而且进入平民百姓家庭,现今中国一个家庭没有一件金银首饰的恐怕很少。旅游消费成为假日消费新宠,自从在全国出台假日长假制度后,旅游生活方式从城市到乡村、从青年人到老年人、从国内到国外,而且一年四季从不间断。住宅和汽车消费生活方式,在近几年愈来愈受到人们的追捧,人们乐此不疲地崇尚汽车与住房消费,有的人甚至以在大城市拥有一套住房为工作的目的。这种消费观念导致城市房价持续走高,政府不得不加强宏观调控,抑制房价。娱乐性消费更是成为一些消费者的热土。人们在一天紧张而繁忙的工作之后,去健身房、游泳馆、保龄球馆、歌舞厅,解除神经紧张,放松休闲;约上几个朋友去泡茶、泡澡、唱歌,分享快乐、缓解压力、愉悦身心。总之,消费行为方式确实发生了巨大变化。

(四) 中国特色社会主义经济制度下生活方式变革的趋势

经过 30 多年的改革开放,中国特色社会主义经济制度已基本建立,从所有制结构来看,呈现为国有经济为主导的多种经济成分并存的发展格局,即国有国营企业、国有民营企业、国家控股的股份制企业、国家与外商合资企业、集体所有制企业、公私合营企业、集体所有私人承包或租赁企业、外商与私人合资企业、外商独资企业、个体经济、私营企业、股份合作制经济以及国家、集体和私人在国外投资的企业。在这种多种经济成分并存的结构基础上,资本及其市场、劳动力市场重新出现,雇佣劳动成为重要的就业形式。在经济运行方面,原来的行政管理式的计划经济已经不复存在,取而代之的是国家宏观调控和市场调节。政府的职能由原来“大包大揽”地控制经济,转向政企分开,政府主要抓好宏观调控、市场规范和法制建设、环境保护和公共产品、社会二次分配以及有关国际民生的重大建设项目。在收益分配方面,由原来的按劳分配转变为按劳分配为主,其他合法收益并存的分配格局。这种制度范式的巨大变化,必然引起生活方式的变革。当然,这与经济制度的基本秩序的作用是密不可分的。

中共中央十二届三中全会 1984 年 10 月通过《中共中央关于经济体制改革的决定》,明确指出,社会主义经济是“在公有制基础上的有计划的商品经济”,为中国特色社会主义经济制度的形成奠定了理论基石。《决定》还规定了经济体制的改革方向、性质和基本任务以及原则措施等，要求通过经济体制改革，建立起具有中国特色的、充满生机和活力的社会主义经济体制，改变束缚生产力发展的僵化的经济模式，促进生产力的发展。此后，一系列关系国计民生的各种改革措施纷纷出台，对人民群众的日常生活方式产生了巨大的影响。1985 年，国家推出了价格改革和工资制度改革两项具有全局意义的改革举措，价格形成了国家牌价、国家指导价和市场调节价三种形式，价格管理权限由单一的国家定价改革为国家定价、企业定价和自由定价三种方式。工资制度改革主要是推行职务工资加奖金的模式，有浮动工资、定额工资、计件工资等多种工效挂钩的分配形式。流通体制的改革，打破了国有商业独家经营的局面，实行多渠道流通，建立了大批贸易中心、批发市场、农贸市场，商业、饮食、服务大大增加，消费市场日渐完善。1985 年以后，就业政策开始转向自主择业，为社会生活方式主体的自主性萌发提供了空间，人们成为了更有自主性的社会人。90 年代初，邓小平“南方谈话”后，又兴起一股“下海”热潮，仅 1992 年，就有超过 700 万官员弃官从商。这一时期生活方式的变革趋势有：

1. 票证时代一去不复返，生活资料短缺的矛盾得到缓解

共和国成立之初，有部分地方政府曾在辖区范围内发行过粮票，国家并没有在全国范围内采取统一的行动。但由于物资匮乏，日用品在供需上矛盾日益突出，于是国家在 1953 年 10 月出台了统购统销政策，实行计划经济政策，各种粮票开始有计划地分配到单位或城镇居民手中。1955 年 8 月 25 日，国务院颁布了《关于市镇粮食定量供应暂行办法》，国家粮食部和省级人民政府正式发行粮票，生活在中国的每一个城镇居民，都必须凭所在城镇户口领取购粮证和粮票。从此，全国开始实行粮票购粮制，粮票也完全控制了人们的日常饮食生活。

当时，城镇居民的粮食供应量是依据性别、年龄、工种以及劳动强度而定的。每人的口粮都有标准：有工作的成人，根据工作性质的不同，有 25 斤、30 斤、35 斤的差别；未成年人则存在 3 斤、5 斤、8 斤、10 斤、20 斤的差别。每人每天大约 8 两到 1 斤左右的口粮。

在票证时代，除了粮食供给受控于票证外，生活中的一切都需要票证。从吃到穿到用，票证无所不在：从糖果到米面、从肥皂到煤油，从布料到家具，从豆制品到鸡蛋，要想购买就必须凭票。当时的票证种类五花八门：粮票、肉票、布票、线票、盐票、油票、煤票、烟票、蔬菜票、火柴票……票证成为城乡居民生活方式的一种保障。到 1961 年，市场凭票供应的商品达到了 156 种，由此可见，“票证生活方式”是那时的生活特色。相对于票证，金钱的作用是有限的；票证比金钱更管用，没有票证人的流动是难以实现的。因此，票证多而货币少，是当时大部分家庭普遍的财务状况。拥有盈余的票证往往意味着生活的富裕。

从1980年开始，国家农产品短缺和吃粮问题逐渐得到解决，国家逐步取消了20种日用工业品的凭票供应。1983年，国务院发出177号文件，布票退出市场，棉布敞开供应。到1988年，食油全部按议价敞开供应。到1992年全国只有20几个县的粮食供应没有放开，猪肉、油料、棉花等大宗农产品基本放开。1993年底，全国范围内停止了粮票的流通。至此，在全国实行了40年的各种票证全部退出历史舞台。人们的生活资料逐渐丰富，短缺经济时代一去不复返。

2. 政治的阴影散去，人们的精神生活方式日渐丰富多彩

1978年，一场关于真理标准的大讨论，成为历史性的突破口。它最终宣告了曾一度占统治地位的“左”的思想路线是错误的。在党的十一届三中全会上，重新确立了“实事求是”的思想路线。在正确的思想路线指引下，国家采取积极措施，提倡破除迷信、解放思想、创造生动活泼的政治局面。在党和国家一系列政策鼓舞下，人们开始欢呼科学的春天、文艺的春天、学术的春天和思想的春天的到来。政治烟煴散去，人们欢呼新时代的到来，人民对国家描述的四个现代化的宏伟蓝图充满期待、充满信心，人民再次满怀热情与想象，再次拿出浑身的力量，誓要抢回被“四人帮”夺去的十年光阴。人民用“动乱”、“浩劫”、“梦魇时代”等指称过去的“文化大革命”时代，而用“新纪元”、“新时期”、“第二次解放”、“春天”来强调“文化大革命”结束对于民族、个人所具有的历史性意义。人民怀着乐观主义的想象迎接科学和民主，相信只要全国人民上下一心，“四个现代化”的实现就指日可待。年轻人都在引吭高歌“再过20年，我们来相会”，期盼21世纪到来之际就是中华民族复兴之时。这种氛围强烈地影响着人们的生活方式：青年人发奋学习，渴望当一名科学家；各种名目的学术沙龙，研究会遍布全国，知识分子热血沸腾；大学生群情激昂，争当新长征突击手，喊出了“团结起来，振兴中华”的时代强音；这一时期各种新鲜意识、新鲜观念、新鲜做法层出不穷。铁凝的一部成名作《哦，香雪》，就是理想主义的放大，显示这一时期中国人民积极向上的整体精神风貌。

“读书热”成为许多人的生活方式。一位当年的图书管理员说起当年的盛况：1981年，图书馆常常是早上8点开门，7点40门外的读者就拥挤不堪了。一个小小的阅览室坐了100多人，冬天没有嫌冷的，夏天没有说热的，就怕抢不到座位。人们读书如饥似渴，也少有功利色彩。《班主任》、《伤痕》、《第二次握手》、《哥德巴赫猜想》、《悲惨世界》等图书为青年人所热捧。“文凭热”也成为许多人的生活方式，越来越多的人发现了文凭的价值与含金量，成千上万的青年涌上高考的独木桥。1977年全国第一次恢复高考，招生14万人，1980年就招生27万人，差不多翻了一番，录取比例3.4∶1。后来，各类业余学校如雨后春笋般应运而生，追求高知识结构的“文凭热”方兴未艾。

3. 消费时代的到来，消费生活方式的质量得到提升

随着“短缺经济”的结束，人们的物质生活得到极大满足和提高。在消费活动中，摆脱了票证时代各种制度性的限制，具有极大的自主选择权。20 世纪 80 年代，休闲活动经历了去政治化、多样化、私人化、商业化和分层化后显得丰富多彩，绚丽斑斓。价值多元的休闲活动涌入城市，人们充分享受着休闲与消费的生活方式。

消费水平从量变到质变。20 世纪 80 年代中期开始，城市居民的消费需求和消费结构出现新的变化，在“吃”“穿”等基本生活需求得到初步满足后，消费方式开始转向“用”的领域，出现了家用电器、汽车、住宅等高档次消费品的消费倾向。从 20 世纪 50 年代到 70 年代期间，人们购买的消费品重点是“老三件”(手表、缝纫机和自行车)，到 80 年代消费的重点是“新三件”(冰箱、彩电和洗衣机)，到了 90 年代中期人们的消费水平再次升级，已经涉及“空调、电脑、手机”等高档耐用消费品，到 20 世纪末，21 世纪初，一部分家庭进入汽车消费新时代。据《中国统计年鉴》公布的数据，1985 年全国私人小汽车拥有量约 28.49 万辆，到 1996 年，全国私人汽车拥有量为 289.67 万辆，到 2006 年全国小汽车产销均已超过 1 000 万辆，增长的速度是惊人的。

娱乐性消费悄然而至。文化娱乐业不仅满足了人们对精神文化的需求，也提高了居民的生活质量。1996 年，上海市拥有文化娱乐场所 6 278 家，大型主题公园的游乐场 34 家，全市每天参与文化娱乐消费的人数超过 20 万人，许多文化娱乐项目投资过亿元。文化娱乐业的发展，给相关产业如零售业、旅游业、餐饮业、音像制品业等都带来了一定的消费人群。文化娱乐经过 20 多年的发展变化，逐渐形成产业化。这就意味着娱乐消费品不再是个性化创造的产物，而是一种产业化发展的结果。从策划、投资到制作、发行和消费，都被作为一种产品投入到文化产业中来，形成了一个全新的多样化的消费领域。

奢侈性消费日益增多。随着经济的进一步发展，各种外来的消费品进入中国市场。这些国外名品的进入使中国消费者产生了一种新的消费观念，即追求品牌的时尚性消费。中国最早享受奢侈性消费的是“先富的起来”的那批人，他们的消费行为有很大的炫耀性。随着国际品牌纷纷登陆中国，炫耀性的时尚消费群体的规模不断扩大，奢侈品的领域也越来越广，从名牌服装到名牌烟酒，从名牌电子产品到高档汽车甚至高档别墅，无所不有。同样，使用价值的商品，价格从几十到几百、几千、几万的都有。消费时代的到来，使人们的消费生活方式的质量得到革命性的提升。

4. 新阶层的发育，引发个性生活方式的兴起

按照小平同志让一部分人先富起来的思路，随着财富的增加和消费主体自主

性的萌发，从工人、农民和知识分子三大群体中分化出了新的社会阶层。这些新的社会阶层，都是一些方面的成功者，俗话说就是有钱有闲。他们对生活方式的需求的特殊化、个性化特点比较突出，呈现出个性化的特点。中国经济景气检测中心的调查结果表明，我国城市居民的消费群体至少可以分为八种：第一种消费群体取向现实，心态稳定，注重家庭生活方式；第二种消费群体取向前卫、进取，注重个人生活方式；第三种消费群体主要由高收入阶层组成，追求高品质的生活方式；第四种消费群体由低收入阶层组成，习惯保守的生活方式，注重量而非质；第五种消费群体由知识阶层组成，喜欢阅读，取向自我欣赏，注重精神享受，日常生活节俭，花费在文化生活上的多一些；第六种消费群体主要由管理人士、专业人才组成，收入相对较高，格调和品位比较特殊；第七种消费群体由传统观念比较淡漠的人组成，他们喜欢休闲活动、体育节目、炒股，经常出入餐馆、酒吧，喜欢享受和乐趣；第八种消费群体主要由中年女性组成，喜欢家庭日用品的采购，很少参加运动和休闲活动等。社会成员在消费观念、消费层次、消费结构、消费习惯上的不同，引发个性消费生活方式的兴起。

通过改革开放 30 多年的滋养和培育，新阶层逐步发育起来，概括讲，大致有以下几类：

一类是“下海弄潮”的成功者。1988 年 4 月，全国人大通过的宪法修正案，增加了“国家允许私营经济在法律规定的范围内存在和发展”的内容，掀起了我国第一次创业的浪潮，一批有热情、有知识、有稳定工作的人，走上了自我创业之路，“下海”成为当时的热门话题。同时，一批科技人员也纷纷“下海”，兴办科技实业。北京海淀区中关村科技一条街，就分布着由这些科技人员创立的四通集团、联想集团、北大方正集团、京海集团。他们开发了众多的高新科技产品，行销国内外，年产值达数亿元，成为一批科技致富的人物。被誉为亚洲最佳商人的柳传志、新时代“革命家”的宋朝弟、WPS之父的求伯君以及声名显赫的史玉柱、姜伟、吴炳新、王遂舟等都是这一时期开始“下海”创业的。中国有 3 000 多万吃“皇粮”的政府机构工作人员。“第一次浪潮”后的 1985 年，一批机关干部面对撼人的商海怦然心动，他们走出机关，赤足下海，不恋“官场”奔“市场”，全国一下子开办了 32 万家公司，到 1988 年清理整顿时达到 40 万家。其中，有七成左右属于党政机关、事业单位办的公司，“下海”干部数百万人。1992 年春，又出现了一股“辞官潮”：北京市旅游局前任局长薄熙成放弃公职创办公司；吉林省辉南县县长官传仁主动弃“官”，到梅河口自由贸易区办起了三家企业；云南省政协办公厅副主任金和，摘下头上的“乌纱”，与志同道合者筹建一家金融机构；哈尔滨市政府秘书长刘平德辞“官”兴办贸易公司；浙江省东阳市一名副市长辞职去经营乡镇企业。影视演员、体育运动员、明星等各类弄潮儿，也投入到了下海风潮中。这些“下海”经商、创办私营经济的人员中，有很多人都已成为新富一族。

二类是“倒出来”的第二代富人。“万元户”是改革开放后首先富裕起来的第一批人，主要是指个体养殖户、建筑包工头、个体工商户等。他们在起步初期，靠的不是知识或者素质，而是胆略和勤奋。由于主客观方面的原因，这些人将大部分钱都存在银行里，或仍旧从事那些经营规模很小的行业。因为财富增长不快，退出了富人阶层，成为“长不大的个体户”，大部人甚至回到较低的社会地位。但到了20世纪80年后期，随着价格双轨制的出现，有一些人利用价格制度改革的空当，攫取了他们的“第一桶金”。20世纪80年代中期，中国开始实行双轨制。1987年，以企业自由定价销售的主要工业品的比例，钢材为21.59%，石油为16.57%，电力为17.26%，水泥为35.1%，煤炭为7.09%，化工原料为36.16%，有色金属为32.54%。[1] 这样，额度、指标、批文都成为可以进行买卖的商品。权力就等于金钱，“官倒”现象大量出现。那时候，倒冰箱、倒彩电、倒煤炭、倒钢材、倒石油，甚至“倒买倒卖进口许可证”和“倒贷款、吃利差”，都成为“官倒”的生财之道。“倒爷”成为第二代富人。

三类是资本市场的淘金者。1986年到1992年间，股票市场开放，一些人投身到股市之中，其中的一小部分从股市中捞到财富，成为富人。1981年，中国政府开始发行国库券，成为新中国第一种有价证券。当时，老百姓只知道国库券是一种能让钱比存银行回报更高的东西。一批精明的有商业头脑的人，抓住各地国库券之间的差价所带来的机会，几乎一夜之间变成了富翁。上海一家工厂的仓库保管员杨怀定，就成为这样神话般的人物，被人们称为杨百万。1984年7月，北京天桥股份有限公司和上海飞乐音响股份有限公司经中国人民银行批准向社会公开发行股票。到1986年5月8日，沈阳信托投资公司率先开展了债券买卖和抵押业务，有价证券的买卖开始出现。1986年9月26日，中国人民银行上海分行正式批准静安证券工农业部作为改革开放后的第一个证券柜台交易点，开始办理“飞乐音响”和“延中实业”两种股票的买卖交易实务。1990年、1991年上海和深圳证券交易所正式挂牌交易。在社会上还在争论要不要开股票市场的时候，一部分人已经开始背着麻袋倒卖国库券，提着现金炒股票了，很多人因此改变了命运。80年代中期中国股市市场启动以前，曾经历过一段相当长的压抑期，当股市启动后，他所能带来的回报异常丰厚，所以股票投资名副其实地成为一种高回报行业。当时，上海一些市民冒着零下5度的低温，在半夜三点就开始排队等待购买股票。这批人的投资在以后得到了相当的回报。他们成为新富阶层的代表。

四类是房地产行业的大鳄。在中国特色社会主义经济体制下，一些从事房地

[1] 钟朋荣.十年经济改革[M].郑州:河南人民出版社,1990.

产业的人们大获暴利，催生了不少亿万富翁。1992年，伴随着邓小平的南方讲话，经济体制改革继续深化。随之而来的是一股新的“下海”浪潮的掀起。这时，“官倒”的活动重点开始从80年代的商品寻租转向生产要素的寻租，其对象就是贷款与土地。这次是以房地产的开发投资为契机，通过行政划拨的手段，以获取行政划拨地价与市场价格间几倍甚至十几倍的差价，迅速地积聚起资本，许多人依靠土地价差迅速致富，也有些人靠卖楼赚了大钱。还有许多人涌向沿海地区，靠炒卖房地产成为巨富。这再次为政治权力与经济资本的转换提供了机会。针对这种不正常的房地产投机和炒作，政府很快便开始整顿经济秩序。因此，也有一部分投机的房地产开发商因无力还款而走向破产。

五类是IT行业精英。这类财富新阶层的特点，不再是依靠行政权力与经济资本之间的交换，而是依靠IT等高新科技发明，创造了许多著名的品牌，并通过出售具体的产品和提供详尽的服务来获得相应的财富。以中关村高科技创业群体为代表，这种新阶层的出现，是经历了一个厚积薄发的过程。从20世纪80年代末期到90年代初期，他们完成了技术创新和技术积累，凭着科研院所和高等院校积累的科学技术项目，创造出汉卡、打字机、汉字处理软件和中文平台等一系列有自主知识品牌的IT产品，许多技术都引导着中国IT业的技术变革，甚至引领着国际IT行业的同步创新。到90年代初期至中后期，中国的IT业依靠过去多年的先发优势和力量积累在市场上的优势格外凸显。国内现有的大多数IT主流厂商都是在这一时期开始真正积累起资金、人才、技术和产品的。一些电脑公司和网络公司因为把握了时代趋势而使创业者在短时间内迅速致富，成为新富人阶层。他们是知识经济与资本时代的产物。

另外，出场费很高的歌星、舞星、影星、主持人等娱乐人才在营业性演出、文化娱乐场所演出和音像市场中，收入颇丰。还有一些靠出卖土地一夜暴富的郊区农民，城市里的个别农民工等，也成为新兴富人阶层。

这些新富人阶层，既具备较好的经济实力，又有比较闲暇的时间，特别是他们中间一些人善于吸收外来文化的影响，因此他们的消费行为极具个性化。他们崇尚个性化的生活方式，带动了中国社会生活方式的多样化。总的看来，随着中国经济发展和改革开放的不断深化，我国逐步从温饱型的消费生活方式转向富裕型的以休闲和享受为取向的消费时代。这是中国特色社会主义经济制度下生活方式变革的趋势，这种趋势反过来又强化了社会的贫富分化和不同阶层的自我认同，对经济生活方式、政治生活方式、文化生活方式、社会生活方式都会产生不同的影响。

第三章　政治方式推进生活方式变革的民主进程

政治方式是“政治建设能力”与“政治建设关系”的总和，即政治力与政治关系的总和，包含政治力与政治关系矛盾运动产生、变化、发展及其过程的总和，本质上是政治生产方式，是生产方式的重要组成部分。

一、政治力是生活方式变革的政治源泉

“政治力”即“政治建设能力”，主要是政治主体运用政治资源针对政治客体进行政治活动的能力的总称，包括国家的政治体制和制度、方针政策、政府的管理决策能力，运用政治资源的能力以及国民的政治素质和民族的凝聚力等。政治力是国家和社会的稳定力、凝聚力，是完成各项任务的指导力和保证力，是在精神上形成一种推动力和号召力，直接目的是形成强有力的政治秩序。“政治力”的实质是“政治秩序建设力”。我国的建设中国特色社会主义的政治制度是代表我国最广大人民根本利益的，是我国政治力的力量源泉所在。中国特色社会主义的政治力基本由党的执政力、民主力、法治力、制度力、党建力和反腐力等要素构成。

政治建设，就是围绕政治力作用的有效发挥，而采取的一系列政治方针、政治策略和政治规章的总和。政治建设就是要发挥政治力的最大效能，革除一切阻碍政治力发展的旧的政治制度与方针政策，使一切政治关系尽可能地与政治力的发展相协调。

政治是经济的集中表现，在上层建筑中居于主导地位。国家政权是上层建筑的核心，政治观点是各种社会意识形态的灵魂。特别是在中国，政治更占有举足轻重的地位。政治同样影响着人们的生活，政治生活是人们日常生活的一部分。政治力同样影响着生活方式的变革。不受政治力影响的生活方式是不存在的。社会主义中国如此，资本主义的国家也概莫能外。

（一）党的执政建设与生活方式变革

政治力首先表现为执政力。作为执政党，中国共产党始终把最广大人民群众的根本利益、长远利益作为自己的根本出发点和最终落脚点，始终把提高最广大人民群众的生活水平和生活质量作为自己的根本任务，始终倡导、践行、组织和领导

着和谐社会生活方式的变革。中国共产党早在新民主主义革命时期就在革命根据地进行了新生活方式改革的初步尝试，为新中国社会主义生活方式的建设和发展打下了坚实的实践和理论基础。在当代中国，只有中国共产党这一政治组织而没有别的其他政治组织，能引领中国社会生活方式的变革，推动中国社会生活方式的不断进步。作为和谐社会生活方式变革和进步的组织者、实践者、领导者和倡导者，中国共产党领导和推动中国社会生活方式的变革主要通过以下途径来实现。

1. 党的执政建设为生活方式的变革明确了战略选择

中国共产党始终以马克思主义中国化的最新理论成果作为党的一切行动的指导思想，始终坚持以马克思主义中国化的理论创新推动生活方式的创新。中国共产党坚持把马克思主义的基本原理同中国革命和建设的具体实践相结合，在中国社会主义革命和建设中成功引领了马克思主义中国化的两次历史性的飞跃，产生了毛泽东思想和中国特色社会主义理论，指导中国的革命、建设和改革开放取得了巨大成就。当代中国人的生活方式在党的引领下，在传承、发展和创新的基础上发生了历史性的变革。

在中国进行什么样的革命，怎样进行社会主义革命的问题，作为马克思主义中国化的第一次飞跃的理论成果的毛泽东思想创造性地给予了科学回答。在毛泽东思想的正确指引下，中国人民和中华民族取得了民族的独立和人民的解放，建立了社会主义新中国，取得了中国革命的巨大成功，实现了中国历史上最广泛、最深刻和最富有影响力的社会变革，为我国社会生产方式与生活方式的变革奠定了坚实的基本前提和基础。中国共产党在革命根据地领导的以“政治民主、军民团结、生活节俭、社会风气友好”为特征的新民主主义社会生活方式的实践与探索，历史地成为新中国社会主义的和谐生产方式与生活方式的雏形和最初的实践模式。社会主义的新中国成立以后，中国共产党领导全国各族人民，顺应时代潮流，积极有效地医治战争创伤，迅速恢复遭受战争严重破坏的国民经济，在短短的时间内完成了社会主义改造的基本任务，确立了社会主义制度，为中国特色社会主义生活方式变革提供了现实的可能，为建设全新的生活方式和生产方式开辟了广阔的发展道路。

邓小平理论是当代中国的马克思主义，是马克思主义中国化发展的新阶段，为当代中国的生活方式变革提供了重要的理论依据和原则。邓小平告诉我们，社会主义的本质就是解放生产力，发展生产力，消灭剥削、消除两极分化，最终达到共同富裕。邓小平坚持把发展生产力与改善人民生活条件作为社会主义建设的根本任务，作为社会主义制度优越性的根本体现，作为事关社会主义成败的重大问题，并有针对性地提出：“世界上一些国家发生问题，从根本上说，都是因为经济上不去，没有饭吃，没有衣穿，工资增长被通货膨胀抵消，生活水平下降，长期过紧日子。如果经济发展老是停留在低速度，生活水平就很难提高。人民现在为什么拥护我们？

就是这十年有发展，发展很明显。”[1]邓小平还再三强调，“社会主义原则，第一是发展生产，第二是共同致富。”[2]邓小平坚持社会主义的正确发展方向，把发展生产力和共同富裕作为社会主义的根本任务和目的，把实现人民利益和提高人民群众生活水平作为工作的重中之重。他提出的用来判断改革与建设各项工作的是非得失的“三个有利于”标准，把“是否有利于提高人民群众的生活水平”作为最终的根本标准。他提出我国社会主义初级阶段要实现的总体战略目标是建设“富强、民主、文明”的社会主义国家。其中，“富强”是指利用三步走的方法，实现社会主义现代化，促进物质文明高度发展，夯实生活方式变革的物质基础，争取 21 世纪中叶达到中等发达国家水平。“民主”是指政治现代化，通过积极稳妥的持续推进政治体制改革，建立和完善社会主义法制体制，实现依法治国，不断推进和完善具有中国特色的社会主义民主政治，奠定生活方式变革的制度保障。“文明”就是社会主义精神文明建设，在社会主义精神文明建设实践中，要着力提高人民群众的科学文化素质，着力提升全民族的思想道德素质，不断繁荣社会主义社会的学术和文艺，提升生活方式变革的精神境界。“富强、民主、文明”三位一体的行动纲领和基本目标，反映了中国特色社会主义社会必将是一个物质文明、精神文明与政治文明既互为条件、又互为目的的全面发展的社会，最终都要有助于推动社会的全面发展，有助于推动社会的全面进步，同时也是生活方式变革的总要求。

以江泽民为核心的党的第三代领导集体，顺应时代潮流，集全党全国各族人民的智慧，立足于国内外发展的实际形势和中国特色社会主义建设的任务要求，在总结我党和世界社会主义发展正反两方面经验和教训的基础上，从建设中国特色社会主义事业的高度和全局，作出了具有时代性、针对性的新的理论概括和战略思考，提出了“三个代表”重要思想，丰富发展了邓小平理论，把马克思主义推进到新的境界。党的十七大提出贯彻落实科学发展观，坚持走以人为本、全面和可持续发展的道路，再次指出了生活方式变革的指导思想和变革方向。

中共十一届三中全会以来的 30 多年，在中国特色社会主义理论的指导下，党始终坚持“一个中心、两个基本点”的基本原则，始终坚持贯彻落实“三个代表”重要思想，始终深入贯彻落实科学发展观，国民经济持续快速发展，中国的经济社会面貌经历了从贫困到温饱再到小康的两次历史性的巨大跨越，人民生活得到了显著改善，到 20 世纪末，我国约有 75%的居民初步过上了小康生活，全国人民的总体生活水平进入小康社会初级阶段，我国居民的消费生活方式、劳动生活方式、社会交往方式、婚姻家庭生活方式以及闲暇生活方式等都发生了巨大变化，健康和谐、积

[1] 邓小平文选(3)[M]. 北京：人民出版社，1993：354.

[2] 邓小平文选(3)[M]. 北京：人民出版社，1993：172.

极进取的社会主义生活方式的价值取向已经基本建立起来。

2. 党的执政建设为生活方式的变革确定了社会主义的价值取向

实现社会主义，是中国共产党自创立之时就已经确定的奋斗目标。面对中国半殖民地半封建的现实状况，以毛泽东为代表的中国共产党人认为，中国革命必须分两步走：第一步是进行新民主主义革命；第二步是在新民主主义革命的基础上，进行社会主义革命。到1956年，我国消除了长达几千年的阶级剥削制度，基本实现了从新民主主义向社会主义的转变，占全世界四分之一的人口从此进入社会主义社会初级阶段。在一个经济社会发展比较落后的大国中相对比较顺利地实现如此艰难、复杂而深刻的社会变革，是世界社会主义革命和世界共产主义运动历史上最辉煌的胜利之一。我国阶级关系的变化，直接影响到社会阶层结构的根本变化。帝国主义势力被赶出中国大陆，地主和富农阶层被改造成自食其力的普通劳动者，官僚资本被消灭，民族资产阶级也由剥削者变为劳动者，广大农民、工人和其他劳动者，一跃成为国家的主人，工人阶级成为国家的领导阶级，工农联盟成为新国家的政权基础。知识分子的觉悟程度有了大大提高，也成为工人阶级队伍的一部分。社会阶层结构的变化带来社会生活方式的变革。广大劳动人民从此摆脱了被奴役、被剥削、被压迫的地位，翻身成为掌握生产资料和自己命运、国家命运的主人。社会主义制度的确立，社会主义生产方式的实践和发展，为生活方式的变革开辟了更加广阔的空间。

但是，要使社会主义制度的优越性从理论的可能性真正转化为社会现实，人民生活水平得到切实改善，人民的积极性得到真正发挥，还必须依据马克思主义关于社会基本矛盾运动推动社会发展的基本原理，通过不断地改革和完善，建立起与社会生产方式实际发展水平相协调的新的生活方式，才能真正实现社会主义制度的优越性。新中国成立之初，我们所借鉴的苏联社会主义建设模式，使生产方式与生活方式取得了一定成绩，但也存在种种弊端。实践证明，中国特色社会主义生产方式的实现途径必须结合中国自己的实际，走自己的道路。同样，中国特色社会主义生活方式的变革也必须有中国特色，任何照搬照抄别国模式的做法都是行不通的。

中共十一届三中全会以后，国家开始实行改革开放的政策。党领导全国人民首先开始从农村到城市的经济体制改革，在取得实践的丰硕成果基础上，大胆推动从沿海到内地、从经济到政治等各个领域的全面改革开放。当代中国30多年来的改革实践证明，无论是从改革的深度和广度还是它所引起的经济社会的巨大变革，改革开放无疑是中国又一次全新的深刻革命。当然，我们所进行的改革开放事业是在坚持社会主义价值取向的前提下，对社会主义制度的自我完善和发展，进行的只是体制机制上的全方位的根本性变革，而不是对社会主义制度的全盘否定。不论是从我国的社会主义初级阶段的基本制度、基本纲领和奋斗目标本身，还是从党在社会主义初级阶段对“健康、文明、科学生活方式”的提倡以及党所制定的“三步走”、“建设小康社会”、“建设社会主义和谐社会”等发展战略目标，都可以看出，走社会主义道路是党和全国人民的坚定选择，也是中国特色生活方式变革的唯一价值取向。新中国成立以来，经过1949年到1979年的前30年打基础，从1979年到2009年的后30年的快速发展，中国的经济基础、科技水平、综合国力等已显著增强，人民的生活水平明显提高，生活质量大大改善，消费水平总体达小康，婚姻家庭生活得到全面变革，生活价值观念逐步更新。

3. 党的执政建设为生活方式的变革明确了战略内容

新民主主义革命时期，党就把提升人民群众的生活水平、改善人民群众的生活条件作为自己的重要战略任务。毛泽东对此明确指出：“我们是革命战争的领导者、组织者，我们又是群众生活的领导者、组织者。组织革命战争，改良群众生活，这是我们的两大任务。”[1]要得到群众的拥护，“就得关心群众的痛痒，就是真心真意地为群众谋利益，解决群众的生产和生活问题，米的问题，盐的问题，房子的问题，衣的问题，生小孩的问题，解决群众的一切问题。”[2]在革命战争年代，物质条件极其匮乏的情况下，党依然把关心群众生活放在重要战略地位，领导人民在革命根据地积极开展了内容丰富多彩的新型社会生活方式的实践，为新中国社会生活方式变革奠定了良好的基础。

新中国成立后，随着经济建设、民主政治建设、文化建设的逐步展开，人们的衣食住行的水平得到很大改善，社会风气也极大好转。由于受多方面的主客观历史条件的限制，人民群众的生活方式在很大程度上带有明显的“同一、僵化”的计划经济特色，特别是在“左”的思潮影响下，超越了社会生产力和社会主义初级阶段的发展水平的激进政策，不仅不能从根本上使人们的生活质量和水平得到较大幅度的提升，而且生活方式的变革一度停滞不前。十一届三中全会之后，中国共产党在总结建国以来，特别是文化大革命十年后的经济社会建设中正反两方面经验教训的基础上，果断地拨乱反正，把党和国家的工作重心转移到经济建设上来，把大力发展社会生产力作为根本任务，把不断提高人民的物质文化生活水平，把人的全面发展作为现代化建设和改革开放的根本目标，制定了更加科学的生产方式与生活方式变革战略。这个战略始终把提高人民生活水平、改善人民群众的生活质量作为最终目的和归宿，其策略的每一步都有相应的生活方式的标准，即从“温饱型”到“小康型”再到“比较富裕型”，这就纠正了过去对改善人民生活水平重视不够的偏差，更好地体现了社会主义生产方式和生活方式的目的。

---

[1] 毛泽东选集(1)[M].北京：人民出版社，1991：139.

[2] 毛泽东选集(1)[M].北京：人民出版社，1991：138-139.

中国共产党一贯倡导对生活方式进行系统而广泛的科学研究，并提出在研究成果的基础上对全体人民进行“健康、科学、民主、文明”的社会主义社会优良生活方式教育的重要任务。党最早提出并倡导“社会主义生活方式”是在改革开放之初，在第六个五年计划的报告中，中共中央和国务院提出要进行“社会主义生活方式的教育”任务。在中国共产党第十二届三中全会通过的《关于经济体制改革的决定》中，明确指出社会主义的经济体制改革必然会“引起人们生活方式和精神状态的重大变化”，从而提出“要努力在全社会形成适应现代生产力发展和社会进步要求的文明的、健康的、科学的生活方式，摒弃那些落后的、愚昧的、腐朽的东西，要努力在全社会振奋起积极的、向上的、进取的精神，克服那些安于现状、思想懒惰、惧怕变革、墨守成规的习惯势力。这样的生活方式和精神状态，是社会主义精神文明建设的重要内容，是推进经济体系改革和物质文明建设的巨大力量”。〔1〕党中央的这一科学决策和对社会主义生活方式的科学论述，为我国社会生活方式变革明确了战略内容，指明了社会主义社会的生活方式变革的基本方向。在中共中央十四届三中全会通过的《关于建立社会主义市场经济体制若干问题的决定》中明确指出：“积极倡导在社会主义市场经济条件下坚持正确的人生观和文明健康的生活方式，加强社会公德和职业道德的建设，反对拜金主义、极端个人主义和腐朽的生活方式。”〔2〕党的第十六次代表大会把“社会更加和谐”增加为全面建设小康社会的重要目标之一，十六届四中全会又明确提出把“提高构建社会主义和谐社会的能力”作为党执政能力和执政水平的重要方面和重要内容。以胡锦涛为总书记的新一届党中央，根据中国现实国情和时代历史发展的趋势，适时提出构建社会主义和谐社会的目标任务，要求全党牢固树立和贯彻落实科学发展观，促进社会主义物质文明、精神文明、政治文明、社会文明建设与建设全面社会主义和谐社会协调发展。我党提出的构建社会主义和谐社会的理论，使中国现代化事业的总体布局，由“三位一体”发展为“四位一体”，即社会主义经济建设、政治建设、文化建设的总体布局发展为社会主义经济建设、政治建设、文化建设、社会建设的总体布局。通过“四位一体”的建设实践，更好地处理社会主义生产方式与生活方式的辩证关系，使之共同发展、相互协调、和谐发展。中国共产党 2006 年 10 月召开的十六届六中全会通过了《中共中央关于构建社会主义和谐生活若干重大问题的决定》，提出了全面构建社会主义和谐社会的九大任务和目标，为我们构建社会主义和谐社会作出全面

〔1〕 中共中央文献研究室编. 十二大以来重要文献选编[M]. 北京：人民出版社，1986：586.

〔2〕 中共中央文献研究室编. 十四大以来重要文献选编(上)[M]. 北京：人民出版社，1996：547.

而系统的部署。《决定》指出，到2020年，社会主义和谐社会的建设要完成这样的基本目标和任务："社会主义民主法治建设更加完善，依法治国基本方略得到全面落实，人民的权益得到切实保障和尊重；城乡、区域发展差距扩大的趋势逐步扭转，合理有序的收入分配格局基本形成，家庭财产普遍增加，人们过上更加富裕的生活；社会就业更加充分，覆盖城乡居民的社会保障体系基本建立；基本公共服务体系更加完善，政府管理和服务水平有较大提高；全民族的科学文化素质、思想道德素质和健康素质明显提高，良好道德风尚、和谐人际关系进一步形成；全社会创造活力显著增强，创新型国家基本建成；社会管理体系更加完善，社会秩序良好；资源利用效率显著提高，生态环境明显好转；实现全面建设惠及十几亿人口的更高水平的小康社会的目标，努力形成全体人民各尽其能、各得其所而又和谐相处的局面。"十六届六中全会提出的和谐社会建设的基本任务和目标，既体现了"四位一体"的中国特色社会主义生产方式的实现途径，又表明了与之相适应的生活方式变革的方向和内容。社会主义和谐社会理论的提出与社会实践，表明了党对现代化建设的总体布局和根本任务的认识更加深刻、全面、科学和具有前瞻性。同时，也向全国人民明确了和谐的社会生活方式是新时期、新阶段具有中国特色的社会主义社会生活方式构建的重要原则和目标。

4. 党的执政建设为生活方式的变革奠定了中国特色

从世界历史的发展来看，任何一个国家和民族的生活方式，都会受到外部世界和其他民族生活方式的影响。面对这种影响，往往出现两种情况：一是被外来生活方式同化，全盘丢掉本民族的东西，崇洋媚外，丧失民族性，全盘吸收；二是有条件地吸收外来民族生活方式的优秀东西，发扬光大本民族的优势，承继而又发扬传统。吸收外来的而主要是发展自己民族的，始终保持自己的民族性，使民族性与世界性达到协调统一，和谐发展。当代中国的生活方式变革，也经历了这样一个过程选择。新中国的建立，中国共产党执政，为中国特色的生活方式变革构建了最基本的前提和基础。

改革开放以来，我国以理性和自信的态度，坚持独立自主、自力更生和对外开放相结合的方针，积极介绍、引进、选择、吸收西方社会生活方式的精华，摒弃西方社会生活方式的腐朽、没落的因素，坚持民族性和世界性的统一的社会主义社会的生活方式建设。马克思恩格斯认为社会主义制度不是独立于人类精神文明大道之外的特殊存在，而是始终和人类历史的发展紧密联系和相互影响的。因此，把马克思主义作为自己的指导思想的中国共产党，历来主张和强调借鉴和吸收人类创造的一切积极的精神财富和文化成果，特别是资产阶级在长期发展中所创立的积极成果。同时，也始终强调"东西结合、为我所用"的原则。对于国外的实践经验和取得的成果，毛泽东认为，必须有分析有批判地学，不能盲目地学，不能一切照抄，机械搬用。别人的短处、缺点，当然不要学。“我们要有计划、有选择地引进资本主义国家的先进技术和其他对我们有益的东西，但是我们决不学习和引进资本主义制度，决不学习和引进各种丑恶颓废的东西。”[1]在保持自己的独立性的同时，坚持辩证的扬弃的态度和观点，一方面积极开展多种形式的全方位对外交流，博采各国之长，广泛地汲取营养来发展自己，另一方面也积极向全世界开放，及时交流中国当代生活方式的建设成就，实现中外的双向互动。

在中外生活方式的交流与碰撞的长期历史中，中国人依次突破了“中体西用”的保守主义原则、“全盘西化”的激进主义幻想，克服了来自“左”的和右的冲击，最终形成了科学理性的态度，坚持主动与国际接轨，不断扩大对外开放，以自信和开放的心态将“引进来”和“走出去”相结合，大胆吸收他国人民生活方式的优异成果，促进我国社会生活方式变革。“引进来”和“走出去”相结合的基本态度和策略，是在更广的范围和更深的层次上与国际生活方式的接轨和融合，是我国对外交流理论与实践的更加成熟的表现，体现了中国作为国际大家庭的一员，已不再是盲目的敌视、拒绝或一味地崇拜外国，也不再自卑、自大、自我封闭，反映了当代中国对自身与世界关系的认识摆脱了过去或保守或激进的两种错误倾向，逐渐走向理性、客观、自信和成熟，开始以主动、积极的态度和开放的胸怀参与到世界生活方式变革的大潮中来。中国把发展具有中国特色的社会主义市场经济作为经济体制改革的基本模式和主要目标，按照经济建设、政治建设、文化建设、社会建设“四位一体”的总体战略布局推进中国特色社会主义事业的进展，走出了一条具有自己特色的社会主义生产方式的现代化道路。在现实的社会日常生活中，中国的衣食住行、文化娱乐、价值观念、思维方式不再“视洋为崇”，中国品种多样的饮食文化、中国唐装旗袍的服饰文化、中国兼容并包的建筑文化、中国古典传统的戏曲和音乐艺术文化等生活方式，不仅在中国建设社会主义实践中不断发扬光大，而且通过中国与世界日益频繁和密切的交流而走向世界，受到世界的普遍的欢迎，并进而影响世界。

另外，中国是多民族的国家，人口较少的民族就有 50 多个。各民族生活方式的多样化构成了当代中国生活方式绚丽多彩的全景，是中国特色生活方式的重要内容。因此，中国共产党非常重视保护和发展少数民族独特的生活方式，在经济发展、基础设施建设，文字文化和生活习俗保护、生育方式的维护、生活水平提高等诸多方面，采取有力措施，保持了少数民族传统的生活方式。这些都成为当代中国生活方式变革中保持中国特色的重要方面。

5. 党的执政为生活方式的变革创造了良好氛围

良好的社会风气是和谐生活方式变革的重要保障。中国共产党一直认为，社

[1] 邓小平文选(2)[M].北京：人民出版社，1994：168.

会风气的好坏，很大程度上取决于党风的状况。“端正党风是端正社会风气的关键。”[1]通过端正党风来端正社会风气，是中国共产党领导人民进行生活方式变革的有效途径。早在延安时期毛泽东就说过，只要中国共产党的风气完全正派了，全国人民就会跟我们学，这样就会影响全民族。新中国成立的最初一二十年里，中国共产党人高度重视党风建设，并采取一系列重大举措，根治党内干部的腐败现象，促成了社会主义国家一代新风貌的形成，“公而忘私、舍己为人、严于律己、艰苦朴素、勤俭节约、热爱劳动、刻苦学习”成为人们崇尚的生活方式和行为准则。

改革开放后，随着资本主义生活方式的影响，一些党员干部出现腐败现象，严重影响了党的形象和社会风气，也歪曲了生活方式变革的正确方向。党及时发现问题，多次做出反腐倡廉的决议、方针和政策。2009 年 9 月 18 日闭幕的十七届四中全会通过了加强党的建设的纲领性文件，又一次表明党在自身建设方面的勇气和决心。相信通过党的自身建设，一定能带动在全社会形成良好的风气，为生活方式变革提供良好氛围。

（二）反腐倡廉与生活方式变革

腐败作为一种社会历史现象，从本质上说，是政治权利和行政权力的泛化，是以腐朽没落的思想文化和生活方式为基础，以社会资源的私人占有为目的，以破坏生产力发展和侵害公众利益为基本特征的，它与社会主义政治文明格格不入，是与以人为本的和谐生活方式背道而驰的。腐败是党的躯体的一颗毒瘤，是破坏社会主义政治文明建设的一颗毒瘤，也是和谐生活方式革命过程中的一颗毒瘤。反腐倡廉关系党风、关系社会风气、关系党和国家事业的成败，必须有效预防、坚决制止、严肃惩处腐败。反腐倡廉必须从源头抓起，从生活理念、生活习俗、生活态度等生活方式的基本要素出发，树立正确的人生观、价值观和生活观，顺应生活方式的科学变革。

反腐力就是防治腐败的能力，是党建力即党的建设的重要组成部分，提高反腐力，就是提升防治腐败的能力。本书从四个方面加以论述：

1. 预防和治本体系建设，有效铲除腐败生活方式滋生的土壤

首先，要加大思想教育的力度，建立反对腐败思想防线，从行为主体上形成自约因素。思想是行动的先导，内因是事物变化的决定性因素。人的生活方式，不仅受生产方式条件的制约，而且要受自己的思想和道德素质的制约。实践表明，思想是行动的先导，正确的世界观、人生观和价值观会引导人走向光辉的人生之路，相反，一个人如果在世界观、人生观和价值观上出了问题，在人生之路上迟早要出问

[1]　邓小平文选(3)[M].北京：人民出版社，1993：144.

题。一些党员干部走上违纪违法的贪污腐败之路，基本是从思想蜕化变质开始的。加强反腐倡廉建设，加大反腐败力度，首先必须以抓好思想教育特别是世界观、人生观、价值观的改造为基础。“正气存内，邪不可干”，坚持以教育领导干部特别是掌握一定的人权、事权、财权的领导干部为重点，以树立马克思主义的世界观、人生观、价值观和正确的政绩观、地位观、生活观、权力观、利益观为根本，以艰苦奋斗、廉洁奉公、执政为民为主题，坚持用马克思主义的基本理论和社会主义核心价值观念引领社会思潮，牢固树立社会主义荣辱观，深入开展共产主义理想信念教育和从政道德教育、党纪党规和国家法律法规教育、党的优良传统和作风教育，不断丰富教育内容，创新教育形式，改善教育手段，增强教育的感染力和说服力。同时，需要面向全社会和全体社会成员开展廉洁奉公、反腐倡廉教育，形成浓厚的廉政氛围，大力加强廉政制度建设，不断完善反腐手段，努力扩大廉政监督主体范围，积极推动廉政文化进家庭、进社区、进学校、进企业、进农村，积极开展以家庭美德、社会公德、职业道德和个人品德教育为主要内容的公民道德教育，在全社会形成以廉为荣、以贪为耻的良好政治生活方式，建立优良的政治关系，为搞好反腐倡廉建设营造良好的社会舆论。

其次，要建立积极有效的预防腐败的机制，把反腐败机制建设融入各项重要改革措施和制度建设之中，坚持用改革的方法和创新的机制解决导致腐败现象发生的深层次、机制性问题。这是预防腐败根本的有效途径。近年来，国务院通过对国家重点项目、一般项目以及各省地市项目的持续审计，共取消或调整 1 805 项审批项目，调整和下放行政审批项目 167 项，约占国务院部门审批项目总数的 50%以上。全国 31 个省(区、市)共调整和取消审批项目 22 000 多项，占审批项目总数的一半以上。通过这些预防措施，有效地降低了与行政审批有关的腐败现象和腐败案件发生率。今后，要进一步加大反腐败的力度和范围，不断研究和探索新时期、新阶段出现的新的腐败问题，积极推进干部选聘制度、工资制度、人事制度以及国有资产经营体制、财政管理制度、金融体制、投资体制、招投标制度等方面的改革，建立和规范防治腐败的工作机制。坚持从源头上防治腐败，归根到底要靠制度作保障，把各项改革措施真正落到实处。按照依法治国、依法治党、依法行政的要求，加强党内法规制度体系建设，完善国家反腐制度和法规体系，及时将经过实践检验证明有效的反腐倡廉措施、制度按法律程序上升为国家法律意志，切实解决有章不循、有法不依、执法不严、权大于法的问题，提高制度的执行力，坚决维护法规制度的严肃性和权威性。

同时，还要加强和完善对行政权力运行全过程的监督和制约。“绝对的权力会产生绝对的腐败”，发生的多数腐败案件事实表明，权利如果得不到必要的监督必然会导致腐败，腐败就是权力滥用的结果，就是权力运行过程中监督不力的结果。

抓好反腐倡廉建设，必须加强对权力特别是行政权力运行的监督，做到关口前移，防范在先，持续警示。建立健全决策权、执行权和监督权三权分离和相互制衡的制度，形成“三权”既相互制约又相互协调的权力配置结构，建立起配置合理、结构科学、程序严密、制约有效的权力运行机制，真正做到“权为民所用、利为民所谋”。认真落实党内监督条例，理顺党内监督关系，规范党内监督程序，重点加强对领导干部特别是主要领导干部、领导干部家属和身边工作人员、人财物管理使用的关键岗位、不易监督的独立工作岗位的监督，加强对领导班子民主生活会的指导和监督，严格执行述职述廉、诫勉谈话、函询和党员领导干部报告个人有关重大事项等制度，切实提高民主生活会质量。努力拓宽监督渠道和途径，把党内监督和党外监督、人大监督和司法监督、上级监督和下级监督、政协民主监督和政府专门机关监督、舆论监督和群众监督等监督形式和渠道结合起来，形成并不断完善全方位监督体系，切实增强监督合力和效能，有效铲除腐败生活方式滋生的土壤，提高反腐力。

2. 加大制度建设，有效制止腐败生活方式产生

提升反腐力关键在于制度建设。制度更带有全局性、根本性、稳定性和长期性。加强腐败源头治理工作，深化改革，勇于创新，建立健全预防腐败的一系列政治制度。

一是健全民主生活制度，丰富民主生活形式和内容，完善公开办事制度，提升民主反腐力。扩大公民有序的政治参与，保证人民依法实行民主选举、民主决策、民主管理和民主监督，享有广泛的民主权利和自由。党内民主是人民民主的基石。进一步严格执行党的民主集中制原则，健全信访举报管理制度，推行质询制度和民主评议制度，拓宽党内民主渠道，建立党内民主生活方式，切实保障党员的权利。加快信息化建设步伐，逐步发展行政信息网络和电子政务，提高行政行为的透明度和行政管理的效率，把行政行为置于公众的强有力的监督之下。

二是建立健全反对腐败现象发生的各种法规和制度，提升制度反腐力。在中国特色社会主义市场经济条件下，深入开展反腐败斗争，进一步制定、修改和完善党风廉政法规制度，坚持依纪依法治理腐败，把反腐败斗争纳入法制化轨道。结合工作实际，完善并落实党风廉政建设责任制等反腐倡廉各项制度的考核和责任追究办法，做到规定要细，界定要清，措施要硬，处理要严。

三是创新体制机制，提升制度反腐力。从制权、管钱、用人等方面入手，积极推进行政审批制度、财政管理制度和干部人事制度改革步伐，建立配置合理、程序严密、制约有效的权力运行机制。改革和完善反腐决策机制，推进反腐决策科学化、民主化；深化行政管理体制改革，改进管理方式，提高行政效率，降低行政成本，形成行为规范、运转协调、公正透明、廉洁高效的行政管理体制；推进司法体制改革，建立健全权责明确、相互配合、相互制约、高效运行的司法体制，杜绝司法领域中的

腐败行为和腐败现象;以建立健全选拔任用和管理监督机制为重点,以科学化、民主化和制度化为目标,改革和完善干部人事制度和公务员制度。

四是强化监督机制,提升监督反腐力。要通过加强党内监督、法律监督和舆论监督,建立健全反对腐败的制约机制和监督机制。按照党风廉政建设责任制的要求,加强上级对下级的监督;按照民主集中制的原则,加强领导干部班子内部监督;强化党委各工作部门的监督职能,完善党内监督。探索多种行之有效的监督形式,落实人民群众的监督权,扩大公众话语权,强化公众监督;认真落实法律赋予人大机关的监督职能,强化人大的法律监督;进一步加大政法机关的监督职能,通过查办案件,强化对干部的司法监督;加强立法,对新闻单位的监督权力予以保障,强化舆论监督。

3. 端正党风建设,有效预防腐败生活方式发生

党风关系到社会风气,关系到党的形象,关系到党的生死存亡。全面加强党风建设,必须严格按照“八个坚持、八个反对”的总体要求,认真搞好包括思想学风、工作作风、领导作风和干部生活作风多方面的建设,认真解决党风特别是领导干部的工作作风、生活作风方面存在的突出问题、典型问题。党风不正,社会风气无从谈起。近几年发生的腐败案件深刻地提醒我们,一些领导干部犯错误,甚至走上贪污腐败、违法犯罪的道路,都与利用职权为亲属或身边工作人员谋利、傍大款搞权钱交易、包养情妇搞不正当男女关系、贪图物质生活享乐等作风问题有关。陈良宇、郑筱萸等人的严重违纪违法,就是从小事、小问题、小作风开始的,这方面的教训深刻、警示意义深远。俗话说,小洞不补,大洞吃苦,所以端正党风建设,要从小事抓起,防微杜渐,切实将党的作风建设与严格执行廉洁奉公、依法行政的各项规定紧密结合起来,坚决纠正各种与廉洁勤政原则相悖的腐败生活方式。当前,尤其要坚决防止和纠正下列突出的腐败违法行为:违反规定跑官要官、卖官鬻爵和权钱交易;收送干股、现金、有价证券和支付凭证;放任、纵容干部家属和身边工作人员利用出国出差、祝贺节日、孩子上学、婚丧嫁娶等借口收钱敛财;参加赌博以及以交易形式谋取私利等腐败生活方式和行为;到下属或关系单位企业要赞助、要报销等。党员干部一定要注重持续的党性修养,保持正派的作风和健康的生活观念、生活方式,保持高尚的精神追求,不断提高文化素养和道德修养,坚决抵制和摆脱低级趣味,绝不能沉溺于灯红酒绿、流连于声色犬马;必须慎重社会交往对象和交往方式,时刻检点自己的工作作风、生活作风,对自身的错误认识和缺点保持经常自省,始终保持共产党员的政治本色和高尚情操。

4. 查办大案要案,防止腐败生活方式蔓延

坚决查办大案要案,既是惩治腐败的重要手段和纯洁党员干部队伍的重要保证,又是预防腐败犯罪,防止腐败生活方式蔓延的重要举措。以查办大案要案为主

的惩治腐败这一重要手段，在任何时候、任何情况下只能加强而不能放松，始终保持高压反腐态势，以警示他人。继续以查办领导干部和领导机关滥用职权、违法用权、贪污腐化、以权代法、失职渎职等案件为反腐工作重点内容，严格执行党的纪律，严肃查办官商勾结、权钱交易、权色交易和严重侵害群众利益的案件；严厉查处房地产领域的非法批地、擅自变更规划获取利益、低价出让土地等各项违法违规行为；严厉查处金融领域中违规发放贷款、核销贷款以及侵吞、隐匿、挪用、转移国家资产的案件；严防在用人工作中用人唯亲、拉帮结派、买官卖官等严重违反组织人事纪律的案件；严查在司法领域中利用司法权索贿受贿、徇私舞弊、贪赃枉法等案件。加大追缴腐败分子的赃款赃物力度，加大对腐败分子的经济处罚和外逃贪官追捕力度，保护国家和人民财产不受侵犯，绝不让腐败分子心存侥幸。坚持在法律和纪律面前人人平等，对任何腐败分子，无论官大官小、无论过去贡献多大都必须依法严惩，绝不姑息。继续深入开展治理商业贿赂、清理小金库、国家投资项目等专项工作，既要严厉惩处受贿行为，又要加大对行贿行为的惩治力度。依法查处国（境）外跨国公司在我国内地的商业贿赂行为和国有公司在境外投资过程中的舞弊行为。坚决杜绝企业和其他取得收入的组织在经营活动中的商业贿赂行为，严格执行国家法律法规和相关政策，努力做到宽严相济、惩前毖后、治病救人，努力在全党和全社会取得良好的社会效果和法纪效果。查办案件，震慑犯罪，对于反腐力的提升和防治腐败生活方式的出现有极好的效果。既表明了党对反腐败的决心，同时也能净化社会风气，倡导以人为本的民主政治生活方式。

二、政治关系是生活方式变革的制度保障

政治关系是政治力在政治活动中形成的人与人、团体与团体、团体与人之间的关系总和，以政治制度、政治体制、政治法规、政治政策、政治战略、政治策略等较稳定的政治关系为表征。

（一）民主制度建设是生活方式变革的政治途径

在当代中国，民主不仅是生活方式变革的政治目标，而且是生活方式变革的政治资源。民主不仅仅体现为一种现实的政治形态，而且是一种与改革开放和生活方式变革相伴相生的历史过程。在这个历史过程中，基于民主与生活方式的内在联系，有效的民主推动了生活方式的变革，同时，民主生活方式的形成保护了民主政治建设的有效成果。民主关系既表现为一种价值理念，又表现为一种以民主制度为主要内容的国家制度；既体现为一种以权利、协商、自主和自治为主要形式的社会行为，又体现为一种对民主理念贯彻的治理机制。总之，民主作为一个新的现

代政治文明的基石，推动着生活方式的变革。

1. 民主制度建设为生活方式的变革奠定了民主的价值理念

民主是中国革命的重要目标，是中国人民自己的选择。毛泽东在《新民主主义论》中明确指出：中国革命分为两个步骤，一是民主主义革命，二是社会主义革命。民主主义革命又分为旧民主主义革命和新民主主义革命。革命的道路是中国人民在历史的前进中采取的正确选择，而从新民主主义革命发展到社会主义革命，其目标是建立人民民主专政的人民共和国。由此可见，民主历来是中国革命的重要目标。

民主革命是一种政治行动，而政治行动必须有政治思想和政治理念为先导。既然近现代中国革命以民主为其目标，那么必然有民主思想和民主价值观作指导。然而，中国传统政治文化中缺乏民主政治的思想渊源和推进动力，因此，中国近现代民主思想不得不借助外部力量，也就是来自西方民主思想的影响。

“民主”思想在中国的传播，大致经历了三个阶段：第一阶段，西方民主思想潮流开始传入中国，中国少数知识分子开始民主意识的萌芽，国人对“民主”的认识尚处于初级阶段，对各种民主思想流派亦缺少足够的鉴别和辨识力，“民主”常被视为中国传统政治积弊之对立面而存在并获得价值，民主思想尚停留在思想家引介、鼓动的萌芽阶段。第二阶段，“落户”中国思想界的各种民主思想流派，渐渐归结为两种既相互关联又相互对立的民主思想，即“自由主义的民主”和“共和主义的民主”。这是西方民主思想在中国思想界的两种表现特征。两种民主思想的相同之处在于两者都是对中国传统政治形态之否定，不同之处在于前者的出发点是崇尚个体的独立与自由，而后者是侧重以群体与大众的民主权利为出发点。第三阶段，“共和主义的民主”思想最终战胜“自由主义的民主”思想而一跃成为现代中国主要的民主潮流和价值理念。由于中国传统思想中缺少“自由主义”的思想基础，因此“中国的自由主义者先天不足，后天失调”。外来的民主思想进入中国本土，得到中国人的广泛认可，要想落地生根，都必须与中国传统思想相结合。“共和主义的民主”思想与中国传统文化观念相结合，很快找到两者的结合点，迅速演化为在现代中国思想界中占据优势地位的民主潮流。民主观念无疑改变了中国传统的群体意识，使传统的群体意识赋予民主的新鲜内涵，但中国古老的群体意识在某种程度上也改造了“共和主义”民主的内涵，这种结合最终导致“人民民主”观念的诞生。从此，几千年封建制度的政治生活方式遇到民主的挑战；民主理念开始引导生活方式的变革。

新中国建立之初，中共把民主主义作为治理社会主义国家的基本原则之一，把民主政治制度建设作为现代化建设的一个重要方面，对国家政治体制进行了彻底的改造与重构，确立了国家政治生活方式的民主理念、民主程序、民主方法。十一届三中全会后，中国特色社会主义的民主政治建设道路，是在深化对社会主义本质的认识、确认民主是社会主义本质特征的理论前提下，取得了历史性发展，并形成了以人民民主思想为前提，以宪法为基础，以共产党领导的多党合作和政治协商、依法行政、人权保障、基层民主等为主要内容的社会主义民主制度框架。改革开放以来的社会主义民主政治建设，在社会日常生活领域，由权力过分集中的集权体制向建立在个人平等自由基础上的民主法治型体制转变，从以人治为主的人治社会向由法律来调适和在法律面前人人平等的法治社会转变。民主建设为政治生活方式的变革奠定了良好的民主价值理念。

2. 民主制度建设为政治生活方式的变革确定了民意渠道

中国社会主义制度的建立，表明在中国政治民主化的历史发展过程中，民主由一种价值理念到政治实践的实现过程，确立了民意渠道。经过60多年的政治建设历程，这种民主的国家制度和政治体制逐步完善，形成了以下主要制度体系或者渠道体系：第一，人民代表大会制度，这是中国政治制度的基础，是政体；第二，中国共产党领导的多党合作与政治协商制度，这是中国共产党的传统优良作风；第三，民族区域自治制度，这是中国特色的政治制度的基础，以及由以上三大制度衍生出来的具体政治制度。这些民主制度实际上适应和规范了广大民众的民意渠道。上述渠道相互监督、相互联系、相互支撑，共同保障着作为国体的人民民主专政的实现。渠道制度作为民主政治建设的一种重要的形式和内容，具有不可替代的政治功能。它把民意的来源制度化、常态化、规范化，为国家和人民政治生活方式的变革提供了制度保证。渠道制度所提供的民主机制运转的制度空间，其本身的特征与限度在一定意义上决定着民主的特征与限度。

三大制度确定和规范了当代中国政治体制中最为基本的权力主体和权力关系，那就是，中华人民共和国的一切权力属于人民；人民代表大会是国家的最高权力机构；人民代表可以行使充分的话语权，是人民代表大会制度首要的基本原则。中国共产党作为中国工人阶级和中华民族的先锋队，在当代中国政治体系中居于必然的领导地位。当然，中国共产党也必须遵守和尊重宪法和法律，也必须在宪法和法律的范围内活动，必须通过合适的渠道反映本党的意志，必须通过合法程序把党的意志上升为国家意志。各民主党派，作为各自所联系的一部分人民群众的政治代表和政治组织，是国家政治生活中的重要组成部分，在当代中国政治体系中都享有其作为人民之特定部分的权利、权益和权力，通过一定的渠道来反映这一部分人的民意。因此，从这个意义上来说，人民代表大会制度构成了当代中国民主政治制度的基本框架。这种制度无疑也为当代中国政治生活方式变革提供了民意渠道。

在当代中国政治体系中，中国共产党领导的多党合作与政治协商制度是我国人民政治生活方式和反映民情民意渠道的又一重要特征，是区别于西方政治生活方式的显著特点。中国共产党和各民主党派，是当代中国政治体系中极为重要的政治主体，是中国政治建设的力量所在。中国共产党的执政党地位，各民主党派的参政党地位，是中国政治发展道路的历史选择。中国共产党与各民主党派之间是领导、协商与合作、监督的政治关系，是当代中国民主政治建设的重要内容和重要体现。协商民主是这一政治体系中重要的内容，是中国共产党与各民主党派之间政治生活方式的主要形式，一部分民情民意通过协商渠道反映出来。

中国同时又是个多民族的国家。民族发展的特殊性要求在民主政治建设形式上体现民族区域自治。民主的发展必然要求自治范围、自治广度和自治深度的进一步扩展。当然，自治水平的提高正是民主政治发展的真实体现。民族本身是具有共同地域、共同经济生活、共同语言、共同文化和共同心理特征人群的共同体，这是民族自治的基础。平等相待、和睦相处、共同发展是民主的民族关系发展的前提，也是中国民主政治建设的必然要求。民主的民族关系集中体现为民族的自治权利，特别是少数民族相对于多数民族的自治权利以及多数民族对少数民族自治权利的尊重和认同。从这个角度讲，民族区域自治制度构成了新中国人民民主的当然内容，民族区域自治充分反映了民族地区的民情民意，民族区域自治制度构成了当代中国民主制度的重要组成部分。反映到政治生活方式的变革上，就是要相互尊重各民族的生活观念、生活习惯、婚姻家庭传统和消费方式，特别是要充分尊重少数民族的民意反映，因此，民族区域自治制度也是政治生活方式变革的重要制度保障。

3. 民主制度建设为生活方式的变革提供了社会行动支撑

民主制度的建构并非是当代中国民主政治建设的终点。制度建设与民主实现有一定的距离，制度空间并不等于社会行动和政治实践。从作为国家制度的民主和作为社会行动的民主之间的关系来看，是既有区别又有联系的，前者为后者提供制度框架，后者为前者提供行动支撑。只有制度民主和行动民主取得一致，才是民主的真正实现。社会行动是国家民主制度得以贯彻执行的关键，也是政治生活方式变革的实现途径。国家民主制度设计再好，如果没有一定形式的民主建设方式把民主制度落到实处，那民主制度也是一句空话，更谈不上把民主制度变成一种政治生活方式固定下来。因此，民主建设的各项措施实际上为政治生活方式的变革提供了社会行动的支撑。

与此同时，积极有效的社会行动要求国家向社会适度和必要分权，给社会行动必要的时空，进一步提供保障个人权益的体制性空间和法律性空间。这是社会行动对民主制度建设的内在要求。中国特色社会主义市场经济，因为市场经济的本质特性所决定，比其他任何经济方式更大限度地维护了合法的个人、团体、组织追逐权利的经济行为和社会行为。在市场经济方式之中，自主、自由、平等、法治、协商和合作的存在意识和社会交往意识空前发展，市场主体的社会自主能力空前提升，社会行动相应得以空前活跃。这种政治生活方式发展的结果是，个体权利比国家、政府和公共权力变得更加突出和重要，社会团体和社会组织等新生社会阶层迅速发展并越来越具有活力，新的社会阶层开始层出不穷，社会结构更趋于分化。因此，逐利、维权、协商、合作、交往等社会行为渐渐发展成为政治民主最为重要的动力，无疑也影响着人们对政治生活观念、生活态度、生活形式、生活目的和生活手段等政治生活方式的改变，成为社会行动的重要支撑。

4. 民主制度建设为政治生活方式的变革提供政治机制

现代政治文明发展的历史表明，成熟的民主形态必然催生成熟的政治和社会治理机制。对当代中国政治发展而言，民主制度建设的政治机制，主要是三个方面的体制与机制：①基础层面的基层群众的自治与管理机制，包括村民自治制度以及城市社区居民自治制度的建立与发展。②沟通层面的社会政治交往方式与协商机制，譬如中共党员个人与党的组织之间、党的上下级组织之间、中国共产党与各民主党派之间、党的外围组织以及各群众团体之间等社会交往与民主协商机制。③政策层面的民主决策与科学决策机制。上述三个方面的体制与机制建设，是当代中国政治民主建设在新时期和新阶段持续发展的重点和着重点。这三个方面的体制机制在不同层面上共同作用于政治生活方式的变革，形成了三个层面的政治生活方式的变革机制：即基层群众的民主参与自治的政治生活方式，个人与组织、组织与组织之间的沟通的民主协商的政治生活方式和科学化与民主化的国家政治生活方式。

（二）法治建设是生活方式变革的秩序前提

马克思主义认为，法的关系根源于社会的物质生活条件，法作为意识形态的范畴受制于物质的因素，同时法作为调节社会生活的手段，也根源于社会发展到一定历史阶段而出现的利益冲突。所以说，法律随着社会经济条件发展而发展。列宁在领导和创立苏维埃社会主义国家的过程中，具体和深化了马克思主义的法的理论，创造性地提出了无产阶级专政时期的社会主义法制问题。以毛泽东为代表的中国共产党人，把马克思列宁主义法的基本原理同中国法制建设实践相结合，在几十年的新民主主义革命和社会主义法制实践过程中，卓有成效地进行了一系列社会主义民主法制建设，创造性地形成了中国社会主义法律的一些理论体系。邓小平同志以开辟建设中国特色社会主义和改革开放新道路的巨大政治勇气，以奋力开拓马克思主义理论新境界的巨大理论勇气，在坚持马克思主义基本理论的基础上，解放思想，实事求是，一切从实际出发，第一次从建设中国特色社会主义现代化事业的战略高度，从社会主义制度的本质要求的层面，确立了社会主义法制建设的战略地位，把马克思主义法律理论在中国的实践推进到一个新的阶段。

1. *法治建设提高了生活方式变革主体的法治意识*

邓小平同志特别强调社会主义法制的重要作用。他多次强调，要抓好法制宣传教育，在人民群众中树立法制观念。他还指出，一个人能否自觉地运用、遵守和维护法律，在很大程度上同他的法制观念有直接的关系。也就是说，在一个法制观念淡薄的社会，是不可能真正实行法治的。早在 1980 年，邓小平就明确要求，要在全社会讲法制，真正使人们懂法守法，使更多的人不仅不犯法，而且能积极维护法律。随着法制建设的逐步深入发展，他又进一步指出：“加强法制重要的是要进行教育，根本的问题是教育人。”从历史上看，中国是一个封建历史很长的国家，中国传统的“理法双行”、“刑政相参”、“情法兼到”、“德刑并用”的社会治理方式和法治生活方式的观念，使人治意识越来越浓厚，而全社会法律意识却越来越淡薄，因此，增强全民的法治意识是一项长期而艰巨的任务。

市场经济是要求市场主体地位相互平等、自由竞争的经济。市场经济本质上说是法制经济。同时，民主是社会主义的本质之一，民主建设的内在要求法治来保障，没有法治的民主是不现实、不长久的民主。社会主义生活方式本质上说是一种自由、平等、幸福、和谐的生活方式。这种社会生活方式的实现也赖以良好的法治来保障。人们在追求和谐生活方式的同时，必须提高法制意识，增强法律观念，自觉遵守法律，共同维护社会秩序，维护法律尊严，共同制造一个符合和谐社会生活方式变革取向的法制环境。

法律意识是铭刻到人的思想观念中，能够指导人自身行为规范的主观性认知。但是从现实情况看，由于法制教育的广度和深度的不同，由于党内和一些政府部门的法律意识淡薄，一些党政干部违法现象时有发生，而且在一定范围内还存在蔓延的趋势，特别是社会上“有法不依、执法不严、违法不究”，以及以言代法、以权压法等现象依然不同程度地存在，这在相当程度上影响了人民群众运用法律、维护法律、崇尚法律的积极性，因此，国家采取多种形式进行普法教育，引导各级领导干部和广大群众坚持依法治国、带头守法、保证执法，不断推进国家经济、政治、文化、社会生活的法制化和规范化，着力提高社会生活变革主体的法治意识，为政治生活方式变革奠定思想基础。

2. *法治建设为生活方式的变革建立健全了法律服务体系*

1978 年 12 月，邓小平在中央工作会议的讲话中指出：“现在的问题是法律很不完备，很多法律都还没有制定出来。所以，应该集中力量制定刑法、民法、诉讼法和其他各种必要的法律，例如工厂法、人民公社法、森林法、草原法、环境保护法、劳动法、外国人投资法等。国家和企业、企业和企业、企业和个人等之间的关系，也要用法律的形式来确定;他们之间的矛盾,也有不少要通过法律来解决。”[1]邓小平从立法的角度指出了法律职能的具体化、多样化和法律体系的规范化的重要意义,强调了法律从革命性功能回归到司法性与社会性功能的重要作用。十一届三中全会后,公开审判、刑事诉讼、人民陪审、人民调解等一系列司法程序制度得到恢复和建立。特别是1979年,刑事、民事诉讼程序制度的制定、律师制度的恢复,1980年公证制度的建立,标志着社会主义法律服务体系建设进入实质性阶段,为社会主义生产方式的实现与生活方式的变革提供法律服务。

1984年10月,中共十二届三中全会通过的《中共中央关于经济体制改革的决定》指出:“经济体制的改革和国民经济的发展,使越来越多的经济关系和经济活动准则需要用法律的形式固定下来。国家立法机关要加快经济立法,法院要加强经济案件的审判工作,检察院要加强对经济犯罪行为的检查工作,司法部门要积极为经济建设提供法律服务。”[2]这是中国共产党首次提出“法律服务”的概念,标志着我党在法制建设上的新认识和新高度。中共十四大以后,随着以社会主义市场经济体制为价值取向改革的逐步深入,法律服务体系也日趋健全和完善。特别是行政诉讼法的制定及民事、刑事诉讼程序的修改,使中国特色社会主义法律服务体系的司法服务特征与社会服务作用日益显著。法律作为调节市场经济主体和社会生活主体之间关系的规范作用愈来愈重要。民法和民事诉讼法规定了众多与社会生活方式变革有关的法律条文规定,为生活方式的变革提供了切实的法律保障。2002年,司法部在《关于加强大中城市社区法律服务工作的意见》中明确提出,法律服务要“面向基层、面向社区、面向群众,坚持服务的公益性、便民性。”自此,中国法律服务体系建设的重点开始放在司法体制变革上,并逐步发展成为为社会主义市场经济制度和生活方式的变革服务的法律体系。

从以上中国特色社会主义法律体系的发展历史看,我国法律制度体系是在自上而下的制度设计过程中得以逐步丰富和完善的。而西方国家的法律体系一般都是自下而上形成的。无论从国内还是从国际的法律实践来看,国家法律制度的功能除了“赏善罚恶”,同时还兼备向社会宣传法律知识、提升法律意识、提供法律援助与服务的功能。法律服务体系建设,是国家法律体系的重要组成部分,是社会主义市场经济的法制保障。法律保障体系建设是社会主义经济建设、政治建设、文化建设和社会建设所必需的基础保证。没有法律,社会秩序就没有任何保障,一切经济活动和其他社会活动就不能正常进行,社会生活就会陷入混乱状态。中国政治

〔1〕 邓小平文选(2)[M].北京:人民出版社,1994:146-147.

〔2〕 中共中央文献研究室.十二大以来重要文献选编(中)[M].北京:人民出版社,1986:575.

发展和法律建设的历史充分证明了这一点。法制的健全与完善很大程度上是指法律体系建设的完善，而法律体系的完善程度则体现了法制健全的程度。法律体系不仅维持了自身有序的运作，同时还为法治的进步与完善，为生产方式和生活方式的变革提供强大的法律保障体系。

经过近60年的法制建设与发展，我国的法律法规体系逐步完善，基本满足了经济社会的发展与生活方式的变革对法律服务的需要。民商法、经济法等市场经济法规，为维护社会主义市场经济秩序，发展社会主义社会生产力发挥了重要作用。公民义务的规定，人权的宪法保障，刑法对社会侵害行为的整治，以及社会法的逐步完善，维护了社会的稳定，保障了社会主义公民的基本权利和义务。另外，国际法和国际贸易法体系使国际经济的正常交流与合作有法可依。总之，从经济建设到社会日常生活形成了一整套比较完善的法律体系，从而保证了生活方式的变革朝着健康、科学、有序、和谐的方向发展。

3. *法治建设为生活方式变革提供了有力的司法保障*

司法权的基本功能是对提起的诉讼进行依法裁决。司法权运作所追求的价值目标是公正。当事人为了保护自己的正当权利，利用国家法律规定的司法制度和司法程序，在审判中寻求公正的处理结果。司法权是国家机器的职能，是法治建设的核心内容。法治建设可以为生活方式变革提供强有力的司法保障。

1949年，《中央人民政府组织法》延续了解放区时期的“司法半独立”原则，司法权没有真正独立。1954年9月，《人民法院组织法》和《人民检察院组织法》颁布实施，确立了司法独立的基本原则，人民法院和人民检察院不再是同级政府的组成部分，而是独立于政府部门的司法机关，社会主义司法制度从此开始进入一个新的历史时期。但是“文革”十年，司法体制又遭到人为严重破坏，社会陷入无政府状态，为生产方式与生活方式变革的司法保障功能被弱化。

直到1982年，新宪法重申了审判机关和检察机关独立的地位。但是，由于受十年文革的影响，法律体制的不健全、法律运行机制缺陷等因素在一定范围内的存在，使司法独立形同虚设，司法职能没有得到很好发挥。司法体制功能的弱化，导致各种形式的不正之风蔓延，乃至严重的司法腐败，极大地削弱了法律的权威和法制建设在人民心目中的形象。1992年，江泽民曾强调，“除了需要加快立法进程外，当前突出的任务是要严格执法，树立社会主义法治的权威。”1997年，党的十五大报告明确提出：“推进司法改革，从制度上保证司法机构依法独立公正地行使审判权和检察权，建立冤案、错案责任追究制度是加强社会主义法制建设的重要内容。”自此，在社会主义市场经济体制不断完善的条件下，我国的司法制度建设开始朝着司法独立、司法公正的目标迈进。

社会主义司法制度实践60年来，在“依照法律保护全体公民的各项基本权利和自由以及其他合法权益"、"保护公共财产和公民私人所有的合法财产"、"维护社会秩序,保障社会主义现代化建设事业的顺利进行"、"依照法律惩罚少数犯罪分子"等方面发挥了重要的作用。加强社会主义法制建设,还必须做到"执法必严,违法必究",推进和完善司法监督体系与法律执行机制的建立。国家政治生活的规范化要求,中国共产党和政府与社会公众的行为都能够"据以法律,贯以法源,绳以法标",行使各自的权利与履行各自的义务,使民主制度和法律制度保持其稳定性、连续性和权威性,进而巩固与发展社会主义民主政治体制。法制并不仅仅是一种保障手段,同时也是一种培育、实现进而保障民主的基本方式或途径。法制的作用在于明确告诉人民作为国家主人应该享有的具体权利,同时规定其所应承担的具体义务及行使权利、履行义务的正当途径与程序。只有这几方面内容全面地融入到社会主义法治之中,才能从真正意义上称为建立并完善了社会主义法治。

党的十六大明确提出了"发展社会主义民主政治,建设社会主义政治文明"的基本目标,强调"最根本的是要把坚持党的领导、人民当家做主和依法治国有机统一起来"。[1] 在"依法治国"的过程中,加强与完善社会主义法制建设是必要的前提与保障。社会主义法制要求在经济、政治、文化、社会等各个方面的设置与运作上实现制度化与法律化。只有通过社会制度的法律化,才能真正形成"有法可依、有法必依、执法必严、违法必究"的民主政治局面。社会的法治程度集中反映了法律制度在社会管理中的法治能力,集中反映了国家政治生活中对各种政治、经济等利益关系进行制度调节的合理化程度,同时也直接体现了当代中国政治生活方式民主化的程度或者水平。

中国共产党提出了"在 2010 年形成中国特色社会主义法律体系"的目标,确实是一项极为艰巨的任务。法律的形成不仅仅是法律条文制定过程的完成,而且还包括立法、执法、守法统一过程的实现。也就是说,从立法到法律形成、从法律形成到施行法制、从施行法制到实现法治,是社会主义法制现代化的整个进程的不同阶段。只有在前一阶段实现的基础上,才能推进到下一阶段继续实施。这个实现的过程是不可逾越的,因为制度治理的形成是一个长期的历史过程。它涉及法律制度的完善、全民法律意识的提高、司法机构的执法能力、经验以及法理资源的积累等问题。只有当人们对法律的认知深入到价值观念和日常生活方式中,才能认同法律作为人民共同意志集中体现的作用,同时他们也会在行使自身合法权利的过程中,主动要求以法治作为规范标准,以保证自身的自由权利和生活方式,在社会主义民主层面上得以彻底实现。经过 30 多年的努力,我国初步形成了以宪法为基础,包括民法、经济法、婚姻法、劳动法、环境保护法、刑法、行政法、军事法等法律体

〔1〕 江泽民文选(3)[M]. 北京:人民出版社,2006:553.

系，使社会生活方式的各个方面有法可依。

（三）政治制度是生活方式变革的秩序基石

政治制度是政治关系的秩序环境，政治制度对生活方式的约束是较稳定的、强制性的长期性的约束。它就像江河的堤坝，约束着水流的方向。而制度就是这个堤坝的脊梁，是骨干部分，因此说，制度建设是提升政治力的核心，制度化是政治建设的内核，也是生活方式变革的重要基石。改革开放30年来，在国家政治建设中，围绕政治力效能的最大提升，在制度建设方面有三个方面的内容尤为突出。一是党的政治领导的制度化和法制化，理顺了党与宪法、党与政府以及党与权力机关的相互关系，解决了中国政治生活方式中各政治权力主体之间的相互关系。二是政治决策更多地通过制度化的协商机制而表现为协商性政治，其中最重要的，是共产党领导的政治协商与多党合作制度。三是政治过程也通过一定的制度形式实现了民主化。其中有两个方面的突破最为明显，一方面是基层选举制度的实行与维护，另一方面是党内民主的不断加强与推进。

1. 人民代表大会制度建设对政治生活方式的推进

坚持和完善人民代表大会制度，是我国人民政治生活方式的基本制度。我国政治生活方式的核心是人民当家做主。我国社会主义的国体是人民民主专政，政体是人民代表大会制度。国体决定了人民是国家的主人，通过具体的政权形式来体现人民当家做主的宗旨。而人民代表大会制度这种政权组织形式，则以最广泛的民主形式、最通畅的民主渠道，充分反映人民的利益和诉求，同时又体现了“议行合一”的原则，与人民民主专政的国体相一致，体现了人民民主专政的本质要求和国家性质。

在国家全部政治生活方式中，人民代表大会制度处于最高层次。宪法赋予了人民当家做主这个至高无上的权力，但这个权力是有约束的，每个人并不是说想干什么就干什么，那样的话必然导致无政府主义，使每个人失去当家做主的权利，破坏社会主义正常的政治生活方式。因此，这种至高无上的权力必须有一个权力机关来集中体现，以保证人民当家做主的权利顺利实现，推进政治生活方式的制度化、规范化、实效化。人民代表大会制度是由广大人民共同选举的代表组成的权力机构，它体现了人民的政治利益和要求，并通过自己选举出的代表制宪、立法，用法律形式将人民要求固定下来。用这种政治生活方式实现人民参政、议政、施政，同时公检法机关是由人民通过选举产生，这就实现了人民参与监督国家机关公务员的权利。人民代表大会的功能及其他与人民群众的血肉联系，都说明了在政治生活方式中人民代表大会制度具有极其重要的地位和作用。

国家是统治阶级意志的体现。通过什么形式把人民民主专政的国家的人民要求集中反映上来，由社会主义国家性质和本国国情、阶级结构所决定。通过人民代表大会制度这种政体形式，把人民的意志变为国家的意志来体现国体，规定我国根本的经济制度、政治制度，同时进一步规定了人民在国家政治生活方式中的主体地位。尽管政治生活方式是多层次的、多角度的，但每个层次的政治生活方式都要服从这个规定。如，政党的政治生活方式，既不能超越或脱离国家政治生活方式，也不能违反人民当家做主这个根本原则。人民代表大会制度是社会主义国家的政治生活方式的具体实现形式。人民当家做主，当然也是国家政治生活方式的主体和承担者。人民在国家政治生活中拥有国家的一切权力。由人民选出的代表组成人民代表大会，人民代表大会必须服从人民的意志，按照人民的整体意愿办事，人民有权力依照法律程序随时撤换自己选出的代表。人民代表大会代表人民行使权力，产生并监督国家行政机关、检察机关、审判机关，有权决定、罢免、监督这些机关的工作人员，以保证这些机关的工作人员代表人民的利益办事，便于人民参加对国家经济、政治、文化和社会事务的管理工作，以实现人民在社会主义国家政治生活方式中的主人翁地位。

2. 政治协商制度建设是对政治生活方式的极大完善

以中国共产党领导的多党合作的政治制度，是我国政治制度区别于其他政治制度的一个特点，更是一个优点，也是中国特色的社会主义政治生活方式的重要特征。我国共有八个民主党派，即中国国民党革命委员会、中国民主同盟、中国民主建国会、中国民主促进会、中国农工民主党、中国致公党、九三学社、台湾民主自治同盟。这些民主党派之所以在政治生活中发挥极大的作用，并能在共产党领导下进行多党合作，就是因为他们为人民服务、为人民效力。

长期以来民主党派与共产党共同奋斗，所以，民主党派的政治生活方式是中国特色社会主义政治生活方式的重要组成部分。共产党与民主党派之间确立了“长期共存，互相监督，肝胆相照，荣辱与共”的基本方针；确立了政治协商会议这种党派之间团结合作的组织形式。政治协商会议在我国政治生活建设中是不可缺少的一部分。人民政协是联系各方面人民群众，发扬社会主义民主的重要纽带。各民主党派可以通过政治协商会议的组织形式，充分发挥自己对我国宪法、法律和法令实施的监督作用，协助共产党和国家机关进一步改进工作，完善社会主义生产与生活方式，在保障人民群众当家做主方面发挥重要的监督和促进作用。

多年的实践证明，共产党领导的多党合作与民主协商制度，在国家社会生活、政治生活、对外友好活动、社会主义现代化建设及维护国家统一与团结的过程中，都发挥了重要的作用。在许多大政策方针以及社会重大问题上，执政的中国共产党在决策之前往往通过政治协商办法，广泛听取方方面面的意见，集思广益。每年一次的政治协商会议，都要听取他们对各级政府工作的意见和建议。政治协商已经成为中国共产党实现决策科学化、民主化、法制化的重要环节与实现政治沟通的主要渠道，也成为完善中国特色社会主义政治生活方式变革的重要特征。

3. 民族区域自治制度建设对政治生活方式的促进

在《共产党宣言》中提出：“人对人的剥削一消灭，民族对民族的剥削就会随之消灭。”“民族内部的阶级对立一消失，民族之间的敌对关系就会随之消失。”[1]因此，在马克思、恩格斯看来，“平等”是处理民族关系的根本和前提。1913 年，列宁在论述民族问题时说：“保障少数民族权利的问题，只有在不背离平等原则的彻底的民主国家中，通过颁布全国性的法律才有可能得到解决。”“民主集中制不仅不排斥地方自治以及有独特的经济和生活条件、民族成分等等的区域自治，相反，它必须既要求地方自治，也要求区域自治。”[2]马列主义创始人关于民族自治的理论是我国民族区域自治制度的理论源泉和根据。

1954 年，我国第一部社会主义宪法明确规定实行“民族区域自治制度”，标志着当代中国的社会主义民族区域自治制度的正式建立。邓小平指出：“解决民族问题，中国采取的不是民族共和国联邦的制度，而是民族区域自治的制度。我们认为这个制度比较好，适合中国的情况。我们有很多优越的东西，这是我们社会主义制度的优势，不能放弃。”[3]1990 年，他再次指出：“我们的民族政策是正确的，是真正的民族平等。我们十分注意照顾少数民族的利益。中国一个很重要的特点就是没有大的民族纠纷。”[4]早在 20 世纪 50 年代，邓小平就明确指出，实行民族区域自治，不把经济搞好，那个自治就是空的。在改革开放后，他进一步强调，我们对民族地区的政策“是着眼于把这些地区发展起来”，“如果这些地区开发起来，前景是很好的。我们帮助少数民族地区发展的政策是坚定不移的”。[5] 特别是 1978 年党的十一届三中全会后，中央政府通过各种措施帮助和支持民族自治地区发展经济社会各项事业。中共十五大明确将“民族区域自治的制度”和“人民代表大会制度”以及“中国共产党领导的多党合作、政治协商制度”作为必须长期坚持的重要政治制度，从而极大地突出了民族区域自治制度在社会主义民主制度体系内的地位。

事实证明，中国的民族区域自治的制度保证了民族文化的多样性、民族发展的自主性与国家政治结构的统一性。这一制度“体现了民族因素与区域因素的统一，政治因素与经济因素的统一，制度因素与法律因素的统一，历史因素与现实因素的

---

[1] 马克思恩格斯选集(1)[M]. 北京：人民出版社，1995：291.

[2] 列宁选集(2)[M]. 北京：人民出版社，1995：359.

[3] 邓小平文选(3)[M]. 北京：人民出版社，1993：257.

[4] 邓小平文选(3)[M]. 北京：人民出版社，1993：362.

[5] 坚定不移地坚持和完善民族区域自治的制度[N]. 人民日报，2004：6-1.

统一”。[1] 一方面，维护了中华民族大家庭的文化传统与历史渊源，通过单一制的国家结构形式体现、巩固和发展国家的统一性；另一方面，则尊重中国民族结构在长时间内形成的多元化，促进中华民族多元一体格局在社会主义条件下、在统一的国家政治环境中，实现各民族之间相互协作、相互支持、共同发展。在一个多民族共存的国家，国家结构形式问题乃是关系政局稳定、国家命运的根本问题。建国后，中国共产党在国家结构形式这个重大问题上，坚持从中国的国情出发，实行中国特色的国家结构形式，即在实行单一制的大前提下，实行民族区域自治。从多年来的制度效果看，中国的民族区域自治制度是非常成功的。中国少数民族依法自主地管理本民族事务，民主地参与国家和社会事务的管理，保证了中国各民族不论大小都享有平等的经济、政治、社会和文化权利，共同维护国家统一和民族团结，同时也在反对分裂国家和破坏民族团结行为等方面，形成了各民族互相支持、互相帮助、共同团结奋斗、共同繁荣发展的和谐民族关系，对我国政治生活方式的变革起到了重要的促进作用。

4. *基层自治制度明确政治生活方式变革的方向*

社会主义基层民主与自治制度既是人类社会对民主追寻的历史结果，也是对资本主义民主制度的扬弃，其发展历史最早可以追溯到1871年的法国巴黎公社。马克思在评论巴黎公社的基层民主与自治制度时，认为“公社的伟大社会措施就是它本身的存在和工作。它所采取的各项具体措施，只能显示出走向属于人民、由人民掌权的政府的趋势。”[2]巴黎公社是基层民主制度的创造，因为“公社必须由各区全民投票选出的市政委员组成，这些市政委员对选民负责，随时可以罢免”，同时“这些职能应由公社的勤务员执行，因而总是处于切实的监督之下”。[3] 列宁也认为，巴黎公社的基层民主制度使“公社的运动必然带上社会主义的色彩”。[4]

在中国农村基层自治具有一定的历史渊源。传统中国是一个具有深厚农耕情节的民族，当今中国的基层社会自治，其实都是由此发展而来的。经过60多年的制度实践和经验总结，基层民主的表现形式集中于基层自治与直接选举中，而其主要内容则包括村民委员会直接选举、乡镇人大直接选举、城市社区居委会直接选举与企事业职工代表大会直接选举。当前，农村、城市社区与企事业单位已经成为社会主义民主政治在基层实践的三大组织载体。在此基础上，“三马并行”的基层自治与民主管理体系已经形成。

---

〔1〕 坚定不移地坚持和完善民族区域自治的制度[N]. 人民日报，2004:6-1.

〔2〕 马克思恩格斯选集(3)[M]. 北京：人民出版社，1995:64.

〔3〕 马克思恩格斯选集(3)[M]. 北京：人民出版社，1995:121.

〔4〕 列宁全集(20)[M]. 北京：人民出版社，1989:221.

(1) 农村基层民主政治建设。“如何扩大和发展农村基层民主,使农民在所在村庄真正当家做主,充分行使自己的民主权利,是中国民主政治建设的重大问题。”[1]农村基层民主资源非常丰富,中国两千年来的历史发展证明,中国农民的创造力是无与伦比的,历史上的许多重大科技发明、重要的社会历史事件等都是由中国农民创造或参与创造的。当代中国农民也同样从经济领域到政治领域、从体制创新到制度创新等多领域创造了新的奇迹,如农村改革开放中的“家庭联产计酬承包责任制”就是中国农民自己探索出的适合中国农民和农村的经济发展之路,而“村民自治制度”也同样是中国农民探索出的适合中国农村自身发展的政治体制改革之路,这些伟大的制度创新都极大地提高了农村基层的经济水平,提升了农村综合发展活力,增强了农村社区的自我治理能力,奠定了农村政治生活方式变革的方向。“村民自治”制度经过十多年的实践,初步具备了较为详细、具体的法律法规保障和制度化前提,在“村民自治”制度的影响与推动下,许许多多创造性的改革措施如乡镇行政领导产生的选举改革、乡镇政府的机构改革、乡镇决策程序改革等已经推广到全国乡镇管理领域,这些基层政治生活方式的变革为推动基层党内民主指明了方向。

(2) 城市社区民主政治建设。新中国成立后,全国各个城市普遍建立了居民委员会。城市居民委员会作为城镇居民“实现自我管理、自我教育、自我服务的基层群众性自治组织”在20世纪80年代末得到国家法律的认可与保障,进而成为城市基层社区实现民主政治和自治管理的重要形式,奠定了城市社区民主政治的组织基础。20世纪90年代末,全国城镇社区建设试点工作全面展开,居民委员会在试点实践中在原来的功能特征基础上逐渐发展为具有自治机构性质与社区服务功能新特征,城市社区基层民主政治显示出强大的发展后劲。新世纪以来,中国城市社区民主自治管理和民主政治建设取得了突破性进展,逐步实现了城市社区组织机构的直接选举,城市基层民主政治建设逐步走向规范。城市社区的直接选举也在很大程度上促进了社区民主自治管理的进程,改善了社区居委会的组织结构,丰富了基层民主政治生活方式,推动了基层人民代表大会代表选举制度的改革,促进了城市基层民主建设。

(3) 企业民主管理制度建设。新中国成立初期,中国共产党在公有制企业实行职工代表会议制度,之后职工代表会议制度于1957年在全国普遍推行。毛泽东于1960年在“鞍钢宪法”中强调了企业民主管理“干部参加劳动,工人参加管理”、“改正不合理的管理制度”、“工人、干部、技术人员的三结合”[2]的“两参一改三结

[1] 中国民主政治建设[N]. 人民日报,2005:10-20.

[2] 建国以来毛泽东文稿(8)[M]. 北京:中央文献出版社,1993:393-394.

合”原则，创新了企业基层民主的形式，“鞍钢宪法”的精神成为中国企业民主管理的典型代表。改革开放以来，职工代表大会和其他形式的企事业单位的民主自治管理制度的恢复和规范化、制度化，在实行基层民主管理、协调内部劳动关系、保障和维护基层职工合法权益、推进企事业单位的改革、发展、稳定等方面发挥了重要的作用。江泽民在1999年中共十五届四中全会上进一步强调，必须坚持和完善以职工代表大会为基本形式的企业民主管理制度。〔1〕

总之，当代中国的基层自治制度与民主政治制度的探索与发展，既是对新中国建立以来社会主义基层民主政治和基层自治实践的继承和创新性发展，成效巨大、成绩喜人，同时也是在组织形态、观念意识、制度设计、参与方式等方面的巨大创新，为基层政治体制改革奠定了良好的基础：一是推行村民（社区）议事、村务（社区事务）公开、直接选举、决策民主化等制度化建设趋于健全和合理。基层群众可以在村民委员会（社区委员会）民主讨论的基础上决定本区域内的重大决策和重大事项。二是基层群众可以通过这些委员会，向各级政府表达自身的利益、反映群众的意见。因此，“依法直接行使民主选举、民主管理、民主决策和民主监督的权利，对所在基层组织的公共事务和公益事业实行民主自治，已经成为当代中国最直接、最广泛的民主实践”。〔2〕 可以说，基层自治制度建设的实践指明了政治生活方式变革的方向。

---

〔1〕 毛泽东邓小平江泽民论工人阶级和工会工作[M]. 北京：中央文献出版社，2002：204-205.

〔2〕 中国民主政治建设[N]. 人民日报，2005：10-20.

第四章　文化方式提升生活方式变革的文明程度

文化方式是“文化力”和“文化关系”的总和，也就是“文化建设力”和“文化建设关系”的总和，实质是“文化生产力”和“文化生产关系”的总和，是综合国力的灵魂部分。文化力包括文化主体（国家、社会和个人）、文化资源、文化活动，表现为人与自然，人与人关系中的软实力。文化关系（包括文化所有制、人们在文化中的地位、文化资源的分配）是文化力运用文化资源进行文化活动时形成的人与人之间的关系，主要表现为文化制度、文化体制、文化政策、文化方针、文化发展规划等措施。文化建设围绕提升文化力、理顺文化关系展开，目标是繁荣文化生活，推动经济发展、政治进步和社会和谐。文化生活方式的变革由文化力来决定和支配。文化力的诸因素影响文化生活方式的变化。文化力的这种影响和变革是内生性的、渐进性的、导向性的。文化生活方式支配着社会生活主体的意识内容和思维方式，支配着对家庭观念、人际观念、劳动观念、消费观念、生活观念、价值观念等观念形式的把握与掌控，继而逐渐地影响着人们生活方式的变革。一句话，生活方式的变化是受人们文化观念的变化而变化的。

一、文化力是生活方式变革的精神源泉

文化力是一种观念形态的力量，本质上是一种精神力量，是经济、政治、社会的反映和精神表现。文化力是与经济力、政治力、社会力相对而言的，因此，文化力也可以说是一种精神生产力，由此决定了一定社会的文化建设和精神文明建设在基本动力、内容、结构框架、基本规律上是一致的。总之，文化力是一个国家的文化发展水平和精神文明建设成果在质与量双重维度的集中体现和基本标志，蕴含着推动社会和人的全面发展的精神力量和智力支持，其核心是国民整体素质的全面提升和主体创新能力的深度充分发挥。文化建设就是要探索文化生产方式与生活方式和谐发展的实现途径，包括精神文化建设、创新文化建设、文化产品建设和核心价值体系建设、文化体制机制建设等多个层面。创造力是文化力的核心和灵魂，一个没有创造力的文化是失去发展源泉的文化，是文化力逐渐萎缩的文化，如果没有创造力，文化也就失去生命力。文化力推动着人们的思想观念、思维方式、思考习惯的不断创新和人们经济生活、政治生活、文化生活和社会生活的不断创新。文化

建设的发展程度和水平，文化力水平的高低，不仅是一定社会经济发展的基本依据和重要标志，同时也是衡量一定社会综合发展水平的重要尺度和一个国家民族社会命运的重要标志。当然，任何精神都必须依托物质来显现，一些社会人文指标，如民众的文化程度、平均寿命、新闻出版、文学艺术、娱乐活动等人文发展指数，在一定程度上反应文化力的状况。

(一) 精神文化建设为文化生活方式变革提供指导思想

文化的进步状态，就是文明。文化与文明都是古已有之的概念，我国的《易经》就曾有“天下文明”之说，古人也有文治教化之论。南齐时期的王融在《曲水诗序》中说：“设神理以景俗，敷文化以柔远。”这里所说的文化，也就是文明，亦即文化的昌明。在西方，法国空想社会主义者傅立叶首先用文明概念来划分历史阶段，马克思主义则赋予文明以科学的含义。恩格斯说：“文明时代是学会对天然产物进一步加工的时期，是真正的工业和艺术的时期。”[1]可见，文明具有人类社会文化进步的含义。文明可以区分为物质文明和精神文明，与此相适应，文化也有物质文化和精神文化之分。作为观念形态的文化主要指的是精神文化，因此，文化力也可以说是一种精神生产力。党的十七大报告提出了文化建设四个方面的任务，其中之一就是“建设和谐文化，培育文明风尚”。这就是说，精神文明水平的提升，要通过和谐文化建设来实现，文化生活方式的变革需要精神文化建设提供指导思想。

1. 构建和谐生活方式的道德诚信基础

道德是调整人与人、人与社会之间的关系的行为规范和准则的总和。道德是依靠人的内在品质、风俗习惯和社会舆论来调节人际关系的。道德建设是生活方式重构过程中的重要问题。诚信是道德构成要件中最重要的基础要件。

道德力量是国家全面发展、社会实现和谐和人民生活幸福必不可少的重要条件。要真正使社会主义道德成为社会成员自觉的行为规范，不仅需要对人们进行教育，而且需要作为生活方式主体的人自身加强修养。要把加强公民道德建设，作为和谐文化建设的基础工作和中心环节，深入开展公民道德实践活动，大力倡导爱国敬业、诚信友善、遵纪守法等社会道德规范，推动形成全社会范围的尊老爱幼、扶贫济困、平等互助、礼让宽容的新型的社会主义社会的人际关系，倡导和树立和谐的人际关系新风尚，培育和引领文明道德新模范。按照重在实际行动、重在持之以恒、重在形成机制的要求，加速实现把客观的社会主义道德准则向生活方式主体的内在品质转化，着眼于增强公民社会责任意识、社会公德意识和法律意识，不断加强包括个人品德、家庭美德、职业道德和社会公德在内的公民道德建设，注重和谐、

[1] 马克思恩格斯选集(4)[M]. 北京：人民出版社，1995：24.

文明、健康的生活方式的养成，引导人们形成正确地对待自己、他人和社会的理念，形成正确地对待挫折、困难和荣誉的理念，引领人们自觉履行法定义务、社会责任和家庭责任。加强诚信意识的养成教育，在全社会深入开展“共铸诚信”专项实践活动，加快包括诚信商务、诚信政务、诚信社会在内的诚信建设，培养和形成诚信规则、诚信习惯，培养公民诚信观念和诚信意识，推动全社会信用体系建设规范化、制度化，形成上下连贯、左右通畅的信用监督体系和信用征集体系，培育诚信为本、操守为重、守信光荣、失信可耻的良好社会氛围。充分发挥各行各业的道德模范的榜样作用，广泛开展向道德楷模学习活动，善于发现和总结各个行业、各个方面的先进典型，特别是来自普通群众、社会基层、于细微处见精神的典型，广泛宣传道德模范的先进事迹和动人经历，让全社会成员学有榜样、赶有目标、见贤思齐，使诚信道德成为生活方式变革的主体行为的基础。

2. 群众性创建活动是构建和谐生活方式的群众基础

各种形式的群众性创建活动，是城乡基层落实和完成和谐文化建设与和谐社会建设中各项任务的有效载体，是解放和发展文化生产力，推动文明和谐生活方式形成的重要手段。马克思主义认为，人民群众是社会历史的真正创造者，他们不仅是物质财富的创造者，也是精神财富的创造者，还是推动社会历史发展的主力军。在群众性创建活动中，人民群众既是创建活动的主体群体，也是创建活动的群众基础，因此，必须充分发挥人民群众在群众性创建活动中的主体地位和生力军作用，始终坚持依靠人民发展、为了人民发展、人民共享发展成果的人民立场，进一步激发人民群众参与群众性创建活动的热情和创造潜能，扩大创建活动的群众基础。把和谐生活方式的构建与群众性文化活动创建结合起来，继续推进文明村镇、文明单位、文明城市等创建名牌的群众性实践活动，深入开展送温暖献爱心、百城万店无假货、社会志愿服务、提升中国公民旅游文明素质等常规性群众活动，掀起文明生活方式变革的新热潮，着力培养公民文明素养和提升社会文明程度。广泛开展有广大群众参与的各种形式的和谐社区、和谐街道、和谐家庭等创建活动，引导人们正确对待事物、认识矛盾、解决问题，努力在融洽人际群际关系、形成良好道德风尚、促进人与自然和谐共处等各方面取得实绩和成效。突出抓好社会服务、文明礼仪、公共秩序、城乡环境四个方面和谐建设，努力把群众的创造活力转化为创新成果，持续提高公民文明素质水平，带动形成良好的社会文明风尚。

3. 精神文化产品丰富和谐文化生活方式内容

健康丰富的文化生活不仅能够陶冶情操、愉悦身心、温润心灵，而且对于提高生活质量、变革生活方式、充实精神世界、促进社会和谐有着独特的作用。构建社会主义和谐生活方式，离不开社会主义文化建设为社会提供更多更好的文化产品和文化服务，以满足人民日益增长的精神生活需要。紧跟时代潮流，创新观念，把文化产业纳入经济社会发展的总体规划，纳入经济结构调整的总盘子，在建立促进文化产业发展的机制上探索新路子、采取新举措、增强新活力，促进文化大发展，生产出更多更好的精神文化产品，丰富文化生活方式的内容，满足人们对精神文化的消费需要。深入贯彻落实“三贴近”原则，坚持文化生活和文化建设“贴近实际、贴近生活、贴近群众”，始终把社会责任和社会效益放在文化建设的首要位置，始终坚持做到文化投入与文化产出相统一、经济效益与社会效益相统一，创作更多的优秀精神文化产品。以乡镇、社区为重点，大力发展公益文化，大力提高公共文化的服务水平和服务质量。广泛开展群众能够参与、便于参与、乐于参与的各种形式的文化娱乐活动，大力发展校园文化、企业文化、社区文化、村镇文化等不同层次的亚文化，大力培育小型展演、展会等文化形式，体现民族或地方特色，让人们在丰富多样的娱乐活动中享受美好生活，在多姿多彩的文化建设中提升文化素养。继续推进和创新科技文化卫生“三下乡”活动，始终坚持文化建设和服务面向基层、服务群众，把优秀文化精品献给工农大众，把健康向上的文化产品送到基层，着力丰富偏远山区群众、落后农村群众和进城务工群众的精神文化生活，提升全社会的文化生产力水平，不断创新中国特色社会主义社会的文化生活方式和内容。

（二）创新文化建设是文化生活方式变革的生命力

创新文化建设是文化生活方式变革的生命力，创新文化建设是提升文化力的客观需要。站在新时代文化建设的新起点上，不断推动文化建设的内容形式、体制机制、传播手段、方式方法的创新，激活文化创新力，是不断繁荣文化艺术形式、推动文化生活方式变革和文化建设的必由之路。

1. 激活文化创新，全面活跃文化生活方式

激活文化创新是时代发展的内在要求。“三个代表”重要思想要求我们党始终代表先进文化前进方向，激活文化创新力是完成这一重要使命的迫切需要。先进文化总是从形式到内容的不断创新，我们党要与先进文化前进方向保持一致，就必须推动文化的不断创新，激活文化创新力。先进文化是党领导全国各族人民团结奋斗的精神支柱，是变革社会主义和谐生活方式的强大的文化动力。推进文化创新是实践创新和时代发展的要求，也是促进先进文化生活方式形成的必要条件。

激活文化创新是建设国家创新体系的迫切需要。文化创新是国家创新体系建设的重要组成部分。国家创新体系包括文化创新、制度创新、理论创新、科技创新等诸多方面，文化创新是其他创新的重要条件和前提基础，其他各个方面的创新需要文化创新的支持，也都渗透着文化创新。只有激活文化创新，才能在全体人民中大力弘扬勇于创新的精神，引导人民群众积极投身到创新实践活动中，为推动国家创新体系的建设和发展提供良好的文化环境和文化氛围。

激活文化创新是解放和发展文化生产力的内在需求。经济社会发展水平越高,对解放和发展文化生产力的要求就越迫切,需求就越多。随着人民群众物质生活水平的不断提高,人们的精神文化生活需求日益增长和趋于多样化,迫切要求进一步提高文化产品的供给能力和服务水平,迫切要求改进文化产品质量;随着我国经济政治体制改革的不断深入和社会主义市场经济体制的不断完善,迫切需要建立健全的、与经济社会发展水平相适应的文化体制机制;随着我国对外开放水平的不断提高和领域的不断拓展,迫切要求培育起与我国国际影响力和综合国力相适应的文化生产力。解放和发展文化生产力,根本目的是建设中国特色的社会主义文化,关键是要深化文化体制机制改革。文化体制改革的过程就是提升文化力的过程,就是文化体制机制创新的过程。文化建设肩负着这样的任务,就是创新文化管理体制,创新文化产业格局,创新文化市场体系,创新文化生活方式。

激活文化创新是激发中华民族文化创造活力的迫切需要。推动社会主义文化的不断繁荣发展,关键是激发出全民族文化创造热情和活力。人民群众是激活文化创新实践的主力军,人民群众中蕴藏着高昂的文化创造热情,蕴藏着深厚的文化创造源泉,蕴藏着巨大的文化创造活力。文化创新是激发人民群众文化创造活力和文化消费动力的主要抓手和重要途径,这是因为,人民群众的伟大实践只有在文化创新中才能充分表现和展示出来,而人民群众的实践是丰富多彩而又与时俱进的。只有不断创新文化形式,丰富文化内容、优化文化氛围,才能及时反映出人民群众日新月异的实践精神和丰富多样的实践成果,落后的文化产品、停滞的文化发展不可能反映出人民群众创新的风貌、创新的精神和创新的实践。同时,人民群众的文化创造活力需要由文化创新氛围来激发,只有通过激活文化创新,推进文化创新实践,在全社会营造出浓厚的文化创新氛围,才能最大限度地释放全民族文化的创造活力,使创新精神和文化创造活力竞相迸发,文化创新产品不断满足群众需要。

激活文化创新同时也是解决社会主义社会基本矛盾的迫切需要。社会主义初级阶段的基本矛盾是人民群众不断增长的物质文化需要与落后社会生产力之间的矛盾。不断满足人民群众日益增长的文化生活方式需求是解决基本矛盾的需要,也是社会主义文化建设的根本目的。随着经济发展、社会进步和外来文化生活方式的影响,人民群众文化生活方式也有了新变化,对文化娱乐样式有了新需求,文化生活消费层次有了新提升,对文化产品从内容到形式、从生产到消费的要求也越来越多样化。无论是古代的作品还是现代的作品,无论是反映现实生活还是展望未来社会图景,无论是历史的题材还是现实的题材,都要求以创新的媒介手段来传播,以创新的形式手法来表现,以创新的时代内涵来提升,以创新的思路来发展。人们迅速增长的多样化、多层次、全方位的文化生活方式需求,为繁荣发展社会主义文化提供了广阔的发展前景和强大的创新动力，同时也对文化创新能力和水平、对文化创新的标准都提出了新的更高的要求。只有大力推进文化创新，创作出一大批反映时代进取精神的、具有强烈吸引力和感染力的、形式新颖多样、内容丰富健康的优秀精神文化作品，才能更好地满足人民群众日益增长的精神文化生活需求，不断地提高人民群众的文化生活质量，持续地推进人民群众文化生活方式变革。

2. 创新文化观念，引导文化生活观念变革

没有观念的更新，就不会有创新的精神、创新的自觉、创新的行动。文化观念是生活观念的先导，只有文化观念的创新才能引导生活观念的变革，才能创新生活方式。

任何一种文化观念（即意识）的存在都是社会存在的反映，正如马克思指出的："不是人们的意识决定人们的存在，相反，是人们的社会存在决定人们的意识。"[1]这个传统文化观念是建立在封建的生产方式和政治制度基础之上的。传统文化观念既含有丰富的优秀思想，又有相当程度的消极思想甚至是糟粕的东西。我们对待传统文化观念，既要看到有价值的思想资源，同时也要看到它的历史局限性，必须采取取其精华、去其糟粕的科学方法，结合时代发展的新特点，进行具体辩证的分析和创新，进而赋予传统文化观念精华以新的时代精神，实现古为今用，形成新的科学的文化观念。我们在批判地继承传统文化观念的同时，必须要考量这些传统观念是否会影响马克思主义的主流地位，是否会影响我们贯彻落实科学发展观，是否有利于中国特色社会主义文化建设，不能从过去全盘否定传统的极端走到盲目夸大传统文化作用的另一个极端。

大力推进文化观念创新，准确把握我国文化发展的历史与现实，在继承中创新，在创新中发展。紧紧把握马克思主义理论体系的指导地位，树立适应中国新阶段新实践的新特色文化发展观，不断深化对文化的地位作用、发展格局、发展方向、发展思路、发展动力、发展目的的认识，不断开拓文化创新的新境界，始终坚持解放思想、实事求是、与时俱进的创新思想路线，把观念转变与更新贯穿于文化创新过程的始终，以创新的观念认识新的情况，以创新的方法总结新的经验，以创新的思路解决新的问题，不断强化实践探索意识、改革创新意识，进一步推动文化观念创新，以崭新的文化观念，引领生活方式观念的变革。

3. 创新文化内容，丰富人们文化生活内涵

文化内容创新是文化创新的核心，是文化不断繁荣发展的根本所在。文化创新，归根究底就是要不断推进文化内容创新，坚持"百花齐放、百家争鸣"，不断推出

---

〔1〕 马克思恩格斯选集(2)[M]. 北京：人民出版社，1995：32.

反映新时代新实践新精神的文化成果，使文化产品具有更加鲜明的中国特色和时代气息，充分展现中华民族的悠久历史，充分继承革命文化的优良传统，充分反映社会主义文化的中国风格、中国特点、中国气派；就是要不断推进文化内容创新，使我国当代的文化产品更加贴近时代、贴近社会、贴近生活、贴近基层，充分体现当代中国的时代风貌、时代特色、时代韵律、时代精神、时代气息，紧跟时代的步伐；就是要不断推进文化内容创新，使我国的文化产品更加具有实践特色，具有浓厚的生产与生活气息，来自于生活又高于生活。总之，通过推进文化内容创新，不断创造出更多反映人民主体地位和现实生活、与世界先进文化发展同步、群众喜闻乐见又通俗易懂的优秀文化产品，创造出经得起实践检验、人民检验、历史检验的优秀文化产品，创造出站得住、传得开、叫得响、留得下的优秀文化产品，创造出使人民群众在身心上感到愉悦、在思想上获得启迪、在审美上得到享受的优秀文化产品，丰富人们文化生活的内涵。

4. 创新文化形式，满足不同层次文化生活方式的需要

文化形式是文化生存、传播和发展的必要条件。文化形式是文化发展的载体，又是文化发展的结果。文化形式是文化传播的途径又是文化创新的内容。内容创新是文化创新的核心，文化创新还需要在表现手段、表现方法、表现形式等文化形式诸多方面不断进行创新。文化创作，既要生产“阳春白雪”，又要出产“下里巴人”；既要有象牙塔里的精雕细琢，又要有泥土地里的粗犷野性；既要继承和发展我国丰富的传统文化样式，又要不断注入新的时代元素和崭新风情，不断催生新的文化品种和样式，才能满足不同层次、不同群体和不同阶段上的人们的多元文化生活方式需求；既要适应群众的接受能力，总结群众的丰富创造，又要促进文化生产方式方法创新，学会运用在当代市场经济条件下繁荣发展文化的有益经验，不断推出突出时代特色、人们喜闻乐见、易于大众接受的新的文化形式和文化消费理念。文化形式的创新，既要适应现代科学技术迅猛发展的局面，不断促进现代科技手段在文化形式创新领域中的广泛运用，又要提高、改进和创新文化的表现形式、表现载体，充分体现科技与文化的融合；既要适应文化碰撞与交流的需要，积极推动文化不同门类之间的相互交流、相互借鉴和相互学习，又要注重推动传统文化与现代文化、主流文化与亚文化、民族文化与世界文化之间的相互借鉴，促进各种文化形式和文化生活方式的协调一致和共同发展。

5. 创新文化业态，推动文化生活方式多元化

文化方式即文化生产方式随经济发展不断催生新的文化业态，同时作为多变的文化业态也是文化生产、传播和消费诸领域变革的重要特征。随着文化与高新科技日益深入的融合，现代科技新成果、新精神在文化领域的运用和拓展也更加广泛，使文化业态不断实现创新。文化业态的不断创新不仅加快了文化发展速度，扩

大了传统文化阵地，更为多元文化生活方式的变革创造了新的挑战和机遇。积极运用新的传播形式、传播技术和传播手段创新改造传统文化产业，特别是网络传输、电子出版、数字影视、动漫动画、BBS交流等现代技术成果和手段的广泛运用，催生了新的文化业态。必须重视新兴文化业态如文化创意、文化博览、动漫游戏、数字传输等的发展，下力气培育市场骨干，抢占未来的文化市场先机。注重培育新的文化生产方式，形成一批具有特色鲜明、行业聚集、活力迸发的文化创新集聚区。提高文化产业的科技水平，丰富文化产业的科技手段，力争在具有自主知识产权等文化核心竞争力方面，取得新进展、新突破，形成具有中国特色的文化产业集群。鼓励研发和创作网络文化产品，积极开发文化数据处理、数字娱乐产品、移动文化信息服务、数字远程教育等文化增值服务业务，促进文化业态不断创新，推动文化产业不断升级，实现文化生活方式变革，不断满足人们对文化生活方式多元化的需求。

（三）文化产品是生活方式变革的精神食谱

文化事业与文化产业是文化力的基本环节，是长久以来文化形成积淀的重要基地，是对当今生活方式起引导作用的文化力的重要组成部分。各种文化事业几乎涉及社会主义文化建设的全部基本内容，其范围十分广泛。在市场经济条件下，许多文化事业进入了市场，从而成为文化产业，也就是从事精神生产的产业。社会主义文化产业内容，如科学教育产业、文学艺术团体、新闻出版产业、娱乐休闲产业等，也比较广泛，形式和内容多种多样。文化事业与文化产业的外在表现就是丰富多彩的文化产品，如科技文化、艺术文化、媒体文化、游乐文化等。

1. 科技文化与科学精神影响着生活方式变革

科技文化是文化力的重要组成部分，需要在文化事业中进行说明。科技文化的核心就是坚持科学的精神，无论是自然科学、社会科学还是人文科学都必须坚持科学的实事求是的态度。科学精神是人们在长期的科学实践活动中形成的共同信念、价值标准和行为规范的总称。科学精神就是指由科学性质所决定并贯穿于科学活动之中的基本的精神状态和思维方式，是体现在科学活动中的思想或理念。它一方面约束科学家的行为，是科学家在科学领域内取得成功的保证；另一方面，又逐渐地渗入大众的意识深层。科学精神应包括以下方面的特征：执著的探索精神；创新、改革精神，这是科学的生命，科学活动的灵魂；虚心接受科学遗产的精神；理性精神；求实精神；求真精神；实证精神；协作精神；民主精神；开放精神，等等。

当今世界，自然科学和社会科学的联系日益紧密，社会科学的重要地位也日益显示出来。从1979年关于真理标准的大讨论以来，哲学社会科学就担负起了研究当代中国在新时期新形势下的理论和实践问题的历史使命。改革开放为理论界学术界的研究提供了广阔的天地和大好的时机。哲学社会科学事业呈现出欣欣向荣的局面。这方面的教学、研究机构和学术团体蓬勃发展，研究队伍不断壮大，成果日益增多。在国家基金资助的课题中，突出了对邓小平理论的研究，取得了一批有价值的研究成果，大力加强了对社会实践问题的研究，为决策部门的决策提供科学的依据。与此同时，由于重视基础研究和新兴边缘交叉学科的研究，不少成果具有较高的学术价值和开创意义。哲学社会科学的蓬勃发展，特别是科学精神的广为传播，为人们观念更新提供了思想理论宝库，开阔了人们视野，解锢了人们的心灵，为生活方式的变革提供了思想基础和观念更新的源泉。

2. 艺术文化影响和感召了生活方式变革的主体

艺术文化就是文学艺术，是人类文化体系中的一个重要组成部分，最为人们所关注。它是用文字、语言、图像、音响等不同媒介与手段，构成生动的艺术形象以反映社会生活的文化，是精神生产的重要内容，对人民群众生活方式有着巨大的影响力和感召力。

人们常说作家是人类灵魂的工程师。文学艺术对人们灵魂的影响的确是非常巨大的。近年来，我国的文学艺术，在妥善处理主旋律和多样化的关系上，充分发挥了创造性，取得了可喜的成效。创作力是文学艺术的生命力，许多作品都重视弘扬时代精神，如弘扬爱国主义、集体主义、社会主义；弘扬一切有利于建设现代化、振兴中华、和平统一祖国的思想精神，一切有利于民族团结、社会进步、人民幸福的思想和精神；一切用诚实劳动争取美好生活的思想精神，表现得既有思想性，又有风格多样的艺术性、可读性，显示出很强的创作力和艺术生命力。中宣部倡导并实施了"五个一工程"，要求每年推出"一本好书、一台好戏、一部优秀电视剧、一部优秀电影、一篇有创见的好文章"。文化部提出了在本世纪建成"万里边疆文化长廊"的战略构想。这个工程以开放口岸为重点，集文化设施、文化队伍建设和文化活动为一体，以求更好地发挥文化工作的综合性社会功能。这些措施激发了文艺工作者的创作热情，各种类型的优秀作品不断涌现，在数量和质量上都有进步，如我国的电视剧年产量已达 6000 多集，获奖的有 500 集。与此同时，文艺队伍也不断壮大，到上个世纪末，全国已有文化艺术机构近 6 万个，艺术团体有 2622 个，文化馆 2911 个。文学艺术作品荡涤人们的心灵世界，提升公民的思想境界，改变人们的思想方式、行为准则和生活方式，其作用和影响意义深远。

3. 媒体文化丰富了文化生活方式变革的内容

有人称新闻出版这类文化为媒体文化或媒介文化。它以宣传和传播作为主要特征，并且包含着储存文化的功能。任何的精神产品，都需要有物质载体，需要有传播的媒介。媒介文化是文化机体的神经网络系统，它把各项文化事业联成一个有机整体。我国的新闻出版、广播电视是党和人民的宣传舆论工具，具有很强的思想性和政治性，必须坚持党性原则，把握正确的舆论导向，主要传播主导文化。此外，还有信息网络、电话通信、广告等也属于媒介文化之列。图书馆、博物馆、文化馆等文化设置也可以包括在这一类文化事业之中。

改革开放前，媒体文化品种形式单一，人民的文化生活形式也单一。改革开放后，特别是近二十年的发展，媒体文化如雨后春笋蓬勃发展起来，互联网、有线电视网等高科技媒介的出现，有力地改变了人们的文化生活方式，文化休闲消费从形式到内容都发生了翻天覆地的变化，丰富了生活方式变革的内容。

4. 游乐文化引领着生活方式的变革

旅游、娱乐这类文化事业可简称为游乐文化。随着人民生活水平的不断提高，游乐文化也越来越成为人们生活中不可缺的重要内容。它们基本上都以产业化形式进入了市场，并且也越来越受到人们重视。它不但提高了中国的文化力，也为国家增加了大量经济收入，成了第三产业的重要组成部分。有人说，旅游业已成为世界上最大的“工业”，是经济与文化结合最明显的产物，它对提高文化力的作用的确是不可低估的。中国是个旅游大国，文化悠久、风景秀丽、名胜古迹很多，中国已有27处景物列入世界遗产名录，名次日益提前，现已位居世界第四位。有人估计在21世纪，中国将成为世界旅游爱好者选择的第一目的地国家。旅游文化对生活方式的影响将会越来越大。20多年来，我国营业性歌舞娱乐场所也得到迅速发展。从1979年广州市出现了第一家音乐茶座开始到现在，全国大中小城市歌舞厅、茶楼酒吧等娱乐场所，已经成为城市发展的标志。酒吧一条街、茶楼一条街等层出不穷。丰富的游乐文化生活，改变了一些人的生活观念、生活习惯，引领了一些人特别是年轻人的生活方式变革。

5. 文化产业繁荣了生活方式的变革

文化产业是文化与经济融合的产物，是第三产业的重要组成部分。文化产业的特点决定了文化最终消费人群和受益者都是人民群众。因此，文化产品的种类、形式、内容都对人们生活方式有着重大的作用和影响。

中国是一个文化资源大国。五千多年积累下来的丰厚文化资源，是许多国家难以相比的。但是，在文化产业方面却极不发达，与我国的丰富文化资源极不相称。近年来，这种情况有所改善，许多文化事业进入了市场，已经成为赢利的文化产业。有些文化产业在市场经济的作用下，开始成为市场竞争的优势产业。作为第三产业的重要组成部分，文化产业既促进了文化事业的发展，又繁荣了国家的经济发展，特别是带动了大批劳动力就业，客观地说改变了一部分主体的生活方式。文化产业的产生是现代化文化建设的进步，有利于文化事业的迅速发展，给文化事业的发展带来了勃勃生机，克服了在僵化的文化体制下，过分强调文化的意识形态性和政治功利性的弊端，使文化在主流文化占主导地位的前提下向多元化方向发展，以满足不同层次不同类型的需要。但由于文化的特殊性，对文化市场必须加强管理，既要重视经济效益，更要重视社会效益。在文化事业与文化产业方面，要始终坚持两手抓，既要大力发展公益性文化事业，保证人民群众基本权益，又要继续推进文化产业化，按照市场规律，吸收多渠道投资，进一步做大做强文化产业，为繁荣人们的文化生活方式多作贡献。

二、文化关系是文化生活方式变革的精神保障

文化关系是文化建设中形成的各类主体之间、主客体之间的关系的总称。文化建设要提升文化力，必然要涉及各种文化关系。社会主义核心价值体系是我国文化建设的出发点和落脚点，在文化关系中处于中心地位。文化体制、文化机制是文化关系的重要内容，制约着文化力的发展，但同时文化力的发展又决定着文化体制、文化机制相适应地发展。一旦现有的文化体制机制约束或阻碍了先进文化力的发展，那么，文化体制机制就应该而且必须改革。

（一）核心价值体系是生活方式变革的思想规范

文化力往往以民族凝聚力的形式展现在世界面前，这种民族凝聚力的发生和形成主要来自人们对社会核心价值体系的认同感和归属感。一旦这个体系得到全体公民的认同，并融入到自己思维、行为和生活方式中，就会产生巨大的凝聚力，就会聚沙成塔，万众一心，无坚不摧。因此，文化建设必须把社会主义核心价值体系建设作为首要任务，统一思想，统一观念，努力形成精神支柱、道德规范和民族凝聚力。由此可以看出，核心价值体系建设的状况如何，直接影响和制约文化力的发展水平，因此，它属于文化关系的范畴。

1. 社会主义核心价值体系理论是文化生活方式变革的理论基础之一

中共中央十六届六中全会通过的《中共中央关于构建社会主义和谐社会若干重大问题的决定》中指出：“马克思主义指导思想、中国特色社会主义共同理想和以爱国主义为核心的民族精神、以改革创新为核心的时代精神以及社会主义荣辱观，构成了社会主义核心价值体系的基本内容。”[1]社会主义核心价值体系的这四个方面存在相互联系又各有侧重的辩证关系，旗帜鲜明地回答了关于党要用什么样的精神来凝聚全国各族人民的力量不断推进社会主义现代化事业的根本问题。坚持和弘扬社会主义核心价值体系，就是始终坚持马克思主义基本原理的指导地位，

〔1〕 中共中央关于构建社会主义和谐社会若干重大问题的决定[OL]. 新华网(http://www.Xinhuanet.com/news,2006.10.18)

始终坚持用马克思主义中国化的最新理论成果来武装和教育全党和人民，努力推进中国马克思主义中国化、大众化和时代化发展的进程，加强宣传和普及中国特色社会主义理论体系，深入贯彻落实科学发展观，积极引导广大党员干部群众真学、真信、真懂当代马克思主义中国化的最新力量成果，使之更好地掌握马克思主义理论工具，来解决实践新问题，总结实践新经验，开创实践新路径。坚持用中国特色社会主义理论体系凝筑共同理想，不断凝聚全国人民的力量，凝聚党心、军心、民心，不断提升广大干部群众对中国特色社会主义理论体系的认识和认同，不断增强坚持中国共产党领导的信念、坚持社会主义制度的决心、坚持改革开放和全面建设小康社会的理想、构筑建设和谐社会共同目标信心。坚持用爱国主义为核心的民族精神鼓舞全国人民的斗志，用改革创新为核心的时代精神激励全国人民的勇气，努力增强全社会的改革创新意识，大力弘扬爱国主义、社会主义、集体主义思想，积极引导广大干部群众把个人价值追求和个人理想、人生设计与国家强盛与民族复兴自觉地统一到社会主义建设的伟大实践中，正确解决个人与他人、个人与社会、个人与国家的利益矛盾，以实际行动实现个人理想和抱负，积极弘扬励志图强、奋发前进的精神。坚持以社会主义荣辱观为核心教育广大干部群众、以“八荣八耻”引领社会新风尚，积极营造社会主义社会的新氛围，积极推进社会主义社会的公民道德建设，引导广大人民群众自觉遵守国家的法律法规和社会主义社会公德，切实推动明荣辱、知正气、促和谐的良好社会风尚的形成。核心价值体系建设是文化建设的核心，人的能动性决定人的行为方式，因此，社会主义核心价值体系也是文化生活方式变革的理论基础。

2. 社会主义核心价值体系建设是文化生活方式变革的重要实践途径

建设社会主义核心价值体系贯穿于文化生活方式和文化建设变革的全方位和全过程，必须坚持理论与实践、知与行相统一，努力推进国民教育工程和精神文明建设，努力使社会主义核心价值体系成为全体社会成员都能够普遍理解接受并自觉遵守的价值观念。文化生活方式的变革需要社会主义核心价值理论体系引领和保障。青少年是国家的未来，是生活方式变革的潜在主体，学校是重要的思想文化阵地。必须把社会主义核心价值体系教育贯穿于大中小学的两课教育教学中，加强学生的思想政治理论课和思想品德理论课教育教学，让社会主义核心价值体系贯彻于学生日常生活的各个方面，真正做到进课堂、进教材、进学生头脑的“三进入”，让核心价值理论深深扎根到青少年的灵魂深处。在社会主义核心价值体系建设和宣传教育中，新闻舆论以其强大的社会影响力而具有极其重要的作用。报刊、电台、电视、网络等各类各级媒体要认清形势、牢记使命，加强守土有责的责任感，准确把握舆论导向，把社会主义核心价值体系建设落实到日常宣传报道之中，形成有力的舆论强势，达到最佳的舆论效果。精神文化产品是人们文化生活方式的基本产品，也是社会主义核心价值观的重要载体，在人们的思想观念内容、价值判断尺度和道德情操标准的建立与形成过程中具有潜移默化的教育教化功能。坚持以优秀的文化产品教育人、以高尚的文化产品鼓舞人、以精致的文化产品感染人，鼓励那些能够倡导社会主义核心价值理念的优秀文化产品的创造，运用文章、著作、诗歌、电影等多种文化形式来展现社会主义核心价值体系的精神实质和深刻内涵，让人们在娱乐、欣赏、休闲和享受中得到启迪、鼓舞。坚持把社会主义核心价值观念潜移默化地融入到广大干部群众的日常生活和生产生活活动中，使之得到广泛认同并转化为人们的自觉实践，成为人们积极向上的精神动力。按照社会主义核心价值观念的要求，建立和完善学生守则、乡规民约、市民公约、公民道德准则等行为规范，建立健全各种行业规章制度，不断推出先进人物和先进事迹典型，大力倡导精神文明创建活动，使广大人民群众学有目标、赶有方向，把社会主义核心价值观转化为日常生活遵循的基本理念，成为文化生活方式变革的实践途径。

3. 社会主义核心价值体系建设是生活方式变革的方向保障

当代中国所处的时代是一个文化交汇、思潮涌动、观念碰撞激烈变化的时代，先进文化与落后文化、民族文化与外来文化、健康文化生活方式与腐朽文化生活方式同时并存。如果没有一种凝聚人们灵魂的精神力量做保障，生活方式变革将不可想象。社会主义核心价值体系建设，必须围绕如何帮人树立观念、建立信仰、鼓足勇气、培养自信，必须始终坚持马克思主义理论在价值观建设中的指导地位，坚持以马克思主义的世界观、方法论作为考察和衡量一切文化生活方式的基本尺度，坚持指导思想的一元化与社会思潮多元化的和谐统一，支持、鼓励和发展、巩固科学健康的主流文化生活方式。社会主义核心价值体系建设，不能是一句空话，只限于泛谈而无法落实，要借马克思主义理论研究和建设工程的东风，深入调查和研究总结广大干部群众普遍关心的重大理论热点问题和现实中的难点焦点问题，进一步增强核心价值观的说服力和感召力。社会主义核心价值体系建设，必须努力推进学术观点、科研方法、学科体系创新，不断繁荣和发展马克思主义指导下的哲学社会科学，使哲学社会科学成长为社会主义社会建设事业的思想库，积极搭建对话平台，推动建立民意上达通道，鼓励并推动学术交流，特别要推进生产方式与生活方式变革的理论探索与创新，推动我国哲学社会科学优秀成果和优秀人才走向世界。社会主义核心价值体系建设，必须高度重视并密切关注社会思潮的发展趋势和潮流，把握其发展趋势，指引其正面发展，高度重视意识形态领域的建设工作，积极稳妥地处理思想文化领域问题，唱响主旋律，打好主动仗，更好地把握生活方式变革的方向，更好地促进生产方式与生活方式的协调统一，更好地促进全社会稳定、团结、和谐的大好局面。积极探索以社会主义核心价值体系为核心内容的社会主义社会的理想、道德、情操来引领和规范社会思潮的有效途径，坚持既尊重差异、

“和而不同”、兼容并包、多样统一，又能防止和抑制各种腐朽思想的泛滥和错误认识的影响，保证正确的舆论导向，引领文化生活方式朝着科学、健康、文明、和谐的方向发展与变革。

（二）“精神家园”建设是文化生活方式的本色

中共十七大报告指出：“弘扬中华文化，建设中华民族共有精神家园。”“精神家园”特别是民族精神，历来是中华传统文化的显著特征。中华文化是中华民族生生不息、团结奋进的不竭动力。一部中华民族的文化史，就是一部民族精神的宣扬史。中华民族不屈不挠，坚强屹立在世界民族之林，靠的就是不屈的民族精神和民族气节。这种精神和气节把全体人民凝聚在一起，勇往直前，势不可挡。民族精神是文化力的重要组织部分，是民族自信心的表现，在民族生活观念、生活方式变革中彰显中国特色、中国风格和中国气派，是中华文化魅力和生命力之所在。在生活方式的变革中，要努力保持和深入挖掘民族精神，共建“精神家园”，应从三个方面展开。

首先，深入挖掘传统文化的有益精神价值，继承中华传统生活方式的优秀本色。任何一个民族和国家的文化建设和发展，都是在发展继承传统文化的基础上所进行的文化变革与创新。传统就是文化的血脉，离开传统，文化建设就会迷失方向、丧失根本。在中西方文化激烈碰撞和交流的今天，必须充分认识到在文化建设中弘扬传统文化的历史价值和现实意义，因此必须在继承优秀传统文化的基础上建设中华民族的“精神家园”，以礼敬、自豪、开放、辩证、理性的态度对待中华民族传统文化的优秀品质，建立中华民族新文化生活方式变革的里程碑。按照古为今用的原则，科学梳理和深入挖掘丰厚的传统文化，区别其精华与糟粕并择之，以传承并发扬光大中华民族优秀传统文化和民族精神。充分发挥中华民族传统节日的文化传承功能，深入进行传统文化的发掘整理工作，广泛开展传统文化的宣传教育，挖掘并保护丰富多彩、健康有益的民间民俗文化生活，让更为广泛的人民大众了解和喜爱自己的传统文化，努力做优秀传统文化的承载者和传播者。我国是一个多民族的国家，各个民族的文化传统都是中华民族传统文化的一部分，应该加强挖掘和保护各民族传统文化，做好民族传统文化古籍典藏的整理、保护、修复工作，重视保护各级各类文物以及自然和非物质文化遗产，切实保护好中华民族传统文化瑰宝，使之薪火相传、荫泽后人。积极爱护、宽容对待、深入发掘中华传统文化生活方式的精华，在生活方式的变革中传承文化和民族精神，永葆中华民族的传统本色。

其次，充分借鉴世界其他民族文化的优点和长处，丰富中国人的文化生活方式内涵。每一个国家和民族的传统文化都有自己独特的优势和长处，都是每一个民族几千年的文化积淀，都值得尊重和礼赞，都是人类文化的精华和优秀传统。不同文化之间的相互学习、借鉴与交流是各民族继承和发展传统文化的必由之路。中华文化兼容并蓄、胸襟宽广、海纳百川、丰富多彩，因博采众长而永葆活力。在日益开放并密切交流的当代社会，中华文化的繁荣发展、继承弘扬更离不开与世界各种文明的对话与交融。世界文化的家园也因中华文化的参与而绚丽多彩。因此，积极参与与世界上其他民族、国家的传统文化交流、交融、交锋，着眼于中华传统文化的繁荣昌盛和长远发展，以更加开阔的视野、自信的态度，兼集八方精义、吸纳百家优长，积极主动地迎接世界文化发展潮流的洗礼。必须着眼于我国传统文化的繁荣发展，坚持辩证地对外来文化进行分析批判，应当看到学习借鉴不是生搬硬套或盲目崇拜，必须坚持“以我为主、洋为中用、择善而从”的基本原则，既坚持自己的原则和信念，又大胆地吸收和借鉴一切有利于我国文化生活方式建设的其他国家和民族文化中的有益经验和优秀成果，还要有效抵制各种腐朽文化生活方式的侵蚀，特别是资产阶级金钱至上的“拜金”文化和尊崇个人英雄主义文化，切实维护好国家的文化安全，丰富和完善国人的生活内容和文化生活方式。

最后，紧跟实践步伐，坚持与时俱进，不断总结和完善中国民族特色文化发展与文化生活方式。实践出真知，中国亿万人民群众的实践活动和社会主义建设事业的伟大实践，是我们进行文化建设的丰厚沃土和源头活水。只有把文化建设深深植根于我国改革开放和现代化建设的伟大实践，把文化建设切实融入亿万人民群众开拓美好生活方式的历史变革实践中，才能创造出无愧于伟大时代的中华民族“精神家园”和精神文化。只有深入研究和准确把握当代中国和世界的历史发展大趋势，清醒认识时代发展变化的基本态势以及对我国文化生活方式变革和文化建设的深远影响，准确把握世界和中国文化变化的时代新局面，使我们的文化发展和文化建设既不割断历史联系又不脱离现实基础，既不落后于时代潮流又不超越发展阶段的现实，始终保持文化建设与时代发展同步伐共脉搏，与人民群众同呼吸共命运，与社会主义生产方式和生活方式协调发展。实践是文化发展唯一途径，生活方式的变革为文化建设实践提供了广阔舞台，波澜壮阔的现实生活内容就是文化建设的营养，人民群众的创造活动就是文化创新的背景，要在历史的进步中实现文化的发展与繁荣，把鲜明的时代特征和强烈的时代气息融入生活方式变革的实践中，实现生活方式的民族精神与时代精神的统一。

（三）文化体制、文化机制是文化生活方式变革的制度保障

体制机制带有根本性、长期性，是文化建设中文化关系的关键环节，也是提升文化力的中心环节。文化体制机制只有适应文化力发展的需要，才能推动文化力的发展，否则就会阻碍文化力的发展，成为文化发展的羁绊。要根据文化发展的需

要，实时对文化体制机制进行改革，满足文化生活方式变革。因此，文化体制机制是文化力和文化生活方式变革的制度保障。进一步增强深化文化体制机制改革的自觉性和坚定性，推动文化体制机制改革取得新的实质性进展。创新体制机制，改善创新的运作环境，全面活跃文化生活。

首先，要不断加大投入力度，发展文化事业。始终把发展公益性、群众性、普及性文化事业，作为保障广大人民群众基本文化生活权益的主要途径，加大扶持力度，加大保障程度，满足广大人民群众的基本文化需求。公益性文化事业大都点多、线长、面广，与人民群众的日常生活息息相关，经济效益小甚至没有经济效益，需要公共财政投入，政府每年要安排一定数量的财政保障性投入用于公益性文化事业。公益性文化事业，特别是基层公益性文化事业如社区和乡村文化设施多年来投入少、设施差、群众意见大，是公益性文化事业建设的重点难点。要采取多方投资、专人管理、共建共管等多种形式改善条件、完善机制、加强协调，在广大人民群众中推动科学健康和谐的生活方式变革。

其次，要大力发展文化产业，实施产业带动战略。产业化是文化大发展、大繁荣的必由之路。产业化是文化与经济融合的结晶，又是文化建设与经济建设、社会建设共同发展的手段。既然是产业，那么就要符合产业发展的经济规律；当然文化产业还要符合文化发展的规律。这就给文化体制机制的重塑与改革提出了问题，创造了机遇，即文化体制机制必须符合市场经济规律和文化发展规律。比方说，人力资本在其他产业中一般占10%左右，但在文化产业中就要占40%～50%，甚至更多；其他行业主要靠机器、技术来生产高质量产品，但文化产业主要靠人，特别是靠有特殊文化素质的人。因此，以人为本在文化产业中显得更加重要。实施产业战略，不能平推平拥，要重视实施重大文化产业项目带动战略，努力加快区域性特色文化产业的集群、文化产业中心和产业基地建设，培育文化产业骨干企业，培养文化产业发展的战略投资者，形成以公有制为主、多种所有制形式共同参与文化产业发展的新格局。文化产业是人才聚集的产业，文化产业基地一定是人才辈出的地方，人才高地就是文化产业高地，文化人才集中的区域就可能具有区域特色的文化产业集群，从而形成文化产业聚集带，既形成产业经济带，又成为文化集中区，带动了新的文化生活方式的形成。

我们应该加快完善文化市场体系，打破条块分割、地区封锁、城乡分离的局面，加快建立统一开放竞争有序的现代文化市场体系，形成以民族文化为主体、吸收外来有益文化的文化市场格局。文化市场是文化发展的结果，又是文化发展的舞台。文化市场建设要符合文化产业发展的规律，体现文化建设的要求，有利于和谐生活方式的生存与发展。地区分割、条块分离人为地打断了文化产业发展的链条和产业衔接规律，不利于文化产业发展和文化市场的形成，不符合文化生产方式和文化生活方式的要求，应该尽快打破分割，形成统一开放的文化市场，推动文化生产力的发展。

最后，还要加快建立党委领导、政府管理、行业自律、企事业单位依法运营的文化管理体制。文化的发展是涉及人类灵魂的工程，是经济、政治、社会生活方式赖以存在的文化条件，必须加强党的领导。党的领导主要是指政策、方向、路线等大政方针方面，在意识形态和潮流方向上保证社会主义的价值取向，防止偏离社会主义核心价值体系建设这个中心。政府管理主要是制定文化和文化产业发展规划、发展政策、市场管理、重点项目立项、人才培养等宏观政策。行业主管部门和协会主要是实行行业自律和协助政府维护文化市场秩序。文化企业、事业单位作为文化市场和文化发展的主体，按照各自的职能和专业特色，生产更多更好的文化产品，丰富人们的文化生活，创新人们的文化生活方式。同时，还要注意充分运用高新技术设施和手段，创新文化生产方式和条件，加快构建以覆盖广泛、传输快捷、交流容易为主要特点的文化传播体制，以文化产品的创新带动文化生产力发展，以文化生产方式的发展丰富文化生活方式的变革；以文化体制机制的创新推动文化关系的改革，以制度的完善保障和促进文化生活方式的变革。

第五章　社会方式促进生活方式变革更加和谐

社会方式即社会建设方式，是“社会建设力”（社会力）与“社会建设关系”的总和，侧重于人自身的生产、生活、素质等方面的建设，是综合国力的保障部分，包含了“社会力”与“社会建设关系”矛盾运动产生、变化、发展及其过程的总和，本质上是社会生产方式，是生产方式的重要组成部分。社会建设也是生活方式变革的保障，社会建设以提升社会力、理顺社会关系为目标逐步展开，不断推进社会各项事业和产业的发展。社会建设与人民幸福安康息息相关。社会建设的基本内容主要包括促进社会公平正义、发展社会事业、完善社会管理、协调利益关系、调解社会矛盾、扩大公共服务领域等方面。我们党对中国特色社会主义建设事业总体布局的认识，就是将社会主义经济建设、政治建设、文化建设“三位一体”的社会主义事业总体布局，发展为最新的以社会主义经济建设、政治建设、文化建设、社会建设“四位一体”的总体布局，强调了以改善民生为重点的社会建设的重要性和现实意义。这是我们党对中国特色社会主义事业总体布局的新认识，这种认识体现了党对总体布局认知的新高度和新境界。强调“社会建设”，无论在社会建设的实践上还是在社会建设的理论上都具有非常重要的意义。

一是“四位一体”总体布局体现了中国社会主义社会的本质要求。邓小平指出，“社会主义的本质，是解放生产力，发展生产力，消灭剥削，消除两极分化，最终达到共同富裕。”这一科学、精辟的论述，坚持了马克思主义的基本立场，体现了生产力和生产关系的统一、经济基础和上层建筑的统一，既提出了大力发展生产力的要求，为人民生活水平的提高提供坚实的物质基础，又提出了不断完善生产关系和分配关系的要求，指明了社会主义社会建设的最终目标是使全体人民走向共同富裕的道路。大力促进社会公平正义，极大地激发全社会成员的创造活力，不断地促进经济社会的全面进步，这对于推进生产方式与生活方式的协调发展意义重大，体现了社会主义的本质要求。

二是“四位一体”总体布局体现了贯彻落实科学发展观的要求。科学发展观是党的第三代中央领导集体对“如何发展、靠谁发展、为谁发展”的时代问题的回答，是对马克思主义关于发展思想的继承、发展和创新，是我国经济社会发展的重要指导方针。发展是我们党执政兴国的第一要务，只有抓住历史的机遇，实现又好又快发展，不断提升发展的速度、水平与质量，才能不断增强我国综合国力，在提高人民的现实生活水平的同时，不断推动经济社会全面进步。离开发展，一切便无从谈起，“发展是硬道理。”贯彻落实科学发展观，必须坚持全面协调和可持续发展，坚持“以人为本”，推进经济建设、政治建设、文化建设、社会建设，统筹城乡发展、区域发展、经济社会发展、人与自然和谐发展、国内发展和对外开放，努力促进现代化建设中各个环节、各个方面之间的协调统一。以经济发展为基础，加强经济社会建设，注重保障和改善民生，以便推进经济和社会的全面协调和可持续发展。

三是“四位一体”总体布局体现了构建和谐社会的要求。构建社会主义和谐社会是长期的历史任务，贯穿于中国特色社会主义建设事业的全过程，是在发展的基础上正确处理好各种社会矛盾、社会问题和时代课题的历史进程。其基本要求就是要解决人民最关心的利益问题，侧重发展社会事业、推动社会全面进步，促进社会公平正义；就是要扩大公共服务能力和范围，提升公共服务的质量与水平，逐步实现基本公共服务均等化；就是要处理好公平和效率的关系，理顺各种分配关系；就是要完善社会治安管理，保持社会稳定，维护社会的安定和团结，最终形成全体人民群众既各尽所能、各得其所又和谐相处、共同进步的良好局面，万众一心地把中国特色社会主义事业推向前进。

但是在前进中还存在一些不和谐的因素，突出的是：以资源环境为基础的粗放式经济增长模式代价过大；农业稳定发展、农村全面社会建设、农民持续增收难度加大；城乡、区域、社会阶层间经济社会发展仍然呈现不平衡状态；关系群众切身利益的收入分配、社会保障、劳动就业、居民住房、教育卫生等方面问题依然较多，部分低收入群体生活还相当困难。这些问题如果得不到妥善的解决，将会严重影响社会秩序和社会和谐稳定。发展中的问题只有通过发展来解决，因此必须加快推进以改善民生为重点的社会建设，抓住解决影响社会和谐安定和经济社会发展不平衡问题的关键，抓住维护社会公平和实现社会正义的关键，加快各项社会主义事业的发展。也就是说，只有把社会建设搞好了，生活方式的变革才有和谐保障。

一、社会力是社会生活方式变革的民生基础

社会力即社会建设力就是协调社会资源、保障公平与需求，构建和谐社会的能力。社会力是保障力，为社会生活方式的变革提供和谐的社会环境和保障机制。社会力主要包括民生力、规范力、服务力和稳定力等主要内容。

（一）民生建设是生活方式变革的基本前提

以提升民生水平为重点的社会建设，涉及面广，内涵丰富，包括教育、就业、收入分配、社会保障、医疗卫生等与人民群众根本利益、长远利益和现实利益密切相

关的问题，也就使得全体人民学有所获、劳有所得、病有所医、老有所养、住有所居。这些内容与人们的生活观念、劳动观念、消费观念、生活习惯、生活行为等休戚相关、紧密联系、密不可分、影响甚大，是生活方式变革的基本前提。

1. 优先发展教育，提升社会生活主体素质

在当代，国际竞争归根结底是经济竞争，经济竞争的关键是科技竞争，科技竞争的关键是人才竞争，人才竞争的关键又是教育竞争。在联合国的人类发展指数中，国民受教育的程度是衡量一个国家发展程度的关键指标。党的十七大报告指出，教育是民族振兴的基石，教育公平是社会公平的重要基础。作为教育现代化的基本价值，教育公平已经成为国家教育政策和教育制度的基本出发点。由于经济发展的不平衡，社会阶层之间的差距拉大，教育公平也成为社会关注的热点问题。

追求教育公平是人类自古有之的理念。孔子"有教无类"的主张，体现了古代朴实的教育民主思想。在西方，柏拉图最早提出实施初等义务教育，亚里士多德则首先提出通过法律保证自由民的教育权利。20 世纪 40 年代《联合国人权宣言》就规定"不论什么阶层，不论经济条件，也不论父母的居住地，一切儿童都有受教育的权利"。1960 年，联合国教科文组织详尽地阐述了教育机会均等的概念，包括"消除歧视"和"消除不均等"两部分。

中国的教育不公平，这是不避的事实。主要表现在：一是地区之间，特别是城乡之间的差异。城乡差距是教育差距的核心，缩小教育差距关键是缩小城乡差距。以人均教育经费为例，2001 年，我国城镇小学生人均教育经费为 1 484 元，农村为 798 元，城镇是农村的 1.86 倍。初中生人均教育经费为 1 955 元，农村是 1 014 元，城镇是农村的 1.93 倍。二是教师学历方面，我国东西部城乡教师学历总体相差 30 个百分点。如果将现有教师学历要求提高一个层次，农村有 70%的教师学历不合格。三是教育类别的差异。重点学校与非重点学校有差别；普通教育与职业教育有差别；研究型高校与非研究型高校有区别；公办与民办有更多的差异。四是教育投入严重不足。1993 年国家就提出财政性教育经费占国民生产总值的比例到 2000 年达到 4%，然而到 2010 年还没有达到。在中国的教育规模以全世界最快的速度急剧扩张的背景下，教育开支占国民生产总值的比例 2005 年为 2.16%，不及 2004 年 2.79%和 2002 年 3.41%，呈逐年下降趋势，不到发展中国家平均水平的四分之一。教育投入的这种差距，已经严重影响了全民族素质的整体提高，严重影响到现代化进程，进而会导致更大的社会不公平。

优先发展教育，提高民生主体的文化程度，提升生活方式的主体素质。众所周知，公民文化素质的高低，直接影响他的行为方式和生活方式。必须始终把教育事业放在优先发展的战略位置，办好党和国家放心、人民满意的教育。发展教育的根本任务是培养人，通过发展教育，可以把我国巨大人口压力转化为巨大的人力资源

优势，加快提高全体国民基本素质，包括思想道德素质、科学文化素质、身体素质、心理素质和劳动技能素质，推动人的全面发展。

解决教育不公的问题，国家应该建设规范化公共教育财政体制，保障基础教育获得足够的财政资金支持，这是教育事业稳定、健康发展的基础。国家必须通过立法等强硬措施确保政府对义务教育的足额拨款。应尽快提高农村义务教育的水平，加大投入，改善设施，提高教师的业务能力和农村基础教育的质量。

优化教育结构，提高基础教育的优先地位。我国初等、中等教育经费中政府投入比重明显低于美、日、韩等国，但在高等教育经费方面却明显高于这些国家。国家要加大对基础教育的投入比例，突出基础教育优先地位，坚持按照教育发展规律和经济社会发展的需要，重视学前教育，普及义务教育，关心特殊教育，拓展技能培训教育，提高高等教育质量，形成各级各类教育全面协调可持续发展的良好的中国特色社会主义教育新格局。同时，大力发展职业教育，让适龄的劳动者都有劳动技能和职业素质，把人口优势转化为人力资源优势，为经济社会发展提供高素质的劳动者，也为生活方式变革提供基本条件。

更新教育观念，深化教育改革，特别是改革目前对教育质量的评价体系和考试考核体系。树立科学的教育发展观，改革教育发展方式，深化教学内容创新、改革考试招生制度，改进人才培养模式，提升人才培养质量，完善教育质量评价制度，全面提高教育质量和水平，尤其是要推进各种形式的教育教学与生产劳动和社会实践的紧密结合，重点突出，注重培养学生的独立思考能力、创造能力、就业能力和创业能力。从总体上讲，知识传授型教育依然主导着我国的学校教育，要逐步改变这种状况，向重视能力、重视综合素质、适应个性发展、满足多元需求的教育方向转型，推动教育改革面向经济社会发展，走以人为本的发展方式。

教育是关系社会的公益性、群众性的事业，是各级政府义不容辞的重要责任，必须健全公共财政投入和保障的法律，加大对教育的公共财政投入，规范教育收费，加快教育立法，保证教育投入及时足额到位。要扶持贫困地区、民族地区和老少边穷地区的教育，建立健全学生资助制度，使经济困难家庭、进城务工人员和社会弱势群体的子女接受义务教育的权利得到有效保障。鼓励、支持、引导和规范社会力量兴办教育。提高农民工的教育水平，多种形式地开展农民工岗前和在岗培训，提高他们的就业能力。鼓励开设社区大学，将政府办的各类培训中心向社区大学转化，依托社区又面向各种群体，成为职业教育的重要基地。积极倡导学习型组织建设活动，创建学习型家庭、企业、社区，建设学习型社会，不断改革全社会的学习方式和生活方式，提高社会生活主体的整体素质。教育力的提升改变着生活方式主体的教育观念和消费观念，一些新的教育方式、消费方式应运而生，无疑对传统生活方式的变革起重大作用。

2. 扩大就业,丰富劳动生活方式

劳动生活方式是其他生活方式的基础,劳动创造了人类的生活方式。所以,马克思说:"任何一个民族,如果停止劳动,不用说一年,就是几个星期,也要灭亡,这是每一个小孩都知道的。"[1]这充分说明了劳动对于人类存在的意义。就业是民生之本,是劳动生活方式的实现途径,也是保障和改善民生的重要条件。要扩大就业门路,创新就业方式,丰富劳动生活方式。

我国劳动力资源十分丰富,在促进经济社会发展的同时,巨大的就业压力也是我国社会建设必须面对的一个重大课题。因此,必须把扩大就业范围、拓展就业渠道放在社会建设的重点位置,以坚持劳动者自主择业、政府促进就业、市场协调就业等多渠道多方位来扩大就业。坚持发展经济与促进就业互动,积极转方式、调结构,以发展促就业。大力发展各类中小企业、服务业和知识劳动双密集型产业,开拓和创新有利于扩大就业的新行业、新产业,扩大就业规模,改善就业结构,扩大就业岗位。努力推动小城镇建设,持续加快区域特别是县域经济发展,鼓励、支持和规范非公有制经济发展,增加尽可能多的就业岗位。

坚持以创业带动就业的发展战略。鼓励创业者自主创业,发展多元化创业主题,拓展多种创业形式,积极吸取国外发展创业经验,不断创造更多的就业岗位,以鼓励和带动更多的人就业。鼓励自主创业、自谋职业。运用行政、经济、法律的各项政策措施,拓宽就业渠道,加强就业者的技能培训,提升就业信息服务的水平,使更多劳动者成为创业者,扩大就业容量,推动建设创业型社会。以创业带动就业,这是解决就业问题的一个重大方针。

推进就业体制改革创新。建立规范统一的人力资源市场,促进全国范围内的劳动力市场建设,形成能够使城乡劳动者平等就业的制度,杜绝各种形式的就业歧视,建立健全覆盖城乡的就业服务体系。规范和协调劳动关系,依法维护劳动者权益,发展和谐劳动关系,继续落实、改进和完善农民工就业的有关政策措施。国家为解决农民工就业问题,已制订出台的关于平等就业、社会保障、工资支付、子女上学、劳动保护等优惠政策,均应加以落实。加强劳动执法监督检查,重点解决好非法用工、超时加班、劳动条件差等问题,完善各种企业的工人利益维权机构,依法维护劳动者的合法权益。

重视高校毕业生就业工作,切实解决好新生劳动力群体就业问题。具有较高文化素质的高中生、大学生就业面临困难,一方面说明我国的教育体制和办学模式存在严重问题;另一方面说明就业观念不适应社会发展。改革高校教学模式、方法和内容,尽快适应劳动力市场的需求。同时,帮助毕业生转变就业观念、择业观念、

〔1〕 马克思恩格斯选集(4)[M].北京:人民出版社,1995:580.

创业观念，走多样化就业的路子。就业方式的多元化，必然带来劳动生活方式的多样化。

3. 改革收入分配制度，完善消费生活方式变革的基础

改革收入分配制度，增加城乡居民收入，为培育新型消费生活方式和生活方式的变革提供经济基础。一定的生活方式需要一定的经济收入来支撑。同时，合理的收入分配制度也是社会公平的重要体现，是促进社会公平正义的基本条件。

改革开放以来，我国收入分配制度改革不断深化，形成了以按劳分配为主体、多种分配方式并存的基本分配制度，有力地维护了社会稳定，促进了经济社会的平稳发展，但同时也出现了城乡之间、地区之间、行业之间和部分居民之间收入差距持续拉大的现象，影响了社会主义的公平正义原则，成为社会关注的热点。因此，必须深化收入分配制度改革，整顿和规范分配秩序，优化国民收入分配结构，形成合理有序的收入分配格局，建立健全与我国社会主义初级阶段基本经济制度相适应、相匹配的分配制度，目的在于放手让一切与劳动、知识、技术、管理和资本市场、资源市场有关的要素活力竞相迸发，以造福于人民。这一分配制度应该说是符合现阶段我国经济社会发展实际和中国基本国情的。

加快提高居民收入在国民收入分配中所占的比重，加快提高劳动报酬在初次分配中所占的比重，这“两个比重”的调整是国民收入分配格局的改革重点和难点。在我国国民收入分配中，劳动报酬在初次分配中的比重偏低，而政府和企业所占比重持续不断提高，使得广大人民群众对生活水平和生活质量提升缓慢的不满意度增加，这也是多年来投资率持续偏高、固定资产投资过重和增长过快，而消费增长缓慢、消费率偏低的重要原因。提高这“两个比重”，有利于投资与消费比例关系得到合理调整，有利于广大劳动者的收入增加，有利于促进经济社会协调健康发展。

依据“提低、扩中、调高、打非”的原则，合理调整收入分配格局，加大个人收入分配调节力度。通过对收入分配制度的改革，强化税收职能，扩大转移支付，整顿分配秩序，打破经营垄断，创造公平机会，逐步扭转收入分配差距扩大的趋势，防止社会走向贫富两极分化，实现全体社会成员逐步走向共同富裕的目标，为消费生活方式的变革提供经济基础。

4. 加快保障体系建设，满足基本生活方式需要

努力加快全民社会保障体系建设，切实保障人民基本生活方式的需要。健全的社会保障体系，可以保证“病有所医、老有所养、住有所居”。这是影响民生建设的重要因素，也是维持人们基本生活方式的需要。

改革开放以来，尤其是近些年来，从总体上看，我国社会保障体系和制度建设取得了很大进展，但还是存在着不少问题，如保障覆盖面小、保障水平低、保障制度不健全等。在新的形势下，为满足人民群众的基本生活方式需要，必须加快社会保

障体系的建设和完善。总的要求是:以基本养老保障制度、基本医疗保障制度和最低生活保障制度为重点,以慈善事业、商业保障、人民互助为必要补充,坚持以社会保障、社会救助、社会福利为基础,以广覆盖、保基本、多层次、可持续为指导方针,加快城乡居民社会保障体系的建设,努力提高社会保障的覆盖率。一是完善基本养老保险制度,规范城镇职工基本养老保险制度,探索建立农村养老保险制度,创新特殊养老补偿制度。二是完善基本医疗保险制度,全面推进城镇居民基本医疗保险和城镇职工基本医疗保险,探索农村新型合作医疗制度,实现基本医疗保险异地转移支付,实现人人享有基本医疗服务的目标。总的原则和要求是:坚持预防为主、农村为重点、中西医并重,坚持公共医疗卫生的公益性质,实行医疗"四分开"制度,即政医分开、医药分开、管办分开、营利性和非营利性分开,建设覆盖城乡居民的医疗服务体系、药品供应监管体系、医疗保障体系、公共卫生服务体系,鼓励社会力量积极参与,强化政府的工作职责,完善医疗制度改革和国民健康政策,为群众提供方便、价廉、安全、有效的医疗卫生服务。以公立医院改革为重点和突破口,深化医疗机构运行机制、医疗卫生管理体制、医疗服务机制和药品价格形成机制、卫生投入机制的改革,建立国家基本常用药物审查制度,切实保证群众的基本用药得到满足。三是完善最低生活保障制度,健全城镇职工最低生活保障制度,做到应保尽保。将农村符合条件的贫困人口全部纳入最低生活保障范围,切实解决低收入群体和社会弱势群体的基本生活保障问题。住房是重要的民生问题,应当把解决住房问题摆在重要位置,加快建立能够适应全体居民需要的多层次住房保障体系,改革住房建设中"政房"不分乃至"政房"勾结的现状。廉租住房制度是解决城市低收入家庭和贫困家庭住房困难的重要保障,加大廉租住房的建设力度,健全廉租住房制度,要合理确认廉租房的保障标准,健全廉租住房的保障方式。

总之,加快社会保障体系建设,使全社会民众"学有所获、劳有所得、病有所医、老有所养、住有所居",这是关系到人们基本生活方式需要的大事,也是以人为本和谐生活方式变革的基础工程,应该高度重视,切实解决。

(二)公正社会建设是社会生活方式变革的基本条件

构建社会主义和谐社会的一个关键条件是,追求并努力实现社会公正。胡锦涛指出,维护和实现社会公平和正义,关系到最广大人民的根本利益和长远利益,是我国社会主义制度的本质要求,也是我们党坚持立党为公、执政为民的必然要求。社会公正的重要性表现在:"只有切实维护和实现社会公平和正义,人们的心情才能舒畅,各方面的社会关系才能协调,人们的积极性、主动性、创造性才能充分发挥出来。”[1]正因为社会公正如此之重要，所以可以这样说，“社会公平正义是社会和谐的基本条件”。[2]

1. 社会公正是和谐生活方式变革的基本原则

没有社会公正，就不会有社会和谐；没有和谐的社会，就不会形成和谐的生活方式。因此说，社会公正是和谐生活方式变革的基本原则。具体而言，现代意义上的社会公正主要包括以下四个方面的内容：

第一，保障社会成员的基本权利。

只有切实保障社会成员的基本权利，才能够从底线上体现出对个人对社会基本贡献的肯定，才能够从最本质的意义上实现社会发展的基本宗旨即以人为本的基本理念，也才能够从最实效的意义上为社会的正常运转确立起必要的条件。对于发展中国家来说，社会成员基本权利在全社会范围内的全面确立还需要经历一个过程，不宜笼统地完全以现代社会的标准来衡量。但无论如何，生存权、就业权、受教育权以及社会保障权是每个社会成员所必须拥有的，这是他们的基本权利。

第二，保障社会成员机会平等。

根据平等的理念，每个社会成员应当具有相同的发展权利，因而在发展机会面前，是人人平等的。从现实的角度来看，就社会成员所面对的最一般的劳动（非复杂的）机会而言，有着相似的发展潜能，其基本的劳动技能能够大致具备。可见，在属于社会成员共享的发展机会的层面上，应该而且能够实现平等。当然，在承认个体人尊严和平等的前提下，也不妨碍进一步承认个体人之间的差别。只要这些差距就总体而言没有达到极端化的地步，尚未损害公正的保证原则和共享机会，那么，它们有助于社会总财富的积累，有助于激发整个社会机体的活力，有助于推进社会整体的进步。这种差距和机会的积极作用，与保证社会成员机会平等是一致的。

第三，保障按照贡献进行分配。

公正原则兑现程度的最直接体现的是如何对现有的社会资源进行分配。在社会财富等资源的形成过程中以及与此关联的事情中，每个社会成员所投入劳动的数量和质量、所投入的生产要素不可能是相同的，因而各自对于社会贡献的具体数量和质量是不一样的。按照贡献进行分配，就是把个人的切身利益与对社会的具体贡献紧密地结合起来，这是符合公正原则的。从实际效果来看，这有利于激发整个社会的活力，调动每个社会成员的积极性。

第四，保障必要的社会调剂。

---

[1] 《人民日报》2005年6月27日.

[2] 《人民日报》2006年10月9日.

以社会的整体利益为立足点和出发点，对于一次分配后的利益格局进行必要的调整，推动社会二次分配的合理性、科学性，使社会成员普遍取得由发展所带来的收益，进而使社会的质量得到普遍的提高。这一原则所强调的是“发展型”或“增长型”的补偿，而不是“维持型”的救援。每个社会成员对于社会整体而言，不仅具有一定的权利，同时也必须负有一定的责任，尽一定的义务。具体到分配方面，社会有责任对在初次分配过程中处在明显不利境地的社会成员进行必要的调剂。这是因为，一方面通过调剂原则，可以使为数众多的社会成员进一步改善自身的生活环境，增强自身的发展潜力，不断提升社会公共生活服务质量，不断扩大社会公共生活领域的范围，使社会成员的生活与整体发展水平普遍得到上升，并使整个社会的发展能力与质量得到提升，进而实现社会的整体发展。另一方面，通过调剂原则，使初次分配中所出现的差距过大的现象通过二次调剂可以得到不同程度的改变和缩小，因而可以不同程度地缓解许多由物质利益引发的个人与个人之间、群体与群体之间、阶层与阶层之间的矛盾和冲突，甚至可以消除某些潜在的突发公共事件的诱因，从而最大限度地降低社会的突发事故率，实现一种相对稳定的正常运转。

2. 我国社会公正现状影响着和谐生活方式的形成

改革开放以来，中国的经济社会取得了令世界各国瞩目的长足发展和巨大成就。但是，一个明显的事实也摆在我们面前：同我国经济发展状况相比，社会发展明显滞后，中国的经济发展与社会发展之间出现了不协调的情形。社会政策的缺位、社会建设的落后，突出地表现为社会公正状况不容乐观。

第一，贫富之间的差距越来越大。

根据联合国开发计划署的统计，中国目前的基尼系数为 0.45；占总人口 20％的最贫困人口占总收入或总消费的份额只有 4.7％，而占总人口 20％的最富裕人口占总收入或总消费的份额则高达 50.0％。[1] 中国社会的贫富差距已经超过了国际上通用的警戒线。而相对于一些具有一定代表性的主要国家当中，中国的贫富差距属于中上等的水平。虽然中国现阶段出现贫富差距扩大现象存在某种合理的成分，但是，我们更应当清醒地认识到，中国在多种非正常因素的影响之下，在短短的二十几年的时间里，已经由一个盛行平均主义的国家，转变为贫富差距扩大现象明显、收入差距超过国际上中等不平等的国家，收入差距过大现象已经日益严重，甚至已开始超出正常的限度，这样的迅速变化着实让人担忧。

第二，社会再分配的力度较弱。

社会再分配是指为便于社会成员一起分享社会发展的成果，以社会的整体利

〔1〕 根据《2004 年人类发展报告》统计数据.

益为立足点，对初次分配之后的社会利益格局进行一些必要的调整和二次分配，使社会的贫富差距不断缩小。一般来说，实现社会公正的基本手段是社会再分配，而国家在基本民生方面的公共投入又是社会再分配总体格局当中最为重要的一个环节。所以，一个国家在基本民生方面的公共投入状况，在很大程度上反映了社会再分配的具体状况。在很长的一段时间里，中国忽略了社会经济的协调发展问题，十分热衷于片面追求经济的高速度增长。人们片面地以为，经济增长是社会进步的自然推动力，只要把经济搞好，其他方面就可以自然而然地得到解决。而就基本民生方面的公共投入而言，卫生保健的公共支出占国内生产总值的比重、社会保障和福利支出占国内生产总值的比重、公共教育支出占国内生产总值的比重三者才是最主要的指标。从表5-1中可以看到，中国目前在基本民生方面的公共投入所占比例很小，与许多具有一定代表性的主要国家相比，中国现阶段在基本民生方面这三项公共投入的主要指标或许是较低的。

表5-1　一些主要国家在基本民生方面公共投入的基本状况

国　家	社会保障和福利支出占国内生产总值比重/％(1994～2000)	公共教育支出占国内生产总值比重/％(1999～2001)	卫生保健的公共支出占国内生产总值比重/％(2001)
中　国	3(2002)	2.9(2000)	2.0
美　国	5.4	5.6	6.2
法　国	16.5(1980～1985)	5.7	7.3
日　本	—	3.6	6.2
俄罗斯	7.5	3.1	3.7
印　度	—	4.1	0.9

资料来源：根据《国家统计年鉴2004》、《2004年人类发展报告》、《中国统计年鉴2003》的数据或根据其中相关数据整理和计算而得。

第三，社会成员基本权利保障的总体状况偏弱。

衡量社会成员基本权利保证方面的基本状况指标包括：失业率指标，反映社会成员工作权利的保障状况；成人识字率指标，反映国家和政府对其社会成员接受初级教育权利的保障状况；低于收入贫困线人口比例指标，反映一个国家和社会的成员基本生存权利的保障状况；女性对男性收入估计数之比指标，反映一个社会性别平等权利的保障情况。

从表5-2中可以看到，目前，中国4.6％的低于收入贫困线的人口比例在发展中国家中是属于很小的；但是，如果用国际上通用的衡量标准来衡量，那么中国目前低于收入贫困线的人口比例为16.6％，与一些主要的发展中国家相比属于比例偏高的国家。根据第五次人口普查数据表明，我国的失业问题比较严重，因为虽然中国的城镇登记失业率只有4%，但是2000年中国城镇的实际失业率已达8.3%。[1] 如果再考虑农村劳动力数量等因素，则中国的失业问题显然已经成为一个孕育着不安定因素的十分严重的社会问题。中国目前另外两项指标即成人识字率和女性对男性收入估计数之比的状况相对较好：成人识字所占的比率为90.0%，在亚、非、拉的主要发展中国家中是最好的；而女性对男性收入估计数之比为0.66，在一些主要国家包括比较发达国家当中也是最高的。根据中国目前的成人识字率和女性对男性收入估计数之比这两项指标，我们可以看出，这与改革开放以前中国十分重视大众教育和比较重视妇女解放工作有着直接的关系。

表5-2　一些主要国家在社会成员基本权利保障方面的基本状况

国家	低于收入贫困线的人口/%		失业率/%(2002)	成人识字率/%(2002)	女性对男性收入估计数之比
	每日1美元(1990～2002)	国家贫困线(1990～2001)			
中国	16.6	4.6	4.0(城镇登记失业率)	90.9	0.66
美国	—	—	5.8	—	0.62
法国	—	—	8.9	—	0.59
日本	—	—	5.0(2001)	—	0.46
俄罗斯	6.1	30.9	13.4(1999)	99.6	0.64
印度	34.7	28.6	—	61.3	0.38

资料来源：根据《国际统计年鉴2004》、《2004年人类发展报告》的数据或根据其中相关数据整理而得。

社会不公的现象已经给当代中国改革开放和经济社会发展带来了负面影响。一是削弱了发展的可持续性动力。二是会引发或加重一些社会问题和社会风险。自20世纪90年代以来，中国的群体性事件上升势头迅速。根据有关部门提供的数据显示，从1993年至2003年的10年间，群体性事件量由1994年的1万起增加到2003年的6万起，增长了5倍之多，年平均增长17%，从2000年的2700起上升到2003年的3700起，当年发生堵公路、卧轨、拦火车的事件就达3100起，上升势头过于迅速；而从群体性事件的规模来看，从1993年至2003年的10年间，参与群体性事件的人数由73万多人增加到308万多人，平均年增长12%，其中百人以上

[1] 蔡昉．中国人口与劳动问题报告No4(2003)——转轨中的城市贫困问题[M]．北京：社会科学文献出版社，2003:34.

的由1500起增加到了7000多起，增长4倍，群体性事件的规模不断扩大，而且事件的组织化倾向越来越强，冲击党政机关的事件逐年上升。[1] 近几年发生在西藏、新疆等地的群体性事件规模更大、更激烈，应该引起人们的深思。究其原因很多，导火索也不一样，国外反动势力的插手是主要原因，但由于社会不公引发人们的怨气上升，借机寻事者不在少数，社会不公的状况影响了社会的稳定，影响了人们正常的生活秩序，影响了和谐社会生活方式的构建，已经到了非改善不可的境地了。

一个健康的现代社会，应当既是一个富裕文明的社会，同时也是一个公平公正的社会。在注重经济建设的同时，还应当注重社会建设，特别是社会公正问题。现在应当从事关改革发展全局的高度来重视社会公正问题，应当采取有效的措施，尽力解决和缓解社会不公现象，尽力减少社会为此所付出的成本。同时，还应当看到的是，中国目前的社会不公问题是在发展过程中出现的，必须用发展的方式予以解决。

3. 解决社会不公，构建和谐生活方式

第一，更新基本理念，保障基本生活方式的需求。解决社会不公，必须转换思维方式，也就是说必须确立全社会成员共享社会发展成果的基本观念。全社会成员共享社会发展的成果，既是现代社会文明的标志，同时也是现代化进程中的客观需要。恩格斯指出，应当“结束牺牲一些人的利益来满足另一些人的需要的情况”，使“所有人共同享受大家创造出来的福利”，“使社会全体成员的才能得到全面的发展”。[2] 邓小平更是极为重视这一问题。他指出：“如果导致两极分化，改革就算失败了。”[3]1993年，他又指出：“少部分人获得那么多财富，大多数人没有，这样发展下去总有一天会出问题。分配不公，会导致两极分化，到一定时候问题就会出来。这个问题要解决。过去我们讲发展。现在看，发展起来以后的问题不比不发展时少。”“要利用各种手段、各种方法、各种方案来解决这些问题。”[4]而且，邓小平并没有把这一问题放到遥远的未来去解决。而是有一个明确的时间表，也就是在20世纪末的时候就应当考虑这一问题。当我们引用“让一部分人先富起来”的名言时，不能忘记邓小平在其著名的南方谈话中所说的另一个与之相辅相成的、极为重要的战略构想，否则就会陷入以偏概全的误区。就贫富差距的过分悬殊问题，

---

〔1〕 王东进，等.积极化解人民内部矛盾，妥善处理群体性事件[J].中国社会发展战略，2004(3).

〔2〕 马克思恩格斯选集(1)[M].北京：人民出版社，1995：243.

〔3〕 邓小平文选(3)[M].北京：人民出版社，1993：139.

〔4〕 邓小平年谱[M].北京：中央文献出版社，2004：1364.

邓小平指出："什么时候突出地提出和解决这个问题，在什么基础上提出和解决这个问题，要研究。可以设想，在本世纪末达到小康水平的时候，就要突出地提出和解决这个问题。"[1]改革开放30多年了，我们应该考虑让广大的人民群众普遍地享受社会发展的成果，而且，国家财富实力已经初步具备了这个条件。只有这样，才能使人民群众积极地认同改革、认同发展，才能实现社会的安全运行和健康发展。

第二，大力推进社会经济的发展，夯实公正社会生活的物质基础。这个道理不言而喻，本文在经济建设部分已经充分论述过，在此从略。

第三，加强现代法律制度建设，构建公正社会生活的机制。《中共中央关于构建社会主义和谐社会若干重大问题的决定》中指出，"必须加紧建设对保障社会公平正义具有重大作用的制度，保障人民在政治、经济、文化、社会等方面的权利和利益，引导公民依法行使权利、履行义务。"重视并努力建立健全完善的现代法律制度，保障社会公平正义，其主要内容包括：建立健全以宪法为核心的、覆盖社会生活各个领域的体系化的法律制度，确立法律在整个社会当中的权威地位，确保司法的独立性和公正性，实现法律行业中从业人员的职业化、专业化，等等。重视并努力建立健全完善的现代法律制度，直接推动市场经济规范化、有序化，推动政治体制的改革，切实维护公民的基本权利，推动和引导整个改革发展进程，并且巩固改革和发展的成果，重视并努力建立健全完善的现代法律制度，还有助于确立社会正常运行的基本秩序，使各个社会群体之间的良性互动有章可循，使改革和发展得以有序地推进。

第四，合理安排公共投入的优先顺序，落实公正社会生活的制度措施。在公共财力相对有限的情形之下，公共投入不可能在多个层面同时实施，同公共事业相联系的各种难题也不可能在多个方面同时解决。在某个具体时段当中公共投入必须有重点地进行。公共投入应当有一个合理的顺序排列，先急后缓、逐步展开，突出重点、兼顾一般，优先解决那些人民群众最关心的热点难点问题。对长期困扰和影响社会发展的长远难题要拿出规划方案，一时解决不了的要向群众讲清楚，把计划公之于众，赢得群众的谅解和支持。公共投入的优先顺序不仅事关社会的公正问题，而且直接影响到社会经济发展的整体质量。

第五，实现充分就业，保证社会生活的稳定。国际劳工组织的《全球就业议程》明确指出："工作是人们生活的核心。"[2]所以，拥有一份职业、一份工作，是人们平等地融入正常的社会生活环境的必要条件。相反，一个人长时间失业，没有工作，

---

〔1〕 邓小平文选(3)[M]. 北京：人民出版社，1993：374.

〔2〕 全球就业议程[J]. 劳工世界. 2002(2).

那就意味着他的社会生活状况的边缘化，即与“主流”社会生活板块隔离开来。这样，失业者同其他社会成员的交往生活方式出现障碍，交往成为一种不平等的、不对称的社会行为。这种不平等的社会交往方式会造成失业者与正常社会生活环境之间的隔阂，而且还会使失业者的尊严以及独立的人格受到严重的伤害。日积月累，就会形成社会问题。因此，实现充分就业，是缓解贫富差距、解决社会不公、缓解社会矛盾的有效途径。另一方面，严重的失业问题还会殃及其亲属，引发更多更大的社会问题。同时，充分就业也是最大限度地开发人力资源、增强社会活力、增加社会总财富的重要措施。从某种意义上讲，就业程度的高低同社会生活的稳定程度是成正比关系的。

第六，推进保障制度建设，构筑社会生活的安全网。社会保障的目标是，立足于社会公正和社会安全的角度，通过社会救助、社会福利、社会优抚和社会养老保险、社会医疗保险、社会失业保险等多方面的措施来实现社会公正和社会安全，确保每个人都有一个合理的生活水平。一个社会成员，有可能由于工作的丧失或是其他的原因而陷入“生存危机”。对于这些社会成员，社会有责任对其进行必要的社会救助，确保其基本的生活底线，从而实现社会的公正和安全运行。

第七，调整社会分配结构，减少不公正社会生活现象。就社会分配形式的一般规律来说，我们应当培育一个庞大的“两头小、中间大”的中等收入人群占绝大多数的社会分配格局。中国现在是一个金字塔形的社会分配结构，高收入人群少，中低收入群体大，不符合和谐社会分配格局。这样的收入结构，不是一个公正、健康的结构，对于社会的稳定运行和健康发展十分不利。人没有恒产就没有恒心，这是一个很简单的道理。要想使社会得到健康发展和正常运行，就必须培育一个庞大的中等收入人群。这一点，已经为发达国家的社会治理经验所证实，也会越来越成为中国社会和各阶层人士的广泛共识。

二、社会建设关系是生活方式变革的民生保障

社会建设关系是社会力在社会建设中形成的人与人之间的关系，主要表现为社会建设制度和机制，是民生建设的保障。它是社会生活方式赖以存在、发展和变革的保障体系。社会生活方式的变革来源于社会力的不断发展变化，受制于社会建设体制、社会建设机制的约束。同时，社会生活方式的变革又会推进社会建设体制、社会建设机制的创新，它们相互依存、互相促进、相辅相成。社会建设关系的协调发展构成了社会生活方式的民生保障，使社会既稳定发展又不断改革进步，是共处中的和谐、运动中的发展。

(一) 社会管理建设是生活方式变革的制度规范

搞好社会建设,关键是要建立一套适应社会发展的基本社会管理制度即规范体系。

1. 完善社会管理体制,构建和谐社会生活的管理网络

社会管理体系建设是一项系统工程。完善管理体系,要求我们根据社会发展变化的实际情况,建立健全科学的社会管理体制机制,有效地协调各方面利益关系,化解社会矛盾,激发社会活力,形成社会管理和社会服务的合力,构建以人为本的和谐生活方式的新格局。

社会管理是社会组织体系通过一定的社会规范、社会方式和手段,对全体社会成员的社会行为和价值观念进行指导和约束,对各类社会关系进行统筹和协调,以保持社会内部良性运行和社会生活方式有序化的过程。从社会管理的内容看,它具有明显的普遍性和超个人性。普遍性是指社会管理作为一种维系社会秩序的形式和方法,存在于任何社会、任何历史时代之中。而超个人性是指社会管理总是以某种社会的名义,代表某个社会组织对社会成员实施管理。正是这种凌驾于个人之上的超个人性,使得社会能够更有力和有效地规范个人行为。从社会管理的方式看,它具有统一性和协调性。从社会管理的作用和功能看,它具有多向性和交叉性。社会管理手段并不是单一的,而是多种多样的,呈交织状。这些管理手段和方式构成社会管理体系,其作用的发挥则形成一个管理网络。

当前,之所以要突出强调完善社会管理体系,是因为我国社会转型过程中,原有的社会管理体制和机制已不适应社会改革发展的新变化。同时,构建"民主法治、公平正义、诚信友爱、充实活力、安定有序、人与自然和谐相处"的社会主义和谐社会,需要与之相适应的社会管理体制机制。社会管理体制创新重点在于:实现管理主体多元化;政府切实要从传统的"经济管理为主"的社会管理形式向以现代化的"社会管理为主"形式进行转变,整个社会要从"单位管理"向"社区管理"转变。同时,要积极培育和发展新型社会组织,提高社会组织的自主性,充分发挥它们的自我管理能力。

2. 提高社会管理水平,促进和谐社会生活方式的变革

第一,建设服务型政府,强化政府的公共服务和社会管理职能。

完善社会管理体制机制,首先必须强化政府的社会管理和公共服务职能,建设服务型政府。按照"转变职能、权责一致、强化服务、改进管理、提高效能"的要求,继续深化行政管理体制改革,使政府更加注重履行社会管理的职能。同时,强化政府公共服务职能,创新公共服务体制,提高公共服务质量,改进公共服务方式,增强政府公信力。以发展社会事业和解决民生问题为重点,优化公共资源配置,不断完

善公共服务政策体系，加强公共设施建设，逐步实现基本公共服务均等化；注重向农村基层、欠发达地区倾斜，逐步形成惠及全民的基本公共服务体系。深化行政审批制度改革，进一步减少和规范行政审批事项，简化办事程序，为群众和基层提供方便快捷的优质服务。服务型政府同时还应该是高效率政府，改进政府管理工作，加快电子政务建设，推进公共服务信息化，及时发布公共信息，为群众生活和参与经济社会活动创造便利条件。要推行政务公开，实行政事公开，支持社会组织参与社会管理和公共服务。

第二，推进社区建设，完善基层服务和管理网络。

全面推进城市社区建设，建立健全以居民自治为中心的新型社区管理和服务体制。2000 年 11 月，中共中央办公厅、国务院办公厅转发了《民政部关于在全国推进城市社区建设的意见》，社区建设从此在全国城市轰轰烈烈地开展了起来。2001 年 3 月，社区建设被列入《中华人民共和国国民经济和社会发展第十个五年计划纲要》。目前，我国城市有 57 000 多个街道办事处、77 000 多个社区居委会、近 40 万名社区居委会干部，城市社区组织网络建设取得了明显成效，社区居民自治显现出强大的生命力和巨大的社会效益，成为现阶段社区管理工作的重要基础和促进城市现代化建设的重要推动力。但是，社区建设在发展过程中，也还存在一些需要研究和解决的问题，城市社区的自治功能还不够完整，部分社区居民主体意识不强，参与社区事务的热情不高，影响社区自治功能的发挥，社区居委会与政府部门、驻区单位之间的关系还没有完全理顺，等等。为此，必须改革城市社区的管理体制和运行机制，完善居民自治，支持居民委员会协助政府做好公共服务和社会管理工作，实现政府行政管理和社区自我管理的有效衔接、政府依法行政和居民依法自治的良性互动。合理配置和利用社区资源，发挥驻区单位、社区民间组织、物业管理机构、专业合作经济组织在社区建设中的主人翁作用。建立健全社区组织的服务和管理网络，加强对流动人口的服务和管理，促进流动人口同当地居民和睦相处。完善社区公共服务功能，开展社区群众性自助和互助服务，发展社区服务业，以便发挥化解矛盾、服务群众的作用和提高社区自治组织协调利益的能力，把社区建设成为管理有序、服务完善、文明祥和的社会生活共同体。

在农村，则主要推进以村民自治为核心的农村社区建设。1982 年 12 月通过的新宪法，正式确立了村民委员会作为农村基层群众性自治组织的法律地位。1987 年 11 月 24 日，《中华人民共和国村民委员会组织法(试行)》通过，并规定自 1988 年 6 月 1 日起正式实行。这是第一部确认和明确规范村民自治制度的全国性法律。1998 年 11 月 4 日，正式通过了修订后的组织法。实践证明，实行村民自治，既能在农村基层建立有效的社会管理机制、利益协调机制、矛盾调处机制，又能充分利用村民群众推动经济社会全面发展的积极性，促进农村各项事业的发展与农村社会的和谐稳定。今后应当以完善制度为重点，以健全机制为主线，以发展基层民主为目标，引导农村群众以理性合法的方式来表达自己的利益诉求，规范有序地参与村务的管理与决策，妥善解决利益矛盾，推动村民自治在目前的基础上向自治组织更加健全、活动更加规范、制度更加完善、观念更加健康、方式更加科学、成效更加显著的方向前进。

第三，健全社会组织，增强服务社会功能。

我国的社会组织分为四类：包括律师、公证、会计、资产评估等市场中介机构；教研文卫等领域的民办非企业单位；行业协会、商会、联合会等社会团体；各类基金会。改革开放以来，我国的社会组织稳步发展，涉及社会生活的各个领域，初步形成了门类齐全、层次不同、覆盖广泛的组织体系。这些社会组织在政府和社会、政府和企业之间搭建了一个交流、对话与合作的平台。它们在履行行业自律管理职能、解决贸易纠纷、发展教育科学和文化卫生事业、保护生态、扶贫济困、化解社会矛盾等方面都发挥了积极作用。但是，我们也要清醒地看到，我国社会组织总体发展水平还很低，还不能完全适应我国经济社会发展的要求。党的十六届六中全会《决定》明确指出，对于社会组织要“坚持培育发展和管理监督并重”。各级党委和政府要加强对社会组织工作的领导，运用经济、法律、舆论及必要的行政手段，将社会组织的发展纳入国民经济和社会发展总体规划，确保社会组织与经济社会发展同步。进一步转化政府职能，将应由社会组织承担的社会管理和公共服务职能转移出去，发挥各类社会组织提供服务、反映诉求、规范行为的作用，为社会组织拓展必要的发展空间。鼓励社会力量在教育、科技、文化、卫生、体育社会福利等领域兴办民办非企业单位，发挥行业协会、学会、商会等社会团体的社会职能。协调有关部门，通过购买服务等方式，建立政府对社会组织的自助机制。进一步完善税收、工资、人事、社会保障政策，为社会组织健康发展提供良好的条件。进一步健全社会组织管理体制，完善双重管理机制，建立政府统一领导，登记管理机关、业务主管单位和有关部门各负其责的管理机制，形成社会组织发展的整体合力。与此同时，加强和改善对社会组织的监督和管理，建立健全社会组织的监管机制，尽快形成责任明确、齐抓共管、综合治理的局面，确保社会组织的健康发展，促进和谐社会生活方式的形成。

3. 完善社会管理关系，形成社会生活方式的制度基础

第一，创新社会管理体制机制，形成社会管理新思路新格局，为社会生活方式变革提供制度保证。党在十六届四中全会通过的《中共中央关于加强党的执政能力建设的决定》，第一次明确地提出要在深入研究社会管理规律、完善社会管理体系和政策法规的基础上，建立健全党委领导、政府负责、社会协同、公众参与的社会管理新局面。

党委领导，就是要充分发挥党委总揽全局、协调各方的重大作用。各级党委要立足于全党工作和本单位工作的大局，集中主要精力抓住全局性、前瞻性、战略性、要害性的重大问题，把好政治方向，决策重大问题，安排重要人事，领导群众组织，形成工作合力，开展宣传教育，维护社会稳定，从思想和政策上抓好贯彻落实，从整体上推进全局工作。在社会管理中，不仅要发挥政治核心的作用，保证党的理论、路线、方针、政策的落实，还要做好群众的日常思想工作和政治工作，充分发挥党员的先锋模范作用，发挥党在国家与社会之间的桥梁作用，密切党和群众的联系，不断加强党的社会基础性。

政府负责，就是政府要担负起管理社会的职能。加强社会建设和管理，将政府的职能真正转变到"经济调节、市场监管、社会管理和公共服务"上来，切实解决政府职能的"越位"、"缺位"和"错位"问题，而且要更加注重社会管理和公共服务。顺应全球社会公共管理新趋势，将政府从以实施全面管理为主要职能的全能型政府转变为以实施公共管理为主要职能的有限型政府，加快传统的"经济管理为主"向现代的"社会管理为主"转变的步伐。改变政府以往介入市场过多的"越位"和在提供社会公共服务方面的"缺位"，强化自身公共管理职能，真正建立起"行为规范、运转协调、公正透明、廉洁高效"的政府社会管理体制。

第二，加强社会协同，使社会管理越来越社会化。社会由三块组成：政府、市场和社会。市场作为"看不见的手"，以讲求效率为其主要精神，不可避免地对社会公平会有失灵的时候。"看不见的手"和"看得见的手"都存在自身固有缺陷，因而就必须寻求"第三只手"来协助调节，以弥补和补充市场和政府这两只手的不足，在两者之间建立一种缓冲力量，这种缓冲力量便是现代社会生活中必不可少的"社会协同"。由于单位控制向社区管理转化和公共服务领域的泛化以及社会资源的扩散，社会事务成为整个社会与个体都需要积极参与的事项，而不只是政府与各级管理部门的公务。在社会组织发达的国家平均每 100 人就有一个社会组织。据统计，截至 2004 年 6 月底，我国各级民政部门登记注册的社团组织已达 1.34 万多个，另有民办非企业组织 12.1 万多个。社会组织不具备政府的职能，但它可以起到政府起不到、也不应当发挥的作用。社会组织和政府之间是良性互助、优势互补的关系。从管理社会来讲，社会组织则是主力；而从治理国家来讲，政府起主导作用。当前，社会组织应当努力克服依赖性，增强自主意识，力争大有作为。政府应当在加强和改进对各类社会组织的管理和监督的同时，大力扶持社会组织，确保其沿着正确的轨道健康发展。

第三，公众参与社会管理，是推进社会管理体制创新的重要内容。公众参与社会管理的主要渠道是社会组织，社会组织是实现公众参与的主要载体。公共参与就是坚持党的领导、依法办事和充分发扬民主的有机统一。公众参与就是权利、义务的有机统一，公众参与就是主人翁意识和人民当家做主的统一。我们党在领导中国革命、建设和改革的过程中，始终注意群众的切身利益，始终重视发动、组织和引导群众为实现自己的切身利益而奋斗。通过多种形式加强公众的民主法制教育，使其深刻认识到创造幸福生活，建设美好家园，实现社会和谐，最终要靠人民群众自己。只有全体社会成员以主人翁精神和积极进取的创新精神参与社会建设和社会管理，才能创造属于自己的美好生活方式。

(二) 维护社会稳定是生活方式变革的社会环境保障

没有社会的稳定，就没有社会生活秩序的稳定；没有社会生活秩序的稳定，就没有稳定的生产方式与生活方式，生活方式的变革也无从谈起。维护社会稳定，是社会建设的重要内容之一。

所谓稳定，是指一种状态。一般说来，社会稳定意味着整个社会处于稳固、安定、和谐、有序的状态，而它的对立面则是动乱。社会是由经济、政治、文化等各要素构成的复杂的有机整体，因此，社会稳定具体体现为构成社会的各个要素的稳定，即政治稳定、经济稳定、社会生活秩序正常、人心安定，等等，社会各要素之间的相互联系、相互制约、相互影响，保持一种正常状态。一个方面或一个环节的问题必然也会影响其他方面，如经济危机必然会激化社会生活矛盾，政局动荡必然会导致社会生产生活混乱等。当然，社会稳定是相对的，也不是绝对的。事实上，社会的基本矛盾运动使社会始终处于不断发展变化的过程中，社会稳定也要在社会发展和运动的动态平衡中体现出来。因此，真正意义的社会稳定应该是：社会矛盾和冲突不断得到解决，各种弊端不断得到改革和克服，在这个基础上，实现社会的健康发展和全面进步。社会稳定的这些特点和客观要求决定了维护社会稳定是一个复杂的社会建设工程。

1. 社会稳定是社会生活方式变革的基本要件

社会稳定的标志是多方面的，具体到政治上，主要表现为党的路线、方针、政策和思想理论的连续性和稳定性，党的执政地位的巩固，党的阶级基础的不断强化、社会基础不断扩大，执政能力不断提高，同人民群众的联系得到加强，代表最广大人民的根本利益，党的领导集体和政府正常更替，并且能有效地开展工作，政令畅通，中央有权威；具体到经济上，主要表现为生产关系基本稳固，适应生产力发展的要求，在此基础上，经济能够保持稳步、持续、健康发展，不出现大起大落现象，物价没有大的波动，人民生活富裕稳定；具体到人心向背上，主要表现为人民群众对党的路线、方针、政策和思想理论的认同和拥护，有表达自己意见的正常渠道，社会风气健康向上；具体到社会生活上，主要表现为社会保障状况良好，社会秩序正常，人民群众安居乐业，人与人之间、人与社会之间和谐共处；具体到国际关系上，主要表现为有一个和平的周边和国际环境,国家的主权和领土完整、安全有可靠的保证,等等。维护社会稳定对于中国特色社会主义事业的意义重大。维护社会稳定是人民群众的根本利益所在。不患贫而患不安,已经成为中国人民的重要心理特征。同时,也只有在稳定的社会环境中,人民群众才能充分发挥自己的聪明才智,实现消灭贫穷的目标,创造自己美好的生活方式。由此看来,社会稳定是一种综合因素综合作用的结果,是由政治力、经济力、文化力和社会力综合运用的稳定的社会状态。

改革开放以来,我国的社会生活从总体上说保持了长期稳定的局面,这是主流。但毋庸讳言,当前我国社会也存在着许多不稳定因素,主要表现为利益之间的差距导致的群体性、突发事件增多,境内外敌对势力的渗透导致的社会动乱因素的滋长,危害人民生命财产的刑事案件的增加,暴力恐怖活动的现实威胁加大等。总的来说,社会主义初级阶段的主要矛盾是社会不稳定因素的总根源。人民群众日益增长的物质文化需求与落后的社会生产之间的矛盾,是社会主义初级阶段的主要矛盾,它既是推动现代化进程的动力,又是形成社会不稳定因素的原因。因为生产力水平起点低这是个事实,不能因为社会主义制度的确立而得到迅速改观,现实的生产力水平也一时难以满足人民群众的多样化需求,这是现实社会生活中许多矛盾和问题的深层次根源。解决主要矛盾,又受到我国人口与资源之间矛盾的制约。小康社会建设,对中国环境、资源和人口的压力进一步增大。中国现在年增人口 1 400 万,据有关部门预测,到 2030 年人口总数将达到 16 亿的高峰。在这样的条件下,要保证人均 400 公斤的粮食占有水平,到那时粮食单产要比 20 世纪末增加 80%。但是,中国的人均可耕地面积,远远低于世界平均水平,农业增产潜力受到资源因素越来越大的限制。我国的农业生产在消耗掉"家庭联产承包责任制"释放出来的最初能量后,又出现了徘徊的局面。农业的发展水平又制约着工业的积累和建设,农民增收缓慢,国有企业职工下岗失业现象的根本原因主要在这里。如果继续沿用三个人的饭五个人来吃的老办法,就业的问题也许会缓解,社会矛盾可能会缓和,但后果肯定是人民群众生活水平提高缓慢,劳动生产率下降,又回到了过去的老路;通过彻底的改革可以达到提高劳动生产率的效果,但是这又势必增加了社会保障压力,甚至引发了局部社会冲突。同时,人口素质提高缓慢,这不仅会制约经济建设和科学技术的发展,也会阻碍社会主义民主政治的进程。这些都给维护社会稳定增添了难度。

社会转型期的特殊性也带来许多导致不稳定因素。许多学者根据拉美等国家的发展经验,认为当一个国家的人均国内生产总值达到 1 000 美元以后,现代化的发展就进入一个关键时期,在这个时期可能推动现代化的迅速发展,也可能导致经济长期徘徊,甚至引发社会动乱。因为在从传统社会向现代社会转变的过程中,往往矛盾重重，新老问题交织在一起，给社会稳定带来许多负面影响。美国学者舒尔茨就曾提出过“有效的贫穷”的假说，他认为，在传统农业社会中，生产要素的配置一般是有效率的，相对说来很少发生重大的缺乏效率的配置，但这只限于农民所能得到的传统生产要素的配置。然而历史发展的步伐又不允许中国停留在传统农业社会的状态中。在向现代化的转变过程中，首先要通过确立市场经济体制培育社会化大生产，市场经济的不成熟性以及其固有的矛盾必然引起收入差距的拉大，导致社会的分化，这本身就是社会不稳定的因素。另外，市场经济体制的确立，又导致社会分工的发展，社会阶层的多样化。利益上的差异又在不同社会阶层之间体现出来，从而引发群体之间的矛盾和冲突。同时，在社会转型时期，往往伴随社会道德失范、心理失衡等现象，以及消极腐败现象的滋长，等等。这些都是引发社会动乱的潜在因素。

中国现代化发展的程度与发达资本主义国家的差距也是社会不稳定的诱因。现代化是世界历史进程。中国的发展和现代化建设离不开世界。和平与发展仍是当今世界的两大主题，从这个意义上说，中国的现代化建设正处于一个大有可为的战略机遇期。与此同时，我国在国际竞争格局中仍然处于劣势。中国现代化的起步晚于西方发达国家，而且还将长期处于西方发达国家经济、政治、文化、科技和军事的竞争压力之下。这种国际竞争状态决定了中国全面建设小康社会、实现现代化任务的艰巨性。社会主义的历史经验表明，隔断与世界的联系，搞“一国建设社会主义”是不能取得成功的。但是，对外开放也会有风险，主要体现在西方的制度、价值观念以及文化和生活方式等对我们民族文化的侵蚀、对我们社会主义国家人民理想信念的冲击上。事实上，西方敌对势力始终没有停止对我国进行“分化”和“西化”的图谋。正是由于这些原因，“全盘西化”的观念在中国的现代化进程中就一再以各种形式表现出来，给中国的社会稳定带来负面影响。

2. 维护社会稳定，改善社会生活方式变革的环境

从整体上说，稳定问题是现代化建设中出现的新情况、新问题，还必须在现代整体布局中去寻找答案，也就是说只有继续坚持“四位一体”的建设大局，才能在根本上保持社会的基本稳定。

经济建设是维护稳定的物质基础。马克思主义历来最注重发展生产力，所以马克思主义政党必须把发展作为执政兴国的第一要务，用发展的办法解决前进中的问题，聚精会神搞建设，一心一意谋发展，在此基础上，不断提高人民的生活水平，扩大中等收入者的比重，提高低收入者的生活水平，让每个家庭的财产普遍增加，并依法保护公民的合法财产，只有这样才能从根本上维系社会稳定。孟子有言：“民之为道也，有恒产者有恒心，无恒产者无恒心，苟无恒心，放辟邪侈，无不为己。”当然，“产”的含义在不同社会有不同的解释。在封建社会，“民”不可能有恒

产。而在人民当家做主的社会，“有恒产”则是共同富裕的根本要求和体现。没有生产力的解放和发展，就不可能使人民群众“有恒产”、“有恒心”。

政治建设是维护社会稳定的政治保证。党的领导、人民当家做主和依法治国的有机统一，是中国特色社会主义政治文明的主要内容，也是维护稳定的政治法宝。巩固党的长期执政地位，除了制定正确的路线、方针、政策和发展战略以外，最根本的一条就是按照“三个代表”重要思想的要求把自身建设好，始终保持自身的先进性。党的领导的根本目标是领导和支持人民群众当家做主。但是在中国，发展社会主义民主政治道路的现实选择，也是将社会不稳定因素化解在萌芽状态、消灭在基层的有效途径。

文化建设是维护社会稳定的精神动力、智力支持和思想保证。社会稳定是以人与人之间、个人与社会之间、社会各阶层之间的和谐相处为前提的。维护社会稳定，不仅需要有人民生活水平的普遍提高以及民主法治的健全和发展，同时也取决于社会成员的思想道德水准的提高和良好人际关系的形成。为此，在发展社会主义物质文明和政治文明的同时，不仅需要提高人民群众的物质生活和依法管理自己经济、政治、社会事务的能力，还要提高建设社会主义精神文明，提高整个中华民族的思想的道德素质和科学文化素质，培养“有理想、有道德、有文化、有纪律”的社会主义公民。加强法制教育，增强公民的法制意识、公民意识，使其明白自己的主人翁地位，树立当家做主的责任感，使维护稳定成为一个公民的自觉意识和生活方式。

社会文明是维护社会稳定的保障。这里所说的社会是指人际关系、社会组织、社区等构成的“小社会”。在改革开放前，社会建设方面党政职能和社会职能混淆，单位职能代替社会职能，导致社会建设弱化，不稳定的潜在因素增多。随着改革的深化，这种局面逐步改变，由原来企事业单位承担的一些职能转移到社会，客观上提出了强化社会主义社会建设的要求，因此要建设服务型政府，强化社会管理和公共服务制度。同时，要完善基层服务和管理网络，推进社区建设；健全社会组织，强化服务社会功能，化解社会矛盾，促进社会稳定。

创新的信访机制是维护稳定工作的当务之急。建立社会舆情汇集和分析机制，畅通社情民意反映渠道。及时、全面、准确地把握人民群众的心理情绪、思想动态、愿望心声以及带倾向性的社会动态等，这些是正确决策的重要前提，是党和政府组织群众、宣传群众、服务群众，密切党群干群关系、带领群众一道前进的重要基础，是做好新形势下群众工作的基本功。健全联系群众制度，通过建立健全领导干部调研制度、群众接待日制度、基层联系点制度等，始终保持党同人民群众的血肉联系，开辟同人民群众联系的多种渠道，听取群众的呼声，了解群众的愿望；坚持疏导、化解原则，畅通人民群众的信访渠道，最大限度地方便群众，使群众的意见得以及时反映；从群众来访中关注社会动态，掌握深层次、动态性、预警性信息，努力把问题解决在萌芽状态、解决在基层；加强互联网、手机短信、领导热线等新型传媒的信息搜集和分析，开辟多种民意表达途径，同时发挥新闻媒体的作用，把体现党的主张和反映人民心声统一起来，更多地反映群众的要求和意见，更多地报道群众关心的问题。除了进一步规范、畅通信访渠道外，还应充分发挥工会、共青团和妇联等群团组织以及人大代表、政协委员密切联系群众的优势，积极发挥社团、行业和社会中介组织等在反映诉求、规范行为方面的作用，确保党和政府与人民群众沟通、交流渠道的畅通。

3. 健全综合治理体系，全力维护社会生活秩序的稳定

社会秩序是一切社会功能赖以存在和发挥作用的基础，是生活方式形成和变革的基本社会环境条件。社会主义生活方式的形成，客观上要求必须保持社会的稳定。维护社会稳定，靠部门单位单打独做行不通，必须联防联治、综合治理。

第一，健全社会预警体系，形成“统一指挥、功能齐全、反应灵敏、运转高效”的应急机制，提高保障公共安全和处理突发事件的能力。具备健全的社会预警体系和应急机制，是现代社会的一个重要标志。当前，改革发展任重而道远，国际形势复杂多变，在前进中我们难免会遇到各种各样的困难和风险，包括经济、政治、社会和自然方面的，以及可能出现重大社会突发事件、重大公共安全事件乃至重大国际突发事件，必须做好应对各种困难和风险的准备，完善社会预警体系和应急机制，提高解决突发事件和保障公共安全的能力。建立完整的社会信息反馈网络，确保党和政府对社会动态的及时掌控，确保情报信息渠道畅通；进一步健全完善应对突发事件的组织体制；建立完备的处理突发事件的管理制度和紧急状态的法律法规；还要建立和完善人民群众自我动员、自我保护的机制。

第二，有效发挥司法机关惩治犯罪、化解矛盾和维护稳定的职能作用。各级人民法院要立足审判工作和执行工作，积极参与社会治安的综合治理，认真落实排查调处措施，化解矛盾纠纷，保护群众利益，维护社会稳定，推进司法为民各项措施的落实。各级司法行政机关要针对当前社会热点问题的特点，切实将人民调解工作抓实、抓细、抓出成效。在巩固村、居人民调解委员会的基础上，加强乡、镇(街道)人民调解组织建设，进一步强化三级调解网络。公安机关是维护稳定的一支重要力量，发挥着不可替代的作用。各级公安机关和广大公安民警要始终把群众利益放在第一位，改进工作作风和工作方法，深入基层、深入实际、深入人民群众之中，认真排查矛盾纠纷，及时采取有效措施，妥善解决群众反映强烈的突出问题，真正为群众排忧解难；坚持严格、公正、文明执法，从源头上预防、减少各种矛盾纠纷的发生；加强基层建设，充分发挥联系群众的窗口和纽带作用，充分发挥在排查调处矛盾纠纷中的特殊优势，筑牢化解矛盾纠纷、维护社会稳定的“第一道防线”；高度

重视群体性事件的处置工作，深入研究新时期人民内部矛盾的规律特点，认真总结处置群体性事件的经验教训，并针对不同性质、不同类型、不同规模的群体性事件，完善各种工作预案，有效发挥公安机关的作用。

第三，坚持打防结合、预防为主，专群结合、依靠群众，完善社会治安综合治理的工作机制，依法打击各种犯罪活动，保障社会生活的正常秩序。对社会治安实行综合治理，是解决我国社会治安问题，预防和减少违法犯罪的根本途径，是我国在社会建设上的一个创举。社会治安综合治理，坚持实行专门机关和群众路线相结合的原则。政法部门在维护稳定、搞好治安方面要当好党委、政府的参谋助手，充分发挥人民民主专政机关的职能作用，坚持依法严厉打击犯罪的方针，端正执法思想，纠正打击不力等问题。当前，我国的社会治安形势总体稳定，但影响社会治安和社会稳定的因素增多，一些地方人民内部矛盾引发的群体性事件增多，影响社会治安的一些深层次问题，如失业、社会丑恶现象、法制观念淡薄等，没有得到彻底有效的解决，社会治安基础还不够稳固，社会治安形势依然严峻。随着社会主义市场经济的深入发展，社会信息化建设加快，原有的一些治安管理方式方法已经不适应新形势的要求。必须始终坚持社会治安综合治理的方针，积极探索新形势下做好社会治安综合治理工作的新方法、新措施，加强和完善社会治安综合治理工作机制，努力为改革开放和社会主义现代化建设创造更好的社会治安环境。打击犯罪是社会治安综合治理工作的首要环节，预防犯罪是维护社会治安秩序的积极措施，两者相辅相成，缺一不可。另一方面，平安并不是仅靠打击就能奏效的，要将预防关口前移，做到防患于未然，才是治本之策。因此，在毫不放松抓好“严打”、建立“严打”经常性工作机制的同时，构筑社会治安防控体系，着力解决影响社会治安的深层次问题，切实做好各方面的管理工作，增强社会治安防控能力，预防和减少违法犯罪，保持社会治安长期稳定。深化各种形式的基层平安创建活动，巩固已经取得的工作成果，研究深入开展的有效办法，努力减少危害群众安全的事件发生，使群众感受到创建活动的成效，极大地调动人民群众维护社会治安的积极性，使社会治安综合治理工作建立在深厚的群众基础之上，维护好群众的生产生活方式的秩序环境。

第六章　“四位一体”生产方式与生活方式的矛盾运动

一、生产方式与生活方式的矛盾运动是人类社会发展的基本规律之一

历史唯物主义告诉我们，人们为了能够创造自己的历史，就必须能够生活。人们从事对客观世界的改造的经济生产活动、日常生活活动、政治军事活动、科学技术活动、文化艺术活动等各种社会生产与社会生活活动，首先要能够生存，延续后代。人们为了世世代代的生存，就必须要有衣、食、住、行等生活资料。人们如何处理这些生活资料，如何进行生活，就成了人类特有的思维方式和生活方式。另一方面，人类要获得生活资料，就必须从事生产活动。从事生产活动就必须制造劳动工具，需要一定的生产关系来维持。在不同的历史条件下，人们的生产工具、生产组织方式、产品分配形式、生产环境条件等又各不相同，就构成了不同历史时期的生产方式。因此，生活活动与生产活动是人类社会的两大基本的社会活动，一切社会形态都包括着两个基本活动。生产方式在属于生活方式一部分的同时，又不同于生活方式。生产方式在决定生活方式的同时，又在很大程度上受制于生活方式，所以说，生产方式与生活方式矛盾运动就成为人类社会基本矛盾规律之一。

生活是生产的目的，生产是生活的手段；生活刺激生产，生产促进生活。生产与生活，生产方式与生活方式是辩证统一的矛盾的两个方面。这种矛盾的发展变化推动了人类社会生活的发展变化。不同的社会形态造就了不同的生产方式与生活方式；不同的生产方式与生活方式也推动了不同社会形态的形成。其实，在人类诞生之初的原始社会里，人类的生产方式与生活方式是统一的，生产与生活在时空上是一致的。到了奴隶社会和封建社会，随着生产力的不断发展，生产与生活在时间和空间上有了区别，特别是新的劳动工具的诞生和发展，推动了劳动分工，包括有一部分人分离出来专门从事劳动工具的生产，生产与生活有了明显的区别。在资产阶级社会里，由于生产力发展水平限制、产品不是极大丰富、阶级差别的存在等原因，生产与生活就成为两个互相对立的领域。剥削阶级由于拥有生产资料而不劳而获，被剥削阶级付出了劳动却一无所有。统治阶级过着富裕的、花天酒地的生活方式，而劳动人民却过着被人宰割、贫穷、屈辱、痛苦的生活方式。这种生产方

式与生活方式的矛盾状况是阶级社会的发展所决定的。到了共产主义社会,生产力得到极大发展,人民的生活得到极大满足,劳动重新成为人们的第一需要,生产方式与生活方式的矛盾重新得到统一和和谐。

实际上,在社会主义初级阶段,由于生产资料公有制的确立,人们的生产方式与生活方式的矛盾的对立性得到大大缓和。因为取消了剥削制度,特别是以按劳分配为主体的分配制度建立,从制度层面消灭了不劳而获现象,将劳动与生活基本统一起来,劳动成为生活的一种需要,人们开始崇尚劳动、热爱劳动,生产方式与生活方式的矛盾极大改善。在和谐生活方式的变革中,通过“四位一体”生产方式的实践,不断取得经济建设、政治建设、文化建设、社会建设的新成就,人们的生活一定会进一步丰富经济基础、扩大民主政治、提升文明水平,从而达到和谐的目标,逐步实现生产方式与生活方式的和谐统一。

二、“四位一体”生产方式对生活方式的影响和作用

(一) 经济方式对生活方式的决定作用

经济方式对生活方式的决定作用比较好理解,有什么样的经济方式,就有什么样的生活方式基础。因为生产决定生活,生产是生活的基础,那么,经济方式的发展状况决定生活方式的物质基础。

如前所述,城市化丰富了生活方式的内容,城市带来了人员的聚集,人们改变了过去农业生产生活方式,城市化为人们生活方式的变革提供了平台和载体。城市化既是推动生活方式变革的舞台,又是生活方式变革的结果。城市既是政治、经济、文化和社会的集合点,又是经济政治文化社会发展的成果体现;城市代表现代社会最先进的一面,城市人口快速增长,城市数目不断增加,城市规模不断扩大,城市社会快速发展,导致生活方式变革的空间发生巨大变化。经济全球化是随着经济领域的国际分工不断深化、现代科技的飞速发展而形成的时代潮流与趋势。全球化将所有的民族、国家和个人都深深地卷入其中,原有的社会秩序彻底被打破,生活观念、生活秩序、生活方式逐步国际化。现代科学技术的发展在更深层次上影响着生活方式。现代科学技术推动第一产业的发展,为人们提供了充足的生活资料,使人们的食物多样化,生活的质量和水平大幅度提高。现代科学技术融入第二产业,不断改善劳动条件和劳动工具,大大减轻了人们的劳动强度,让人们有更多的闲暇时间用于消费,人们之间的交往方式也变得简单而方便。现代科学技术与第三产业的结合,给劳动者提供了丰富多彩的劳动方式和服务方式,这既是生产方式的变革,又是生活方式的更新。生态文明概念的提出和生态建设的实施,既是人

们对过去生产与生活方式的反思，又是对新的生活方式的憧憬，是生活方式变革的可持续特征，奠定了新的生活方式的方向。

（二）政治方式对生活方式的稳定作用

导致生活方式变革的诸多因素中，除了经济因素，还有非经济因素。政治因素是非经济因素中最为重要的环节。政治既是经济的集中体现，同时对经济发展又有着较大的制约作用。在社会生活变革进程中，政治变革是保障生活方式变革的稳定条件。政治生活的民主化是政治方式的发展方向，对社会生活的变革起着积极的推动和稳定作用。

伴随着新中国的成立，旧的半殖民地半封建社会的生活方式被抛弃，取而代之的是社会主义新的生活方式。这种变革是民主革命推动的结果。然而，随着改革开放而发生的中国社会生活方式的变革，则是在中国民主政治建设的稳步推进中悄然而至的。中国人民在把马克思主义基本原理与自己的实际相结合的探索中，相继取得了新民主主义革命、社会主义改造的伟大胜利。通过 60 多年的中国特色社会主义民主政治的变革，民主政治建设同经济社会发展相适应，同现代化建设与法制建设相结合，稳定地推动了中国社会生活方式的变革。通过加强中国共产党的执政能力建设，为中国生活方式的变革明确了战略选择、奠定了中国特色、创造了良好的社会氛围。通过反腐倡廉制度体系建设，有效铲除了腐败生活方式滋生的土壤，净化了社会生活中的不良风气，促进了和谐生活方式的形成。政治制度建设又为生活方式变革提供了秩序基础，完善了政治生活方式的变革保障。

改革开放 30 多年来，我国的政治理念不断进步、政治关系不断调整，政治发展成效显著，政治方式成为生产方式与生活方式变革的政治保障。中国共产党已经发展成为拥有 7 000 多万党员的执政党，党的执政地位不断巩固，党的执政能力明显提高。随着党的建设不断加强，党的作风明显改善，极大地带动了干部作风和社会风气的好转，为政治生活方式的变革打下了良好的基础。广大人民群众热情参与民主政治建设，积极创新基层民主的新形式，极大丰富了民主政治建设的内涵。广大人民群众学会了在日常生活中争取和维护自己的合法权益的方法和途径。中国特色社会主义的政治建设为社会主义初级阶段生产方式的实现提供了政治基础，也对人们生活方式的变革产生更为重大的影响。

（三）文化方式对生活方式的引导作用

随着经济社会的发展，文化方式在生活方式的变革中起着越来越重要的引导作用。随着改革进程的不断加快，东西方文化的不断摩擦与融合，中国文化生活逐渐走向现代化变革。中国共产党从成立的那天起，就始终重视思想文化建设，通过一系列的文化创新活动，不断发展了具有中国特色社会主义文化体系和内容，为文化生活方式变革提供了良好的思想文化基础。

我国是一个文明古国，有着悠久的历史和灿烂的传统文化。中国人民在长期的实践活动中不断发展并逐步形成具有中华民族特色的文化体系。传统文化对中国人的生活方式影响深远。到鸦片战争前，封建文化一直占据着传统文化的主导地位，形成了中国人特有的行为方式、行为习惯、生活方式和文化传承。鸦片战争不仅使中国沦为半殖民地半封建社会，而且引起中西方文化的激烈碰撞，大量西方文化的涌入，动摇了中国传统文化的根基，并成为近代中国社会文化生活方式变革的重要动力。伴随着资产阶级民主思想文化的出现，特别是戊戌变法的推动，使全盘否定传统生活方式、追求西方资产阶级生活理念成为一种历史的新思潮。"西化"的生活方式一度成为人们热衷的理想生活方式。民主革命的实践证明，"西化"的生活方式变革在中国行不通。随着十月革命的胜利，马克思列宁主义传播到中国。马克思列宁主义思想观念被中国民众所广泛认同，并逐步成为中国人的具有指导地位的主流文化，对中国社会生活方式的变革产生了深远的影响。马克思主义与中国具体实际相结合，为中国生活方式的变革提供了科学的世界观和方法论，为中国社会生活方式的变革选择了正确的目标和道路，找到了推行社会生活方式变革的根本力量，最终形成了以马克思主义为指导、符合中国国情需要和具有鲜明时代特色的民族的、科学的、大众的新民主主义文化体系，引领了新民主主义生活方式变革，展开了中国文化发展历史的崭新一页。

中共十一届三中全会以后，以邓小平为核心的党的第二代领导集体和以江泽民为核心的第三代中央领导集体，在继承中发展，在发展中创新，紧紧把握住社会主义现代化建设的时代主题，立足发扬光大中华传统优秀文化，创造性地提出了中国特色社会主义文化建设理论，为社会主义初级阶段生活方式的变革提供了精神动力和智力支撑。精神文化建设为生活方式变革奠定了诚信的思想道德基础，群众性的创建活动为生活方式变革夯实了广泛的群众基础，创新文化体系的建设丰富了文化生活的内容、形式和人们对文化的多元化需求。文化关系从核心价值体系和文化体制机制层面，为生活方式变革提供了理论基础、实践途径和文化制度保障。由此可见，文化方式在引导生活方式变革中起着越来越重要的作用。

(四) 社会方式对生活方式的保障作用

改革开放后的 20 多年里，党和政府一直聚精会神地领导人民进行经济建设，这是与当时经济困难、物质贫乏、生活资料极度短缺的社会生活现状相关的。经过 20 多年的发展，经济条件极为改善，社会活力显著增强，社会结构、社会组织形式、社会利益格局发生深刻变化，社会建设和管理面临许多新课题。党的十六大提出建设社会主义小康社会的目标,中共十六届四中全会明确提出了建设社会主义和谐社会的概念。和谐社会建设理论的提出,丰富和发展了马克思主义关于社会主义社会建设的理论,丰富和发展了中国特色社会主义理论体系,是中国共产党执政理论的升华。胡锦涛指出,中国社会建设的重点就是要改善民生,并强调社会建设与人民幸福安康息息相关。从此,社会建设越来越受到党和政府的高度重视,社会建设提上议事日程。

经过30多年的改革开放,在经济快速发展的同时,中国的社会结构、社会利益结构已经发生了根本变化,各种社会组织开始自发形成,贫富阶层间的意识对立明显,社会公共产品种类不全和缺失,政府职能缺位,政府社会管理的方式和公共产品的提供方式和路径也亟待改善。社会建设明显落后于经济建设、政治建设和文化建设的步伐,形成社会主义总体建设中的弱势,也影响了经济发展,特别是社会稳定和社会和谐。党的十六大以来,社会建设的措施逐步加大,社会政策和制度建设逐渐完善,政府对社会领域的投入比重增加,社会紧张的局面得到缓解。民生建设方面,通过优先发展教育事业,改善了贫困地区的办学条件,提升了农村学校的办学水平;通过扩大就业门路,改善了农村剩余劳动力就业方式,并以多种形式帮助大学生创业就业,创新了人们的劳动生活方式;通过改革收入分配制度,提高低收入人群的收入水平,限制过高收入人群的收入,扩大中等收入的人群,缓解了收入分配不公,培育了新的消费生活方式;加快保障制度建设,在城镇,包括养老、医疗、失业、工伤和生育保险在内的社会保障制度基本建立;在农村,最低生活保障已开始全面建立,养老保险制度正在积极探索,新型合作医疗改革试点正在加快推进。社会不公是影响社会和谐的重要因素,从政策和制度层面加大纠正社会不公平现象的措施,促进社会公平正义。社会关系是社会建设的制度保障,对和谐生活方式的形成起着保障作用。党的十六大以来,中国政府大规模消除贫困,关注和解决城乡经济发展失衡,加大教育投入,开发人力资源,改善地区发展不平衡现状,改变农民工政策,提高他们的待遇,在社会建设方面做了大量卓有成效的努力,取得了一定成效,为和谐社会生活方式的形成起到了保障作用。

三、生活方式变革对"四位一体"生产方式的制约作用

生活方式变革对"四位一体"生产方式的制约作用,就是生活方式的变革要求生产方式必须"以人为本",即以民生、民意、民声、民权为本。

生活方式的变革要求经济方式必须以民生为本。人们要生活就必须要生活资料。人们不断增长的物质需要是引起经济建设、刺激经济建设的根本动力。人们的生活不会永远停留在一个水平上,按照马斯洛的需求层次理论,人们对生活的需

求逐步上升、不断发展，这就要求经济建设水平也不能永远停留在一个水平上，必须不断改进经济管理，提高经济建设能力，推动经济不断向前发展。所以，生活的需求是经济发展的目的。这在客观上就要求经济建设必须满足生活的需要，即必须以民生为本。斯大林说得好：“跟满足社会需要脱节的生产是会衰退和灭亡的。”[1]人们如何生活，实际就是怎么消费、消费什么的问题。怎么消费就是消费的结构、数量、方式、动机、内容等。生活和消费是一致的，没有生活就没有消费；没有消费就没有生活。人们的消费会时时刻刻反映到经济生产的各个领域、各个环节中，从而对经济方式产生影响。改革开放前，我国执行的是“低消费”、“穷过渡”的极左路线，消费被压制到最低限度，社会生产率也降到建国以来的最低点。改革开放后，我国调整了生产与消费的比例关系，结果，生活水平提高了，经济也大发展了。经济方式的最终目的说到底就是为了生活方式变革。因此，生活方式的变革要求经济方式必须以解决民生、提升民生建设水平为根本出发点和落脚点。

生活方式的变革要求政治方式必须以民意为本。社会存在决定社会意识，经济基础决定上层建筑，这是历史唯物主义的基本原理。生活方式与生产方式都是人类社会两项最基本的社会活动形式，属于社会存在范畴。所以，人类的生活方式对人类社会意识和上层建筑的发展有着重要的影响作用。比如说，生活方式对人的心理发展的影响，各个民族不同的风俗习惯就反映了不同的民族心理。就一个个体来说，一个人的人生观、世界观的形成，主要由他的经济地位来决定的。同时，也要受到他的生活环境、生活习惯、生活方式的影响。生活方式对社会政治法律制度，乃至整个社会形态方式都有影响。恩格斯说：“劳动愈不发展，劳动产品的数量愈少，从而社会的财富愈受限制，社会制度就越在较大程度上受血族关系的支配。”[2]这就是生活关系、生活方式对社会制度等政治方式的影响。因此，生活方式的变革客观上要求政治方式必须以民意为本，政治建设要充分体现民意，体现民主价值取向。

生活方式的变革要求文化方式必须以民声为本。生活方式的变革对文化建设有着重大影响。生活方式的改革往往是经济改革、文化改革的先声。而且这种先声往往来自民众之中，我国农村改革就是从安徽小岗村的联产承包开始的。民众处在社会生活的最底线、最基层，最了解生产与生活，他们的声音最直接地代表最广大人民的根本利益，因此，文化方式一定要反映民声、注重民声。毛泽东一直提倡文化艺术要坚持“百花齐放、百家争鸣”的双百方针，要坚持文化方式的大众化。中国特色社会主义的文化发展，要求坚持“民族的、科学的、大众的”方向，要求坚持

〔1〕 斯大林选集(下)[M].北京：人民出版社，1979：597.

〔2〕 马克思恩格斯选集(4)[M].北京：人民出版社，1995：2.

文化方式的民声价值取向。

生活方式的变革要求社会方式必须以民权为本。生活方式对社会发展也有着重要影响。婚姻、家庭、氏族、民族等社会生活交往关系及其交往形式，在历史上都曾经对社会发展起到了重要作用。战国时代的赵武灵王倡导“胡服骑射”，推动了本国的改革，使赵国挤入战国七强。孙中山号召“人民一律剪辫子”，以唤起民众的民族意识，振兴中华。历史上的类似例子不胜枚举。社会建设以民权为本，就是要求社会政策和社会管理必须尊重人民的基本权利，而不能违背民众的权利和根本利益。只有尊重民众的根本权益，生活方式与生产方式就能和谐统一，生活方式的变革就能推动生产方式的发展。反之，就阻碍了生产方式的发展，成为历史的逆流。2010 年政府工作报告中，温家宝总理提出，加大和谐社会建设力度，“让人民生活得更加有尊严”，就是这个道理。

结束语　创新“四位一体”生产方式实现途径与构建和谐生活方式

一、“四位一体”生产方式：生活方式变革的重要条件

经济方式是经济力与经济关系的总和。经济力是推进生活方式变革的物质基础。经济关系是生活方式变革的制度条件。经济建设是为了最大限度地解放和发展经济力，理顺经济关系，是经济方式的实现途径。物质文明作为社会主义生活方式的物质基础，对完善社会主义生活方式至关重要。它不仅为人们生活提供日益丰富的生活资料，还改变了生活方式的内部结构、时间结构、空间结构，大大丰富了人们的生活内容。因此，经济方式是生活方式变革的重要物质条件。

政治方式由政治力与政治关系构成。政治力是生活方式变革的政治源泉。政治关系是生活方式变革的制度保障。政治建设就是最大限度地提升政治力，适应民主政治关系，是政治方式的实践措施。安定的社会环境是人们生活的重要保障，是中国特色社会主义生活方式区别其他生活方式的主要特征。要通过人民民主专政的国家机器，不断进行综合治理和民主法治建设，巩固安定团结的社会生活环境。所以，政治方式是生活方式变革的主要秩序条件。

文化方式是文化力与文化关系的总和。文化力引导着生活方式的变革。文化关系是生活方式变革的精神保障。文化建设是为了提升生活方式变革的文明程度而展开的，是文化方式的实现方式。不断满足人们精神文化生活的需求，是中国特色社会主义文化建设的中心任务，也是社会主义制度优越性的体现。要通过丰富多彩的文化建设形式，提升生活方式变革的文明程度。

社会方式包括社会力和社会关系两方面。社会力是生活方式变革的民生基础。社会关系是社会生活方式变革的社会环境保障。社会建设是围绕提升社会力、规范社会关系，从民生、规范、公正与稳定等方面推动生活方式的变革，是社会方式的实现手段。改善民生是改善生活方式的重要途径，要通过优先发展教育、扩大就业等与人们生活息息相关的社会政策和社会措施，促进社会生活方式更加和谐。

“四位一体”的生产方式，是生产方式在中国特色社会主义建设总体布局中的实现途径。要实现中国特色社会主义现代化的总体目标，就必须不断创新“四位一

体”的生产方式。通过“四位一体”生产方式的实践，不断改革旧的生活方式，形成新的经济富裕、政治民主、社会文明与和谐的生活形态，从而为推动生活方式的变革创造条件。

二、继承发展：实现生活方式的和谐变革

传统生活方式是与传统生产方式相适应的。传统生活方式中有益的东西是中华民族几千年的文明积淀，应该继承并发扬光大，即在发展中继承，在继承中发展。随着改革开放的逐步深入，现代生活方式对传统生活方式的影响是必然趋势。特别是外来的生活方式，既有精华也有糟粕，会给传统生活方式带来极大的冲击，必然引起旧的生活方式的变革，这是客观现实。任何一项变革都可以是革命性的或者是渐进性的。对外来生活方式，我们要取其精华、去其糟粕、为我所用。随着政治建设、经济建设、文化建设和社会建设的发展不断创新生产方式的实现形式，从而推动生活方式的变革。这种变革不是一朝一夕的，而是一个慢慢的渐变过程。在构建和谐社会的今天，生活方式发生的变革取向一定是生活方式的和谐变革，除此别无他途。

三、政府推动：加大“四位一体”建设，构建和谐生活方式

国家作为人们生活的管理机构，对社会生活的变革起着重大而直接的作用。“四位一体”生产方式的实现、和谐生活方式的构建，都离不开政府的推动。

加大经济建设的力度，努力提供更丰富的生活资源，夯实生活方式变革的物质基础。保持经济持续快速协调健康发展，创造更加丰富的社会物质财富，使国家的整体实力不断增强，人民群众的生活水平不断提高。社会主义初级阶段的主要矛盾是人民日益增长的物质文化生活需要同落后的社会生产之间的矛盾，解决矛盾的关键是必须紧紧抓住发展这个执政兴国的第一要务，以经济建设为中心，坚持以科学发展观统领全局，保持经济持续快速协调健康地发展。

推进民主政治建设的步伐，努力发展社会主义民主政治，推进生活方式变革的民主进程。健全社会主义法制，建设社会主义法治国家，保证人民当家做主，保证人民依法行使民主权力，使人民群众各方面的积极性、主动性、创造性更好地发挥出来，促进中国共产党和人民群众以及执政党与参政党、中央与地方之间、各阶层之间、各民族之间的和谐，是构建和谐生活方式的重要政治保证。

加快社会主义文化建设，巩固和谐社会建设的思想基础，提升生活方式变革的文明水平。全体社会成员的共同理想信念及良好的道德规范，是实现社会主义和

谐生活方式的精神力量。加快建设社会主义核心价值体系，树立社会主义荣辱观，培养文明道德风尚，营造积极健康的思想舆论氛围，不断增强人们的精神动力，丰富人们的精神世界，把依法治国与教书育人结合起来，加强社会主义道德建设；优先发展科教事业提高全民族科学文化素质；推进文化生活与文化产业的繁荣发展，不断满足人们文化生活的需要。

搞好和谐社会建设，营造良好的社会环境，促进生活方式更加和谐。和谐生活方式的变革，必须妥善处理协调各方面的利益关系，正确处理人民内部矛盾，维护和实现公平正义；把最广大人民的根本利益作为制定和贯彻方针政策的着眼点，正确处理人民内部矛盾和其他社会矛盾；理顺分配关系合理调整国民收入分配格局，进一步完善社会保障体系；从法律上、制度上、政策上努力营造公平的政治环境；进一步做好维护稳定的工作，为生活方式变革提供良好的社会秩序。

本书力图在中国社会生产方式对生活方式变革的影响问题上进行比较系统的研究，并力求提出个人的一些见解，对本问题的研究作出一定贡献。然而，在研究过程中我深刻体会到，由于该课题背景恢宏、时空跨度大、学科性质复杂，加上本学科研究还比较薄弱，因此，深入研究的难度很大。由于本人的理论水平所限，对本问题的研究还难免存在一些缺憾和不足，有待于今后进一步深入研究。

参考文献

一、著作类文献

[1] 马克思恩格斯选集(1-4)[M]. 北京:人民出版社,1995.

[2] 马克思恩格斯全集(12)[M]. 北京:人民出版社,1962.

[3] 马克思恩格斯全集(27)[M]. 北京:人民出版社,1972.

[4] 马克思恩格斯全集(42)[M]. 北京:人民出版社,1979.

[5] 马克思. 1844年经济学哲学手稿[M]. 北京:人民出版社,1985.

[6] 列宁选集(1-4)[M]. 北京:人民出版社,1995.

[7] 毛泽东选集(1-8)[M]. 北京:人民出版社,1991.

[8] 毛泽东著作选读(上、下)[M]. 北京:人民出版社,1986.

[9] 邓小平文选(1-2)[M]. 北京:人民出版社,1994.

[10] 邓小平文选(3)[M]. 北京:人民出版社,1993.

[11] 江泽民论"三个代表"[M]. 北京:中央文献出版社,2001.

[12] 中共中央文献研究室编. 三中全会以来重要文献选编(上)[M]. 北京:人民出版社,1982.

[13] 中共中央文献研究室编. 十二大以来重要文献选编(上)[M]. 北京:人民出版社,1986.

[14] 中共中央文献研究室编. 十二大以来重要文献选编(中)[M]. 北京:人民出版社,1986.

[15] 中共中央文献研究室编. 十四大以来重要文献选编(中)[M]. 北京:人民出版社,1995.

[16] 十六大以来重要文献选编(下)[M]. 北京:中央文献出版社,2008.

[17] 十六大以来重要文献选编(上)[M]. 北京:中央文献出版社,2005.

[18] 中国共产党与当代中国经济发展研究(1949～2006)[M]. 北京:中共党史出版社,2008.

[19] 中国共产党与社会主义和谐社会建设[M]. 北京:中共党史出版社,2008.

[20] 中国共产党与当代中国民主政治建设[M]. 北京:中共党史出版社,2008.

[21] 中共中央关于完善社会主义市场经济体制若干问题的决定[M]. 北京:人民出版社,2003.

[22] 中共中央关于构建社会主义和谐社会若干重大问题的决定[EB/OL]. 新华网(http://www.xinhuanet.com/news,2006.10.18).

[23] 杨怀中. 科技文化与当代中国和谐社会建构[M]. 北京:中国社会科学出版社,2008.

[24] 王雅林. 构建生活美——中外城市生活方式比较[M]. 南京:东南大学出版社,2003.

[25] 中国社会科学院马克思主义研究编辑部. 科学发展观的理论意义和实践价值[M]. 北京:中国社会科学出版社,2007.

[26] 程恩富. 马克思主义视阈中的社会主义和谐社会[M]. 北京:中国社会科学出版社,2008.

[27] 李长莉. 从传统到近代:中国人的生活方式[M]. 成都:四川人民出版社,2008.

[28] 周直. 当代中国现代化动力纵论[M]. 南京:南京大学出版社,2007.

[29] 于金富. 社会主义生产方式新论[M]. 北京:社会科学文献出版社,2005.

[30] 郭彦森. 变革时代的利益矛盾与社会和谐[M]. 北京:知识产权出版社,2008.
[31] 郑慧. 和谐社会与社会主义政治建设[M]. 北京:人民出版社,2008.
[32] 衣俊卿. 西方马克思主义概论[M]. 北京:中国人民大学出版社,2008.
[33] 于金富. 生产方式:经典理论与当代现实[M]. 北京:社会科学文献出版社,2009.
[34] 余仲宇,等. 生命红绿灯:现代生活方式病与革命[M]. 北京:中国文联出版社,2006.
[35] 符明秋. 现代人生活方式与体质[M]. 重庆:西南师范大学出版社,2007.
[36] 林尚立,等. 政治建设与国家成长[M]. 北京:中国大百科全书出版社,2008.
[37] 宋朝龙. 社会生产方式的二重结构——技术决定论批判[M]. 北京:经济管理出版社,2007.
[38] 范晓丽. 马尔库赛批判的理性与新感性思想研究[M]. 北京:人民出版社,2007.
[39] 傅治平. 和谐社会导论[M]. 北京:人民出版社,2005.
[40] 黄平,等. 迈向和谐——当代中国人生活方式的反思与重构[M]. 天津:天津科学技术出版社,2004.
[41] 李方祥. 中国共产党的传统文化观研究[M]. 北京:中共党史出版社,2008.
[42] 方立. 构建社会主义和谐社会新探[M]. 北京:人民出版社,2006.
[43] 可持续发展的新进展(第1卷)[M]. 北京:科学出版社,2007.
[44] 徐庆文. 中国传统生活方式概论[M]. 济南:山东教育出版社,2002.
[45] 卢风. 应用伦理学——现代生活方式的哲学反思[M]. 北京:中央编译出版社,2004.
[46] 构建和谐社会——郑功成教授演讲录[M]. 北京:人民出版社,2005.
[47] 李君如. 坚持和发展中国特色社会主义的最新成果[N]. 学习时报,2006.
[48] 汪怀君. 人伦传统与交往理论[M]. 济南:山东大学出版社,2007.
[49] [匈]卢卡奇. 历史与阶级意识[M]. 北京:商务印书馆,2004.
[50] 陈昕. 救赎与消费——当代中国日常生活中的消费主义[M]. 南京:江苏人民出版社. 2003.
[51] 吴宁. 日常生活批判——列斐伏尔哲学思想研究[M]. 北京:人民出版社,2007.
[52] 郑功成. 科学发展与共享和谐——民生视角下的和谐社会[M]. 北京:人民出版社,2006.
[53] 陈望衡. 美与当代生活方式[M]. 武汉:武汉大学出版社. 2005.
[54] 郑红娥. 社会转型与消费革命:中国城市消费观念的变迁[M]. 北京:北京大学出版社. 2006.
[55] 曹英. 和谐社会的思想资源与制度资源[M]. 北京:中国人民公安大学出版社,2007.
[56] [英]齐格蒙特·鲍曼. 被围困的社会[M]. 南京:江苏人民出版社,2005.
[57] 王宏波. 社会工程研究引论[M]. 北京:中国社会科学出版社,2007.
[58] 夏建中. 社会分层、白领群体及其生活方式的理论与研究[M]. 北京:中国人民大学出版社,2008.
[59] 赵士发. 世界历史与和谐发展——马克思世界历史理论的当代研究[M]. 北京:中国人民大学出版社,2006.
[60] 李春玲. 断裂与碎片——当代中国社会阶层分化实证分析[M]. 北京:社会科学文献出版

社,2005.
[61] 方心清,等.现代生活方式前沿报告[M].北京:社会科学文献出版社,2006.
[62] 徐艳梅.生态学马克思主义研究[M].北京:社会科学文献出版社,2007.
[63] 李崇富,等.历史唯物主义与构建社会主义和谐社会[M].上海:上海人民出版社,2007.
[64] 李君如.社会主义和谐社会论(修订本)[M].北京:人民出版社,2006.
[65] 李方.中国综合国力论[M].合肥:安徽科学出版社,2002.
[66] 康秀云.二十世纪中国社会生活方式现代化解读[M].北京:中共党史出版社,2007.
[67] 童世骏.社会建设:世界经验与中国道路[M].上海:上海人民出版社,2007.
[68] 苗月霞.中国乡村治理模式变迁的社会资本分析[M].哈尔滨:黑龙江人民出版社,2008.
[69] 李友梅.中国社会生活的变迁[M].北京:中国大本科全书出版社,2008.
[70] 凡勃伦.有闲阶级论.蔡爱百,译.[M].北京:商务印书馆,1982.
[71] 王伟光.社会生活方式论[M].南京:江苏人民出版社,1988.
[72] 王雅林.生活方式概论[M].哈尔滨:黑龙江人民出版社,1989.
[73] 徐正明.生活方式纵横谈[M].成都:四川大学出版社,1985.
[74] 薛君度,刘志琴.近代中国社会生活与观念变迁[M].北京:中国社会科学出版社,2001.
[75] 衣俊卿.走向中国的日常生活批判[M].北京:人民出版社,2005.
[76] 论语·学而.夏延章,唐满先,刘方元,译注.四书今译[M].南昌:江西人民出版社,1986.
[77] 田克勤.中国共产党与二十世纪中国社会变革[M].北京:中共党史出版社,2004.
[78] 马克思恩格斯选集[M].北京:人民出版社,1995.
[79] 英格尔斯.人的现代化.殷陆君,译.[M].成都:四川人民出版社,1985.
[80] 西里尔·布莱克.现代化的动力[M].杭州:浙江人民出版社,1989.
[81] 吉尔伯特·罗兹曼.中国的现代化[M].南京:江苏人民出版社,2003.
[82] 中国社会科学院农村发展研究所组织与制度研究室.大变革中的乡土中国——农村组织与制度变迁问题研究[M].北京:社会科学文献出版社,1999.
[83] 程漱兰.中国农村发展:理论和实践[M].北京:中国人民大学出版社,1999.
[84] 费孝通.乡土中国·生育制度[M].北京:北京大学出版社,1998.
[85] 刘娅.解体与重构:现代化进程中的国家——乡村社会[M].北京:中国社会科学出版社,2004.
[86] 罗平汉.农村合作化运动史[M].福州:福建人民出版社,2004.
[87] 王克安.中国农村村级社区发展模式——个案实录与问题及对策[M].武汉:湖北人民出版社,2001.
[88] 温铁军.中国农村基本经济制度研究[M].北京:中国经济出版社,2000.
[89] 杨爱民.中国农民民主建设的伟大创造——社会转型期农村基层民主建设研究[M].北京:红旗出版社,2001.
[90] [美]黄宗智.华北的小农经济与社会变迁[M].北京:中华书局,2000.

二、论文类文献

[1] 胡锦涛.中国共产党第十七次全国代表大会政治报告[R].

[2] 江泽民.庆祝中国共产党成立八十周年大会上的讲话[R].

[3] 张荣华,原丽红.中国特色社会主义生态文明建设论析[J].理论学刊 2008(8).

[4] 原丽红,张荣华.中国特色社会主义事业总体布局六十年嬗变的轨迹[J].山东师范大学学报,2009(4).

[5] 李君如.坚持和发展中国特色社会主义的最新成果[N].学习时报,2006-10-31.

[6] 赵新.当代中国文明协调发展问题[D].山东大学,2008.

[7] 孙建平.坚持“四位一体”总体布局,构建社会主义和谐社会[J].理论学习 2005(10).

[8] 包心鉴.社会主义政治文明论纲[J].齐鲁学刊,2004(1).

[9] 胡锦涛.提高构建社会主义和谐社会的能力[N].人民日报,2005-6-27.

[10] 熊月之.论上海租界的文化效应[J].江海学刊,1988.6.

[11] 吴承明.中国资本主义的发展述略[C].中华学术论文集.中华书局,1981.333.

[12] 罗荣渠.“现代化”的历史定位与对现代世界发展的再认识[J].历史研究,1994(3).

[13] 王振华,朝克.论文化建设与文化生活方式的变革[J].中国成人教育,2010(2).

[14] 朝克,王振华,等.论“四位一体”建设视阈下的社会日常生活工程[J].山东大学学报(哲学社会科学版),2010,(01).

[15] 王勇.欠发达农村地区影响民生的社会体制因素研究[D].湖南师范大学硕士学位论文,2008.

[16] 季永新.论构建社会主义和谐社会[D].吉林大学硕士学位论文,2008.

[17] 徐宁.和谐社会视域下的社会公正问题研究[D].北京交通大学硕士学位论文,2008.

[18] 周志钧.我国社会阶层分化对构建社会主义和谐社会总要求的影响及对策研究[D].中共中央党校博士学位论文,2008.

[19] 苏海舟.从“基层自治”到“民主管理”——关于社会主义民主在微观层面的实践及其主体结构[J].理论与改革,2008(05).

[20] 雒树刚.以激发全民族文化创造活力为目标 大力推进文化创新[J].求是,2007(23).

[21] 王传满.文化创新:繁荣文化的必由之路[J].理论建设,2007(06).

[22] 彭易芬.建设社会主义核心价值体系与党的思想理论建设创新[J].党建研究,2008(10).

[23] 吕家麟.对以改善民生为重点的社会建设六大任务的解读[J].广西社会科学,2008(10).

[24] 王江红.党的十七大关于改善民生的全面部署与重大意义[J].理论界,2008(04).

[25] 吴忠民.中国社会主要群体弱势化趋向问题研究[J].东岳论丛,2006(02).

[26] 朝克.经济方式在生产方式和生活方式中的作用[J].中国流通经济,2009(12).

[27] 高丙中.西方生活方式研究的理论发展叙略[J].社会学研究,1998(03).

[28] 杜宇.试论“四位一体”的统一基础[J].行政与法,2008(06).

[29] 康秀云.马克思主义中国化与中国社会生活方式的变革[J].中国特色社会主义研究,2006(02).

三、外文文献

［1］ William H. Murdy. Anthropocentrism：A Modern Version，Science，Vol. 187.

［2］ Beck，u. Risk Society：Towards a New Modernity，Sage，London，1992.

［3］ Beck，U. Individualism，Sage，London，2002.

［4］ Weber，M. Form Max Weber：Essays in Sociology，Oxford University Press，1946.

［5］ Weber，M. Form Max Weber：Essays in Sociology，Oxford University Press，1946.

［6］ Weber，M. Form Max Weber：Essays in Sociology，Oxford University press，1964.